Andreas Müller-Wiedenhorn

Praxishandbuch Forderungsmanagement

Andreas Müller-Wiedenhorn

Praxishandbuch Forderungsmanagement

Juristisches Know-how für Manager und Führungskräfte

Mit vielen Praxishinweisen und Beispielen

GABLER

Bibliografische Information Der Deutschen Nationalbibliothek
Die Deutsche Nationalbibliothek verzeichnet diese Publikation in der
Deutschen Nationalbibliografie; detaillierte bibliografische Daten sind im Internet über
<http://dnb.d-nb.de> abrufbar.

1. Auflage September 2006

Lektorat: Ulrike M. Vetter

Der Gabler Verlag ist ein Unternehmen von Springer Science+Business Media.
www.gabler.de

Umschlaggestaltung: Nina Faber de.sign, Wiesbaden
Druck und buchbinderische Verarbeitung: Wilhelm & Adam, Heusenstamm
Gedruckt auf säurefreiem und chlorfrei gebleichtem Papier
Printed in Germany

ISBN-10 3-8349-0066-4
ISBN-13 978-3-8349-0066-1

Vorwort

Das Forderungsmanagement wird trotz seiner immens wirtschaftlichen Bedeutung für Konzerne, Großunternehmen, mittelständische Betriebe und jeden Selbstständigen stark unterschätzt, wenn nicht sogar vernachlässigt. Es ist im Zuge der immer schärfer werdenden gesetzlichen Anforderungen an das Risikomanagement und das Risikocontrolling unvertretbar, kein funktionierendes Forderungsmanagement zu haben.

Das Forderungsmanagement hat viele Facetten. Das vorliegende Buch befasst sich mit dem juristischen Basiswissen des Forderungsmanagements. Es wendet sich in erster Linie an Manager, Kaufleute und Sachbearbeiter, also an „Nicht-Juristen", die es als Informationsquelle und Kompendium nutzen sollten.

Der Inhalt des Buches folgt verschiedenen Phasen: Im „frühen" Forderungsmanagement sind die Vertragsgestaltung, die Sicherheiten, die private Kreditversicherung, die Zahlungsabwicklung und die Finanzierung durch Forderungen von Bedeutung. Die Phase des „mittleren" Forderungsmanagements erfasst das außergerichtliche und gerichtliche Mahnverfahren sowie das Verhalten in Krisen- und Sanierungsfällen. Das „späte" Forderungsmanagement betrifft die Einzelzwangsvollstreckung und die Abläufe im Insolvenzverfahren. Darüber hinaus sind die strafrechtlichen Aspekte des Forderungsmanagements und die immer bedeutender werdende grenzüberschreitende Verfolgung von Forderungen wichtig. Zu allen diesen Themen wird der Leser Grundlagen, Praxishinweise und Beispiele finden.

Mein herzlicher Dank gilt Frau Rechtsanwältin Dr. jur. Andrea Hoß für die Mitwirkung an der Erstellung diverser Kapitel dieses Buches.

Köln, im September 2006 Dr. Andreas Müller-Wiedenhorn

Inhaltsverzeichnis

1. Vertragsgestaltung durch Allgemeine Geschäftsbedingungen

Eines der wichtigsten Instrumente eines effektiven Forderungsmanagements ist die Vertragsgestaltung zur eindeutigen Regelung und Stärkung der eigenen Rechtsposition. Die Verwendung Allgemeiner Geschäftsbedingungen (AGB) bietet sich insbesondere dann an, wenn die eigenen Vertragsbedingungen nicht lediglich in einem Einzelfall, sondern – wie in der Praxis häufig – in vielen gleichartigen Geschäftsabschlüssen Anwendung finden sollen. Der Sinn und Zweck Allgemeiner Geschäftsbedingungen liegt primär in der Risikobegrenzung des Verwenders. Darüber hinaus verfolgen Allgemeine Geschäftsbedingungen im Massengeschäft einen Rationalisierungseffekt. Mitunter erfordert bzw. ermöglicht auch der dispositive oder lückenhafte Gesetzestext eine ergänzende Regelung durch Allgemeine Geschäftsbedingungen. Die Vertragsgestaltung durch Allgemeine Geschäftsbedingungen ist bei jedem Vertragstyp möglich.

Bis zum 31. Dezember 2001 waren die Vorschriften zur Gestaltung rechtsgeschäftlicher Schuldverhältnisse durch Allgemeine Geschäftsbedingungen im AGB-Gesetz (AGBG) geregelt. Im Zuge des Schuldrechtsmodernisierungsgesetzes wurden jene Vorschriften nahezu unverändert in das Bürgerliche Gesetzbuch (BGB) integriert (§§ 305 bis 310 BGB).

1.1 Definition

Gemäß der Legaldefinition in § 305 Abs. 1 S. 1 BGB sind Allgemeine Geschäftsbedingungen alle für eine Vielzahl von Verträgen vorformulierten Vertragsbedingungen, die eine Vertragspartei (Verwender) der anderen Vertragspartei bei Abschluss eines Vertrages stellt.

Entscheidend für das Vorliegen Allgemeiner Geschäftsbedingungen sind somit vier Merkmale, die kumulativ gegeben sein müssen:

- Vertragsbedingungen,
- Vorformulierung,
- für eine Vielzahl von Verträgen,
- Stellen durch den Verwender.

Vertragsbedingungen werden definiert als jegliche Regelungen zur Gestaltung der gegenseitigen Rechte und Pflichten der Vertragsparteien.

Vorformuliert ist eine Vertragsbedingung, wenn sie durch den Verwender für eine mehrfache Verwendung schriftlich oder in sonstiger Weise fixiert wurde.

Für eine Vielzahl von Verträgen vorformuliert sind Vertragsbedingungen, wenn sie nicht lediglich zur Verwendung in einem bestimmten Einzelfall ausgearbeitet wurden, sondern zur Mehrfachverwendung bestimmt sind.

Praxishinweis:

Sofern die Vertragsbedingungen zu einer Mehrfachverwendung bestimmt sind (und auch die übrigen AGB-Merkmale vorliegen), wird die AGB-Eigenschaft der Vertragsbedingungen auch bereits im ersten Verwendungsfall bejaht.

Schließlich liegen nur dann Allgemeine Geschäftsbedingungen vor, wenn die Klauseln nicht zwischen den Vertragsparteien ausgehandelt, sondern der anderen Vertragspartei einseitig von dem Klausel-Verwender auferlegt wurden, ohne dass die andere Vertragspartei die Möglichkeit hatte, den Inhalt der Vertragsbedingungen zu beeinflussen.

Praxishinweis:

Um Allgemeine Vertragsbedingungen handelt es sich auch dann, wenn die andere Vertragspartei zwischen mehreren vorformulierten Regelungen wählen kann. Auch das – ggf. handschriftliche – Ausfüllen von Leerräumen durch den Klausel-Verwender ändert nichts an der AGB-Eigenschaft, sofern es sich lediglich um unselbstständige Ergänzungen (Bezeichnung des Vertragsobjekts, Name des Vertragspartners, Kontoverbindung des Vertragspartners, etc.) handelt oder sofern die Lücke in einer Vielzahl von Fällen immer in einem bestimmten Sinne ausgefüllt wird.

1.2 Einbeziehung in den Vertrag

Voraussetzung dafür, dass Allgemeine Geschäftsbedingungen Vertragsbestandteil werden, ist deren wirksame Einbeziehung in den Vertrag. Hinsichtlich der hierbei zu beachtenden Voraussetzungen ist zwischen Verträgen mit Verbrauchern und Verträgen mit Unternehmern zu unterscheiden.

1.2.1 Verträge mit Verbrauchern

Die wirksame Einbeziehung Allgemeiner Geschäftsbedingungen in Verträge mit Verbrauchern knüpft das Gesetz an folgende Voraussetzungen:

Der AGB-Verwender muss die andere Vertragspartei zum einen bei Vertragsschluss ausdrücklich oder, sofern ein ausdrücklicher Hinweis wegen der Art des Vertragsschlusses nur unter unverhältnismäßigen Schwierigkeiten möglich ist, durch deutlich sichtbaren Aushang am Ort des Vertragsschlusses auf die Allgemeinen Geschäftsbedingungen hinweisen.

Praxishinweis:

(1) Hauptanwendungsfälle, in denen als Hinweis auf die Allgemeinen Geschäftsbedingungen ein deutlich sichtbarer Aushang am Ort des Vertragsschlusses ausreicht, sind zum einen die konkludent geschlossenen Massenverträge, bei denen ein ausdrücklicher Hinweis bereits mangels persönlichen Kontakts der Vertragsparteien unmöglich ist (z. B. beim Erwerb von Waren aus Automaten oder bei der Parkhausbenutzung), zum anderen die sonstigen Massengeschäfte, bei denen ein ausdrücklicher Hinweis zwar grundsätzlich möglich, jedoch unverhältnismäßig und der Massenabfertigung nicht dienlich wäre (z. B. beim Einkauf im Kaufhaus, beim Erwerb einer Kinokarte oder einer Karte für eine Sportveranstaltung, beim Benutzen einer Kfz-Waschanlage oder bei Inanspruchnahme einer Kleiderreinigung).

(2) Der Aushang muss so angebracht sein, dass die Allgemeinen Geschäftsbedingungen von dem Vertragspartner nicht übersehen werden können.

Zum anderen verlangt das Gesetz, dass der AGB-Verwender der anderen Vertragspartei die Möglichkeit verschaffen muss, in zumutbarer Weise von dem Inhalt der Allgemeinen Geschäftsbedingungen Kenntnis zu nehmen.

Praxishinweis:

(1) Bei einem Vertragsschluss unter Abwesenden ist i. d. R. die Übersendung der Allgemeinen Geschäftsbedingungen an den Vertragspartner erforderlich. Nicht ausreichend ist der Hinweis, die Allgemeinen Geschäftsbedingungen könnten im Geschäftslokal des AGB-Verwenders eingesehen werden.

(2) Ein telefonischer Vertragsabschluss ohne zuvor erfolgte Zusendung, jedoch dennoch unter Einbeziehung der Allgemeinen Geschäftsbedingungen des Verwenders ist i. d. R. nur möglich, sofern die andere Vertragspartei durch Individualvereinbarung darauf verzichtet, vor Vertragsschabschluss von dem Inhalt der Allgemeinen Geschäftsbedingungen Kenntnis zu nehmen.

(3) Beim Vertragsabschluss über Internet werden die Allgemeinen Geschäftsbedingungen dann Vertragsbestandteil, wenn der anderen Vertragspartei die Möglichkeit einer kritischen Prüfung der Allgemeinen Geschäftsbedingungen eröffnet wird, indem sie eingeblendet werden oder heruntergeladen werden können.

1.2.2 Verträge mit Unternehmern

Die zuvor dargestellten Voraussetzungen finden auf Verträge mit Unternehmern keine Anwendung. Unternehmer ist jede natürliche oder juristische Person oder jede rechtsfähige Personengesellschaft, die bei Abschluss eines Rechtsgeschäfts in Ausübung ihrer gewerblichen oder selbstständigen beruflichen Tätigkeit handelt, mithin am Markt planmäßig und dauerhaft Leistungen gegen Entgelt anbietet. Dennoch werden Allgemeine Geschäftsbedingungen auch in einer solchen Vertragsbeziehung nur dann Vertragsbestandteil, wenn sie wirksam in den Vertrag einbezogen werden.

Dies kann natürlich ebenfalls durch ausdrücklichen Hinweis bzw. einen gut sichtbaren Aushang erfolgen. Ausreichend ist im unternehmerischen Geschäftsverkehr aber auch die Einbeziehung der Allgemeinen Geschäftsbedingungen durch schlüssiges Verhalten. Dies setzt voraus, dass der AGB-Verwender vor Vertragsschluss erkennbar auf seine Allgemeinen Geschäftsbedingungen verweist – ohne sie jedoch aktiv vorlegen bzw. zusenden zu müssen – und die andere Vertragspartei ihrer Geltung nicht widerspricht.

Praxishinweis:

Die Verweisung muss die Allgemeinen Geschäftsbedingungen klar und unzweideutig bezeichnen, damit die andere Vertragspartei in der Lage ist, sich von deren Inhalt Kenntnis zu verschaffen.

Auch im unternehmerischen Geschäftsverkehr muss der anderen Vertragspartei somit zwar die Möglichkeit verschafft werden, von dem Inhalt der Allgemeinen Geschäftsbedingungen in zumutbarer Weise Kenntnis zu nehmen, jedoch genügt der Hinweis des AGB-Verwenders, die Vertragsbedingungen auf Wunsch zu übersenden.

1.2.3 Kollision sich widersprechender Allgemeiner Geschäftsbedingungen

Ein häufiges Problem in der Praxis sind sich widersprechende Allgemeine Geschäftsbedingungen. Sofern beide Vertragspartner auf ihre jeweiligen Allgemeinen Geschäftsbedingungen verweisen, stellt sich die Frage, welche bzw. ob die Vertragsbedingungen Vertragsbestandteil werden. Die früher von der Rechtsprechung vertretene „Theorie des letzten Wortes“, wonach die zeitlich zuletzt erfolgte Verweisung ausschlaggebend sein sollte, wurde inzwischen richtigerweise aufgegeben. Geltung erlangen daher jeweils nur diejenigen AGB-Klauseln, die sich einander nicht widersprechen.

Praxishinweis:

(1) Um die Geltung anders lautender Allgemeiner Geschäftsbedingungen auszuschließen, muss in den eigenen Allgemeinen Geschäftsbedingungen eine so genannte allgemeine Abwehrklausel enthalten sein. In diese kann auch aufgenommen werden, dass nicht nur anders lautende, sondern auch jegliche die eigenen Allgemeinen Geschäftsbedingungen ergänzende AGB-Klauseln der anderen Vertragspartei keine Geltung haben.

(2) Sofern man nicht jeglichen anders lautenden und ergänzenden AGB-Klauseln der anderen Vertragspartei widersprechen, sondern lediglich bestimmte den eigenen AGB-Klauseln widersprechende oder diese ergänzende Klauseln des Vertragspartners ausschließen möchte, sollte man eine auf diese Klauseln bezogene so genannte qualifizierte Abwehrklausel in die eigenen Allgemeinen Geschäftsbedingungen aufnehmen.

Beispiel

Der Verwender von Allgemeinen Einkaufsbedingungen ist mit der Geltung der Allgemeinen Verkaufsbedingungen seines Vertragspartners grundsätzlich einverstanden, nicht jedoch mit der Klausel zur Vereinbarung des erweiterten Eigentumsvorbehalts zugunsten des Verkäufers. Möglich ist somit die Aufnahme einer qualifizierten Abwehrklausel, mit welcher der Vereinbarung des erweiterten Eigentumsvorbehalts widersprochen wird.

Praxishinweis:

Die Geltung des einfachen Eigentumsvorbehalts zu Gunsten des Verkäufers kann weder durch eine allgemeine, noch durch eine qualifizierte Abwehrklausel in den Allgemeinen Einkaufsbedingungen des Käufers verhindert werden. Denn im Gegensatz zu allen Formen des erweiterten Eigentumsvorbehalts (siehe Kapitel: Kreditsicherungsrechte) erfordert die Vereinbarung des einfachen Eigentumsvorbehalts keinen Konsens der Vertragsparteien, sondern kommt durch einseitige Erklärung des Verkäufers zustande (Eigentumsübertragung unter der aufschiebenden Bedingung der vollständigen Kaufpreiszahlung).

1.3 Vorrang der Individualabrede

Individuelle Vertragsabreden haben immer Vorrang vor Allgemeinen Geschäftsbedingungen.

Praxishinweis:

Die weit verbreitete so genannte Schriftformklausel in Allgemeinen Geschäftsbedingungen, „Nachträgliche Änderungen und Ergänzungen dieses Vertrages bedürfen zu ihrer Wirksamkeit der Schriftform“, stellt einen Verstoß gegen das gesetzliche Leitbild des Vorrangs der Individualabrede dar und ist daher unwirksam.

Individualabreden sind alle Vertragsbedingungen, die zwischen den Vertragsparteien individuell ausgehandelt wurden. Dies erfordert die Gestaltungsfreiheit beider Vertragspartner zur Wahrung der eigenen Interessen.

Praxishinweis:

Nicht ausreichend ist das ausdrückliche Einverständnis der anderen Vertragspartei nach dem Hinweis auf eine ihn belastende Klausel des AGB-Verwenders.

Werden nicht alle, sondern lediglich einzelne Vertragsbedingungen individuell ausgehandelt, ändert dies nichts an der AGB-Eigenschaft der übrigen vorformulierten Vertragsbedingungen des Verwenders.

1.4 Wirksamkeitsvoraussetzungen

Die Wirksamkeit Allgemeiner Geschäftsbedingungen ist nicht alleine von ihrer formal wirksamen Einbeziehung in den jeweiligen Vertrag abhängig. Vielmehr können Allgemeine Geschäftsbedingungen trotz wirksamer Einbeziehung in den Vertrag aus anderen Gründen unwirksam sein.

Praxishinweis:

Die Beweislast dafür, dass die AGB-Klausel(n) unwirksam ist/sind, obliegt demjenigen, der sich auf die Unwirksamkeit beruft, also in der Regel dem Verwendungsgegner.

1.4.1 Unwirksamkeit überraschender Klauseln

Unwirksam sind Bestimmungen in Allgemeinen Geschäftsbedingungen, die nach den Umständen so ungewöhnlich sind, dass der Vertragspartner des Verwenders mit ihnen nicht zu rechnen braucht.

Um das Vorliegen einer überraschenden Klausel in vorgenanntem Sinne zu bejahen, muss es sich nach den Gesamtumständen zum einen um eine objektiv ungewöhnliche Regelung handeln.

Beispiele für objektive Ungewöhnlichkeit

- Unvereinbarkeit mit dem Leitbild des Vertrages;
- Unvereinbarkeit mit der Höhe des Entgelts;
- objektiver Widerspruch zu dem Verlauf der Vertragsverhandlungen;
- objektiver Widerspruch zur Werbung des Klausel-Verwenders;
- erhebliche Abweichung vom dispositiven Recht;
- erhebliche Abweichung von den üblichen Vertragsbedingungen.

Zum anderen erfordert das Bejahen einer überraschenden Klausel ein Überraschungsmoment. Dieses liegt vor, sofern zwischen den subjektiven Erwartungen der anderen Vertragspartei und dem tatsächlichen Inhalt der Klausel eine Diskrepanz besteht, mit welcher der Verwendungsgegner nicht zu rechnen braucht.

Praxishinweis:

Ob die Klausel überraschend ist, beurteilt sich grundsätzlich nach den Erkenntnismöglichkeiten des typischerweise zu erwartenden „Durchschnitts-Vertragspartners". Nicht ausreichend ist die bloße Schutzbehauptung des Vertragspartners, mit dieser Klausel habe er nicht gerechnet. Entscheidend ist vielmehr, ob er mit der Vertragsbedingung rechnen musste oder nicht.

Obwohl die Beurteilung einer Klausel als überraschend einzelfallabhängig ist, haben sich in der Rechtsprechung bestimmte Klauseltypen herauskristallisiert, die in der Regel wegen ihres überraschenden Charakters unwirksam sind.

Beispiele

- „Verstecken" einer Klausel an einer Stelle des Vertragstextes, an der ihr Übersehen zu erwarten ist;
- Eingliederung einer Klausel unter einer falschen oder missverständlichen Überschrift;

- ausländischer Gerichtsstand, obwohl materiell deutsches Recht anzuwenden ist;
- Anwendung ausländischen Rechts auf ein Rechtsverhältnis mit engster Verbindung zum deutschen Recht;
- Schadenersatzanspruch des Verwenders bei Scheitern der Vertragsverhandlungen auch ohne Verschulden der anderen Vertragspartei.

1.4.2 Unwirksamkeit mehrdeutiger Klauseln

Auch die Unklarheit/Missverständlichkeit einer Klausel kann zu ihrer Unwirksamkeit führen.

Sofern der Wortlaut einer Klausel einer Auslegung zugänglich ist, hat diese stets zu Lasten des Verwenders zu erfolgen. Zu prüfen ist daher, ob die scheinbar kundenfeindlichste Auslegung der mehrdeutigen Klausel dazu führt, dass die Regelung der Inhaltskontrolle der §§ 307 ff. BGB (siehe hierzu nachfolgende Ziffer 1.4.3 ff.) nicht standhält. Geht die Unwirksamkeit der Klausel mit einer Verbesserung der Rechtsstellung des Verwendungsgegners einher, muss der Klausel-Verwender sich diese für ihn nachteilige Klauselauslegung zurechnen lassen.

Praxishinweis:

Die Unklarheitenregel findet nur dann Anwendung, wenn nach Ausschöpfung aller in Betracht kommenden Auslegungsmethoden (grammatikalisch, historisch, systematisch, teleologisch) ein nicht behebbarer Auslegungszweifel bleibt und mindestens zwei Auslegungen rechtlich vertretbar sind. Nicht ausreichend ist demgegenüber, dass zwischen den Vertragsparteien Streit über die Auslegung der Klausel besteht.

1.4.3 Klauselverbote ohne Wertungsmöglichkeiten

§ 309 BGB enthält einen Katalog von Klauseln, die ohne jeglichen Wertungsspielraum unwirksam sind.

1.4.3.1 Anwendungsbereich

Die Klauselverbote ohne Wertungsmöglichkeiten finden keine Anwendung auf Allgemeine Geschäftsbedingungen, die gegenüber einem Unternehmer, einer juristischen Person des öffentlichen Rechts oder einem öffentlich-rechtlichen Sondervermögen verwendet werden. Im Umkehrschluss bedeutet dies, dass vorgenannte Klauselverbote – unmittelbar – nur auf gegenüber einem Verbraucher verwendete Allgemeine Geschäftsbedingungen Anwendung finden.

Praxishinweis:

Auch wenn die Klauselverbote des § 309 BGB auf gegenüber einem Unternehmer verwendete Allgemeine Geschäftsbedingungen nicht unmittelbar anwendbar sind, können die sich aus ihnen ergebenden Grundsätze mittelbar dennoch eine Rolle für die Wirksamkeitsprüfung derartiger Allgemeiner Geschäftsbedingungen spielen und in die Inhaltskontrolle anhand der Generalklausel des § 307 Abs. 1 S. 1 BGB (siehe nachfolgende Ziffer 1.4.5) einfließen.

Bei Verbraucherverträgen, mithin Verträgen zwischen einem Unternehmer und einem Verbraucher, finden die Klauselverbote ohne Wertungsmöglichkeiten auch auf solche Vertragsbedingungen Anwendung, die insofern keine Allgemeinen Geschäftsbedingungen sind, als sie zwar durch den Unternehmer vorformuliert und gestellt wurden, jedoch nur zur einmaligen Verwendung bestimmt sind.

1.4.3.2 Die einzelnen Klauselverbote

Im Anwendungsbereich des § 309 BGB verboten und somit unwirksam sind folgende Regelungen in Allgemeinen Geschäftsbedingungen:

- Preiserhöhungen für Waren oder Leistungen innerhalb von vier Wochen nach Vertragsschluss, es sei denn, es handelt sich um ein Dauerschuldverhältnis;
- Ausschluss oder Einschränkung eines gesetzlichen Leistungsverweigerungsrechts oder eines auf demselben Vertragsverhältnis beruhenden Zurückbehaltungsrechts der anderen Vertragspartei;

Praxishinweis:

Im unternehmerischen Geschäftsverkehr ist der Ausschluss eines Leistungsverweigerungs- oder Zurückbehaltungsrechts des Vertragspartners grundsätzlich zulässig.

- Ausschluss der Aufrechnung der anderen Vertragspartei mit einer unbestrittenen oder rechtskräftig festgestellten Forderung;

Praxishinweis:

Auch in gegenüber Unternehmern verwendeten Allgemeinen Geschäftsbedingungen ist die Regelung eines Aufrechnungsverbots mit einer unbestrittenen oder rechtskräftig festgestellten Forderung aufgrund einer unangemessenen Benachteiligung des Vertragspartners unwirksam.

- Bestimmung, durch die der Klausel-Verwender von der gesetzlichen Obliegenheit, den anderen Vertragsteil durch Mahnung in Verzug zu setzen oder ihm eine Frist für die Leistung oder zur Nacherfüllung zu setzen, befreit wird;
- Bestimmung zur Pauschalierung von Schadenersatzansprüchen des Klausel-Verwenders, sofern die Pauschale den nach dem gewöhnlichen Lauf der Dinge zu erwartenden Schaden übersteigt oder dem anderen Vertragsteil nicht ausdrücklich der Gegenbeweis eröffnet wird, dass ein Schaden nicht oder nicht in Höhe der Pauschale entstanden ist;

Praxishinweis:

Auch im unternehmerischen Geschäftsverkehr ist die formularvertragliche Pauschalierung von Schadenersatzansprüchen grundsätzlich wegen unangemessener Benachteiligung des Vertragspartners unwirksam. Anders als bei gegenüber Verbrauchern verwendeten Allgemeinen Geschäftsbedingungen braucht der Gegenbeweis jedoch nicht ausdrücklich eröffnet zu werden; vielmehr ist ausreichend, dass er nicht ausgeschlossen wird.

- Bestimmung einer Vertragsstrafe für den Fall, dass der andere Vertragsteil
  - die vertragliche Leistung des Klausel-Verwenders nicht oder verspätet abnimmt oder
  - in Zahlungsverzug gerät oder
  - sich von dem Vertrag löst;
- Ausschluss oder Begrenzung der Haftung des Klausel-Verwenders für Schäden aufgrund der Verletzung des Lebens, des Körpers oder der Gesundheit durch fahrlässiges Verhalten des Klausel-Verwenders selbst oder durch ein entsprechendes vorsätzliches oder fahrlässiges Verhalten eines gesetzlichen Vertreters oder Erfüllungsgehilfen des Klausel-Verwenders;

Praxishinweis:

(1) Der Haftungsausschluss für grobes Verschulden des Klausel-Verwenders, seiner gesetzlichen Vertreter und Erfüllungsgehilfen ist auch im unternehmerischen Geschäftsverkehr wegen unangemessener Benachteiligung des Vertragspartners unwirksam. Nach der Rechtsprechung des Bundesgerichtshofs kann sich der Klausel-Verwender gegenüber einem Unternehmer auch nicht von der Haftung für einfache Fahrlässigkeit bei der Verletzung so genannter Kardinalpflichten (= wesentliche Pflichten, die sich aus der Natur des Vertrages ergeben) freizeichnen.

(2) Zulässig ist im unternehmerischen Geschäftsverkehr indes die Begrenzung der Haftung der Höhe nach auf die vertragstypischen vorhersehbaren Schäden.

- Ausschluss oder Begrenzung der Haftung des Klausel-Verwenders für durch eigenes grob fahrlässiges Handeln oder durch vorsätzliches oder fahrlässiges Verhalten eines gesetzlichen Vertreters oder Erfüllungsgehilfen des Klausel-Verwenders verursachte sonstige Schäden;
- Ausschluss oder Einschränkung des Rechts des Vertragspartners, sich bei einer von dem Klausel-Verwender zu vertretenden Pflichtverletzung von dem Vertrag zu lösen;
- Bei Verträgen über die Lieferung neu hergestellter Sachen oder über Werkleistungen:
  - Bestimmung, durch welche die Gewährleistungsansprüche des Vertragspartners gegen den Verwender insgesamt oder teilweise ausgeschlossen oder auf die Einräumung von Ansprüchen gegen Dritte beschränkt oder von der vorherigen gerichtlichen Inanspruchnahme Dritter abhängig gemacht werden;

Praxishinweis:

(1) Im unternehmerischen Geschäftsverkehr ist der Ausschluss der Gewährleistungsansprüche des Vertragspartners wegen unangemessener Benachteiligung ebenfalls unwirksam.

(2) Eine Dritthaftungsklausel ist gegenüber Unternehmern wirksam, wenn ausdrücklich eine subsidiäre Eigenhaftung des Klausel-Verwenders vorgesehen ist.

  - Beschränkung der Gewährleistungsansprüche auf das Recht auf Nacherfüllung, sofern dem Vertragspartner für den Fall des Fehlschlagens der Nacherfüllung nicht ausdrücklich das Recht auf Minderung oder Wandlung eingeräumt wird;
  - Ausschluss oder Beschränkung der Pflicht des Klausel-Verwenders, die zum Zwecke der Nacherfüllung erforderlichen Aufwendungen zu tragen;
  - Bestimmung, wonach der Verwender die von ihm geschuldete Nacherfüllung von der vorherigen Zahlung des vollständigen oder eines im Bezug auf den Mangel unverhältnismäßig hohen Teils des Entgelts abhängig macht;
  - Bestimmung einer Ausschlussfrist für die Anzeige nicht offensichtlicher Mängel, die kürzer ist als die auf den Vertrag anzuwendende gesetzliche Verjährungsfrist;
  - Verkürzung der gesetzlichen fünfjährigen Verjährungsfrist für Ansprüche wegen eines Mangels an einem Bauwerk, es sei denn, in den Vertrag wurden die VOB/B einbezogen, oder Verkürzung der Verjährungsfrist für alle übrigen Ansprüche wegen mangelhafter Leistung auf weniger als ein Jahr;
- Bei Verträgen über die regelmäßige Lieferung von Waren oder die regelmäßige Erbringung von Dienst- oder Werkleistungen durch den Klausel-Verwender:
  - Bestimmung einer den Vertragspartner bindenden Vertragslaufzeit von mehr als zwei Jahren;
  - Bestimmung einer den Vertragspartner bindenden stillschweigenden Vertragsverlängerung um jeweils mehr als ein Jahr;

  - Belastung des Vertragspartners mit einer längeren Kündigungsfrist als drei Monate vor Ablauf der ursprünglich vorgesehenen oder stillschweigend verlängerten Vertragsdauer, es sei denn, es handelt sich (u. a.) um einen Vertrag über die Lieferung als zusammengehörig verkaufter Sachen oder um einen Versicherungsvertrag;

- Vorbehalt eines Wechsels des Vertragspartners auf Seiten des Verwenders, es sei denn, der Dritte wird in der AGB-Klausel namentlich bezeichnet oder dem anderen Vertragsteil wird das Recht eingeräumt, sich von dem Vertrag zu lösen;

- Bestimmung, durch die einem Abschlussvertreter des Vertragspartners ohne diesbezügliche ausdrückliche und gesonderte Erklärung eine eigene Haftung oder im Falle des Handelns ohne Vertretungsmacht eine über die gesetzlich normierte hinausgehende Haftung auferlegt wird;

- Umkehr der Beweislast zu Lasten des Vertragspartners, insbesondere durch:

  - Auferlegung der Beweislast für Umstände aus dem Verantwortungsbereich des Klausel-Verwenders oder
  - formularmäßige Einholung einer Tatsachenbestätigung des Vertragspartners, es sei denn, es handelt sich um ein gesondert unterschriebenes oder um ein mit einer gesonderten qualifizierten elektronischen Signatur versehenes Empfangsbekenntnis des Vertragspartners;

Praxishinweis:

Das Verbot von Beweislastklauseln gilt grundsätzlich auch für gegenüber einem Unternehmer verwendete Allgemeine Geschäftsbedingungen.

- Bestimmung, durch die für von dem Vertragspartner gegenüber dem Klausel-Verwender oder einem Dritten abzugebende Anzeigen oder Erklärungen eine strengere Form als die Schriftform oder besondere Zugangserfordernisse verlangt werden.

1.4.4 Klauselverbote mit Wertungsmöglichkeit

§ 308 BGB enthält einen – nicht abschließenden – Katalog von Klauseln, die unbestimmte Rechtsbegriffe enthalten und daher einen Wertungsspielraum eröffnen. Diese Klauselverbote mit Wertungsmöglichkeit sind somit – anders als die vorstehend dargestellten Klauselverbote des § 309 BGB – nicht per se, sondern nur bei die Unwirksamkeit feststellender richterlicher Wertung unwirksam.

1.4.4.1 Anwendungsbereich

Der Anwendungsbereich des § 308 BGB entspricht jenem des § 309 BGB, so dass auf die dortigen Ausführungen (Ziffer 1.4.3.1) verwiesen wird.

1.4.4.2 Die einzelnen Klauselverbote

Gemäß dem beispielhaften, mithin nicht abschließenden Klauselkatalog des § 308 BGB sind bei entsprechender richterlicher Bewertung der im Einzelfall zu beurteilenden Klausel folgende Vertragsbedingungen unwirksam:

- Unangemessen lange oder nicht hinreichend bestimmte Fristen für die Annahme oder Ablehnung eines Angebots oder für die Erbringung einer Leistung;
- Vorbehalt einer unangemessen langen oder nicht hinreichend bestimmten Nachfrist zu Gunsten des Klausel-Verwenders für die von ihm zu bewirkende Leistung;
- Rücktrittsrecht zu Gunsten des Klausel-Verwenders ohne sachlich gerechtfertigten und im Vertrag angegebenen Grund, es sei denn, es handelt sich um ein Dauerschuldverhältnis;

Praxishinweis:

Auch im unternehmerischen Geschäftsverkehr ist die formularmäßige Regelung eines Rücktrittsrechts des Klausel-Verwenders ohne Angabe eines sachlich gerechtfertigten Grunds wegen unangemessener Benachteiligung des Vertragspartners unwirksam. Allerdings sind die inhaltlichen Anforderungen an den sachlich gerechtfertigten Grund unter Berücksichtigung der kaufmännischen Gepflogenheiten grundsätzlich weniger streng als bei Verbrauchergeschäften.

- Einräumung eines für den Vertragspartner unzumutbaren Rechts zu Gunsten des Verwenders, die vertraglich von ihm geschuldete Leistung zu ändern oder von ihr abzuweichen;
- Fiktion einer Erklärung des Vertragspartners bei Vornahme oder Unterlassung einer bestimmten Handlung, es sei denn, dem Vertragspartner wird eine angemessene Frist zur Abgabe einer ausdrücklichen Erklärung eingeräumt und der Klausel-Verwender verpflichtet sich, seinen Vertragspartner bei Beginn der Frist auf die Bedeutung seines Verhaltens besonders hinzuweisen (dieses Klauselverbot gilt nicht für Verträge, in welche die VOB/B einbezogen wurden);
- Fiktion des Zugangs einer besonders bedeutsamen Erklärung des Klausel-Verwenders bei dem anderen Vertragspartner;

Praxishinweis:

(1) Erklärungen von besonderer Bedeutung sind solche, die für den Empfänger mit nachteiligen Rechtsfolgen verbunden sind. Unzulässig ist daher z. B. die Fiktion des Zugangs einer Kündigung oder einer Mahnung.

(2) Auch im unternehmerischen Geschäftsverkehr ist eine derartige Zugangsfiktion wegen unangemessener Benachteiligung des Vertragspartners unwirksam.

- Anspruch des Klausel-Verwenders auf eine unangemessen hohe Vergütung für die Nutzung/den Gebrauch einer Sache/eines Rechts oder für erbrachte Leistungen oder auf einen unangemessen hohen Aufwendungsersatz für den Fall des Vertragsrücktritts oder der Vertragskündigung des Vertragspartners;

Beispiel

Aufrechterhaltung der vollen Zahlungspflicht bei erfolgtem Reiserücktritt oder bei vorzeitiger Kündigung eines Kreditkartenvertrags.

- Rücktrittsrecht des Klausel-Verwenders bei Nichtverfügbarkeit der Leistung, es sei denn, er verpflichtet sich, seinen Vertragspartner unverzüglich über die Nichtverfügbarkeit zu informieren und ihm dessen Gegenleistung unverzüglich zu erstatten.

1.4.5 Generalklausel

§ 307 Abs. 1 S. 1 BGB enthält den Auffangtatbestand für die richterliche Inhaltskontrolle von Allgemeinen Geschäftsbedingungen. Demnach sind Bestimmungen in Allgemeinen Geschäftsbedingungen unwirksam, wenn sie den Vertragspartner entgegen den Geboten von Treu und Glauben unangemessen benachteiligen.

Der unbestimmte Rechtsbegriff „unangemessene Benachteiligung“ wird im Gesetz insoweit konkretisiert, als typische rechtliche Kriterien genannt werden, die in der Regel die Unwirksamkeit der Klausel wegen unangemessener Benachteiligung des Vertragspartners begründen. Dies ist der Fall, sofern die Klausel entweder mit wesentlichen Grundgedanken der gesetzlichen Regelung, von der abgewichen wird, nicht vereinbar ist oder sofern die Klausel wesentliche sich aus der Natur des Vertrages ergebende Rechte und Pflichten so einschränkt, dass die Erreichung des Vertragszwecks gefährdet ist.

In der Praxis stellt § 307 BGB das Kernstück des Rechts der Allgemeinen Geschäftsbedingungen dar. Dies ist zum einen die logische Konsequenz daraus, dass eine AGB-Klausel entweder zwar gemäß §§ 308, 309 BGB wirksam, jedoch aus anderen Gründen gemäß § 307 BGB unwirksam sein kann oder – insbesondere im unternehmerischen Geschäftsverkehr – der Inhaltskontrolle der §§ 308, 309 BGB (unmittelbar) gar nicht erst zugänglich ist.

Zum anderen eröffnet der unbestimmte Rechtsbegriff „unangemessene Benachteiligung" einen weiten, zumeist einzelfallabhängigen Beurteilungsspielraum.

1.4.5.1 Anwendungsbereich

Im Gegensatz zu den Klauselkatalogen der §§ 308, 309 BGB ist die Generalklausel des § 307 BGB auf jegliche Allgemeine Geschäftsbedingungen anwendbar, mithin insbesondere auch auf solche, die gegenüber Unternehmern verwendet werden.

1.4.5.2 Verbot unangemessener Benachteiligung

Zur Beantwortung der Frage, ob eine AGB-Klausel eine unangemessene Benachteiligung des Vertragspartners darstellt, ist in zeitlicher Hinsicht auf den Zeitpunkt des Vertragsschlusses abzustellen.

Praxishinweis:

Sofern im Zeitpunkt des Vertragsschlusses keine unangemessene Benachteiligung des Vertragspartners vorlag, wohl aber im weiteren Vertragsverlauf aufgrund einer nachträglichen Änderung tatsächlicher Umstände eintritt, führt dies nicht dazu, dass die fragliche AGB-Klausel gemäß § 307 BGB unwirksam ist. In Betracht kommen kann im Einzelfall allerdings zu Gunsten des Vertragspartners der Einwand des Rechtsmissbrauchs (§ 242 BGB) oder die Störung der Geschäftsgrundlage (§ 313 BGB).

Inhaltlich ist zur Beurteilung der Klausel von den dispositiven Rechtsvorschriften auszugehen, die ohne die fragliche Klausel gelten würden. Eine unangemessene Benachteiligung kommt in Betracht, sofern der Vergleich zwischen dem ohne die Klausel geltenden dispositiven Recht und der AGB-Klausel zu dem Ergebnis führt, dass die Vertragsbedingung nicht unerhebliche Nachteile für den Vertragspartner birgt.

Nach der Rechtsprechung des Bundesgerichtshofs ist eine derartige Benachteiligung unangemessen, wenn der Klausel-Verwender durch einseitige Vertragsgestaltung missbräuchlich eigene Interessen auf Kosten seines Vertragspartners durchzusetzen versucht, ohne von vornherein auch dessen Belange hinreichend zu berücksichtigen und ihm einen angemessenen Ausgleich zuzugestehen. Die Beurteilung muss anhand einer umfassenden, die Interessen beider Vertragsparteien, den Gegenstand, den Zweck, die Eigenart und den gesamten Inhalt des Vertrages berücksichtigenden Gesamtwürdigung vorgenommen werden.

Praxishinweis:

Die Gesamtwürdigung kann dazu führen, dass die überprüfte Klausel gegenüber Unternehmern wirksam, gegenüber Verbrauchern jedoch unwirksam ist.

Beispiele für Unwirksamkeit wegen unangemessener Benachteiligung im Unternehmer- und Verbrauchergeschäft

- Begründung einer schuldunabhängigen Haftung des Vertragspartners;
- Ausschluss des Kündigungsrechts aus wichtigem Grund;
- Inkassovertragsbedingungen: Verpflichtung zur Leistung einer erfolgsunabhängigen Vorabvergütung;
- Neuwagenverkaufsbedingungen: Stand der Technik als alleiniger Maßstab für die Fehlerfreiheit des Fahrzeugs;
- Werkvertragsbedingungen: Ausschluss des gesetzlichen jederzeitigen Kündigungsrechts des Bestellers;
- Bestätigungsklausel, welche die Wirksamkeit mündlicher Abreden von einer schriftlichen Bestätigung abhängig macht.

1.4.5.3 Transparenzgebot

Eine Klausel kann auch dadurch eine unangemessene Benachteiligung des Vertragspartners darstellen, dass sie unklar und missverständlich ist.

Das gesetzliche Transparenzgebot verpflichtet den Klausel-Verwender daher dazu, die Rechte und Pflichten seines Vertragspartners so klar und durchschaubar wie möglich darzustellen.

Praxishinweis:

Das Transparenzgebot gebietet insbesondere auch, dass die Klausel die wirtschaftlichen Nachteile und Belastungen so weit erkennen lässt, wie dies nach den Umständen gefordert werden kann.

Andererseits führt das Transparenzgebot nicht dazu, dass der Klausel-Verwender die sich aus dem Gesetz oder aus ungeschriebenen Rechtsgrundsätzen ergebenden Rechte und Pflichten ausdrücklich regeln oder den Vertragspartner insoweit belehren muss. Ferner ist es dem Klausel-Verwender grundsätzlich nicht verwehrt, unbestimmte Rechtsbegriffe aus dem Gesetz zu übernehmen.

Bei der Beurteilung der Frage, ob eine Klausel dem Transparenzgebot genügt, ist weder auf den individuellen Vertragspartner, noch auf einen flüchtigen Betrachter der Klausel abzustellen. Maßgeblich sind indes die an einen aufmerksamen und sorgfältigen Vertragspartner zu stellenden Anforderungen.

Praxishinweis:

Nicht jede intransparente Klausel ist unwirksam. Hinzukommen muss vielmehr die Gefahr, dass der Vertragspartner aufgrund der Unklarheit/Missverständlichkeit der Vertragsbedingung inhaltlich benachteiligt wird.

Beispiele für Unwirksamkeit wegen Intransparenz

- Haftungsausschluss mit dem Zusatz „soweit gesetzlich zulässig" (= Verstoß gegen das Verständlichkeitsgebot);
- Preiserhöhungsklausel ohne Konkretisierung der Voraussetzungen und des zulässigen Umfangs der Preiserhöhung (= Verstoß gegen das Bestimmtheitsgebot);
- Eignung zur Irreführung durch inhaltliche und drucktechnische Gestaltung von Vertragsbedingungen derart, dass bei dem Vertragspartner der Eindruck entstehen kann, es handle sich um ein kostenloses Angebot (= Verstoß gegen das Täuschungsverbot).

1.5 Rechtsfolgen unwirksamer AGB-Klauseln

Da die Unvereinbarkeit einer AGB-Klausel mit den §§ 307 – 309 BGB zur Unwirksamkeit der Klausel führt, ergeben sich zwei an diese Rechtsfolge anknüpfende Anschlussfragen:

- Ist eine Umdeutung der unwirksamen Klausel in eine wirksame Klausel rechtlich zulässig?
- Bleibt der Vertrag trotz der unwirksamen AGB-Klausel(n) wirksam?

1.5.1 Verbot geltungserhaltender Reduktion

Aus dem Schutzzweck der §§ 307 ff. BGB ergibt sich, dass eine verbotswidrige AGB-Klausel grundsätzlich nicht durch Reduktion auf das gerade noch zulässige oder angemessene Maß teilweise aufrechterhalten werden darf.

Beispiel

> Eine zu Gunsten des Klausel-Verwenders zu lang bemessene Verjährungsfrist darf nicht durch Auslegung auf das zulässige Maß verkürzt werden.

Selbst wenn der Inhalt einer AGB-Klausel nur teilweise gegen die §§ 307 ff. BGB verstößt, ist die fragliche Klausel grundsätzlich insgesamt unwirksam.

Etwas anders gilt lediglich dann, wenn es sich um eine sprachlich und inhaltlich teilbare Klausel handelt, bei der jeder Teil aus sich heraus verständlich ist und der unwirksame Teil der Klausel weggestrichen werden kann, ohne dass dem inhaltlich unbedenklichen Teil dadurch der Inhalt/Sinn entzogen wird.

Beispiele für gegebene Teilbarkeit einer AGB-Klausel

> – Regelung über Fristlänge und Fristbeginn;
>
> – Bestimmungen in Mietverträgen zu Schönheitsreparaturen einerseits und zu Kleinreparaturen andererseits;
>
> – Gefahrtragungsregelungen für den Fall der Beschädigung einerseits und den Fall des Untergangs andererseits;
>
> – Salvatorische Klausel mit einer (wirksamen) Erhaltungsklausel einerseits, wonach die Gültigkeit des Vertrages bei Unwirksamkeit einzelner Vertragsbedingungen unberührt bleiben soll, und einer (unwirksamen) Ersetzungsklausel andererseits, wonach unwirksame Vertragsbedingungen durch solche zu ersetzen sind, die dem wirtschaftlich Gewollten am nächsten kommen.

Beispiel für nicht gegebene Teilbarkeit einer AGB-Klausel

> Aufeinander abgestimmte Fristen führen bei Unangemessenheit einer Frist zur Unwirksamkeit der gesamten Klausel.

1.5.2 Rechtsfolgen für den Vertrag

Die allgemeine Regelung im BGB, wonach die Teilnichtigkeit eines Rechtsgeschäfts im Zweifel zu dessen Gesamtnichtigkeit führt (§ 139 BGB), gilt für Allgemeine Geschäftsbedingungen nicht. Vielmehr enthält § 306 BGB eine spezielle Regelung.

1.5.2.1 Grundsatz: Fortbestand des Vertrags und Schließen von Regelungslücken

Grundsätzlich bleibt der Vertrag wirksam, auch wenn die Allgemeinen Geschäftsbedingungen ganz oder teilweise unwirksam sind.

Soweit sich aus der Unwirksamkeit der Allgemeinen Geschäftsbedingungen oder einzelner AGB-Klauseln Regelungslücken ergeben, richtet sich der Inhalt des Vertrages nach den gesetzlichen Vorschriften.

Kann die Vertragslücke nicht durch geeignete gesetzliche Vorschriften geschlossen werden und stellt das ersatzlose Streichen der Allgemeinen Geschäftsbedingungen bzw. der fraglichen AGB-Klausel(n) keine interessengerechte Lösung dar, ist die Lücke durch ergänzende Vertragsauslegung zu schließen. An die Stelle der Klausel tritt die Regelung, welche die Vertragsparteien bei sachgerechter Abwägung gewählt hätten, wenn ihnen die Unwirksamkeit der AGB-Klausel(n) bewusst gewesen wäre.

Beispiel

Die unwirksame Verpflichtung zur Stellung einer Bürgschaft auf erstes Anfordern ist als Verpflichtung zur Stellung einer selbstschuldnerischen Bürgschaft aufrechtzuerhalten.

Praxishinweis:

(1) Eine so genannte Ersetzungsklausel im Rahmen der in der Praxis häufig verwendeten so genannten salvatorischen Klausel, aufgrund derer an die Stelle einer unwirksamen Klausel nicht das dispositive Recht, sondern eine Regelung treten soll, deren wirtschaftlicher Erfolg jenem der unwirksamen Klausel am nächsten kommt, ist sowohl wegen eines Verstoßes gegen das Transparenzgebot (siehe oben, Ziffer 1.4.5.3) als auch wegen des Vorrangs dispositiven Rechts zur Schließung von aus unwirksamen AGB-Klauseln resultierenden Vertragslücken unwirksam.

(2) Ebenfalls unwirksam sind so genannte Ersatz-Klauseln, die bei Unwirksamkeit der Erst-Regelung hilfsweise gelten sollen.

1.5.2.2 Ausnahme: Gesamtnichtigkeit des Vertrags

Ausnahmsweise kann die Unwirksamkeit Allgemeiner Geschäftsbedingungen oder einzelner Klauseln auch zur Unwirksamkeit des gesamten Vertrages führen. Dies ist dann der Fall, wenn das Festhalten an dem durch dispositives Recht oder durch Vertragsauslegung ergänzten Vertrag (siehe oben, Ziffer 1.5.2.1) für eine der Vertragsparteien eine unzumutbare Härte bedeuten würde.

Da Allgemeine Geschäftsbedingungen aus Sicht des Verwenders primär der Risikobegrenzung dienen, führt die Unwirksamkeit von AGB-Klauseln durchweg zu einer Verschlechterung seiner Rechtsposition. Dies ist jedoch nicht gleichbedeutend mit einer die Gesamtnichtigkeit des Vertrages begründenden unzumutbaren Härte.

Praxishinweis:

Auf Seiten des Verwenders kann unzumutbare Härte nur dann angenommen werden, wenn die Unwirksamkeit der AGB-Klauseln im Einzelfall zu einer grundlegenden Störung des Vertragsgleichgewichts zu Lasten des Verwenders führt.

Demgegenüber bedeutet der Wegfall von AGB-Klauseln für den Vertragspartner in der Regel eine Verbesserung seiner Rechtsposition.

Praxishinweis:

Für den Vertragspartner kann das Festhalten an dem Vertrag dann eine unzumutbare Härte bedeuten, wenn der Vertragsinhalt infolge der unwirksamen AGB-Klauseln unklar geworden und Ungewissheit über die beiderseitigen Rechte und Pflichten entstanden ist.

Unabhängig von der Frage, ob das Festhalten an dem Vertrag nach Wegfall der unwirksamen AGB-Klauseln für einen der Vertragspartner eine unzumutbare Härte darstellt, tritt Gesamtnichtigkeit des Vertrages dann ein, wenn infolge des Wegfalls der AGB-Klauseln ein weder durch dispositives Recht noch durch ergänzende Vertragsauslegung sinnvoll auszufüllender Vertragsrest verbleibt.

2. Debitorenmanagement und Zahlungsabwicklung

2.1 Debitorenmanagement

Das Debitorenmanagement stellt einen wichtigen Teil des Forderungsmanagements dar. Man versteht darunter primär die Erfassung und Verwaltung der offenen Forderungen. Ein effektives Debitorenmanagement beschränkt sich jedoch nicht darauf, die offenen Forderungen zu erfassen und geeignete Maßnahmen zu deren Eintreibung zu ergreifen, sondern beginnt bereits vor Vertragsabschluss mit der Prävention vor Forderungsausfällen und setzt sich bei der Vertragsgestaltung und der Vertragsabwicklung bis schließlich auf den Zeitraum nach Leistungserbringung fort. Ziel des Debitorenmanagements ist es, Forderungsverluste zu vermeiden oder zumindest so niedrig wie möglich zu halten und dadurch letztlich die Liquidität und das Unternehmensergebnis positiv zu beeinflussen.

2.1.1 Vor Vertragsabschluss

Bereits vor Vertragsabschluss sollte darauf hingewirkt werden, Forderungsminderungen und Forderungsausfällen vorzubeugen. Liefer- und Leistungsgeschäfte, bei denen dem Kunden ein Zahlungsziel eingeräumt werden soll, sind einem Kreditgeschäft gleichzusetzen. Wichtigste präventive Maßnahme im Rahmen des Debitorenmanagements ist daher die Prüfung der Kundenbonität. Zur Prüfung der Kreditwürdigkeit/Bonität sowohl von Neukunden als auch von Altkunden kann sowohl auf interne als auch auf externe Informationsquellen zurückgegriffen werden.

Interne Informationsquellen sind:

- Das eigene Rechnungswesen

Praxishinweis:

Erfahrungswerte aus dem eigenen Rechnungswesen liegen natürlich nur bei Altkunden vor. Geprüft werden sollten folgende Aspekte:

- Hat der Kunde von Skonto- zu Netto-Zahlung gewechselt?
- Welches vereinbarte Zahlungsziel nimmt der Kunde bisher in Anspruch?
- Wurde das Zahlungsziel in der Vergangenheit überschritten? Wie oft? Wie weit? Warum?
- Wurden in der Vergangenheit bereits Anträge des Kunden auf eine Verlängerung des Zahlungsziels oder auf Ratenzahlung gestellt?
- Waren in der Vergangenheit Inkassomaßnahmen gegen den Kunden erforderlich?

- Der eigene Vertrieb

Praxishinweis:

Wichtig ist es, den eigenen Außendienst/Vertrieb für folgende kritische Signale, die auf schlechte Bonität des Kunden hinweisen können, zu sensibilisieren:

- Hohe Lagerbestände;
- nicht ausgelastete Kapazitäten;
- wenige Kunden;
- schmale Angebotspalette;
- schlechtes Produktimage;
- schlechter Zustand von Maschinen im produzierenden Gewerbe;
- erhöhte Gewährung von Rabatten und häufige Sonderaktionen.

Extern bieten sich folgende Informationsquellen an:

- Wirtschaftsauskunfteien (z. B. Creditreform, Bürgel, Dun & Bradstreet)

Praxishinweis:

Wirtschaftsauskunfteien erteilen insbesondere Firmenauskünfte, vereinzelt auch Auskünfte über Privatpersonen. Firmenauskünfte enthalten u. a. Informationen über die Kommunikationsdaten, den Gegenstand des Unternehmens, die Rechtsform, die Haftungslage, eventuelle Beteiligungen an anderen Unternehmen, die Finanzlage (Zahlungserfahrungen, Höchstkreditvorschlag, Bonitätsindex, Negativmerkmale) und die Unternehmenskennzahlen (Umsatz, Eigenkapitalquote, Gewinne/Verluste, Betriebs- und Geschäftsausstattung, Anzahl der Mitarbeiter). Angeboten werden neben der einmaligen Auskunft auch das Monitoring des angefragten Schuldners sowie das Debitorenmonitoring, mithin die permanente Überwachung aller Bestandskunden.

- Bankauskunft

Praxishinweis:

Bankauskünfte sind in der Regel nur für juristische Personen und im Handelsregister eingetragene Kaufleute über die jeweilige Hausbank verfügbar. Sie enthalten insbesondere Informationen über die Zahlweise, die Zahlungsfähigkeit und die Kreditwürdigkeit des Schuldners, nicht hingegen Kontostände, monatliche Verpflichtungen u. Ä.

- Schufa-Auskunft

Praxishinweis:

Die Schufa Holding AG ist eine privatwirtschaftlich organisierte Auskunftei über Privatpersonen, die neben dem Namen, dem Geburtsdatum sowie gegenwärtigen und früheren Anschriften des Schuldners Daten über Aufnahme und vertragsgemäße Abwicklung von Geschäftsbeziehungen (Positivmerkmale) und Daten über nichtvertragsgemäßes Verhalten und gerichtliche Vollstreckungsmaßnahmen (Negativmerkmale) speichert, vorausgesetzt, der jeweilige Schuldner hat hierzu seine Einwilligung erteilt. Die gespeicherten Daten werden nur den Vertragspartnern der Schufa zur Verfügung gestellt. Unternehmen, die Lieferungen und Leistungen gegen Kredit gewähren, können so genannte B-Vertragspartner der Schufa Holding AG werden und als solche Auskunft über Negativmerkmale erhalten, wie z. B.:

- Gemahnte, aber unbezahlte und unbestrittene Forderungen;
- Mahnbescheide;
- Vollstreckungsmaßnahmen;
- Abgabe der eidesstattlichen Versicherung;
- Beantragung/Eröffnung des Insolvenzverfahrens;
- Scheckkartenmissbrauch und Scheckrückgabe mangels Deckung.

- Öffentliches Schuldnerverzeichnis

Praxishinweis:

In das öffentliche Schuldnerverzeichnis werden durch das örtliche Amtsgericht Schuldner eingetragen, die eine eidesstattliche Versicherung über ihre Vermögensverhältnisse abgegeben haben oder gegen die zur Erzwingung der Abgabe dieser eidesstattlichen Versicherung die Haft angeordnet wurde. Die Auskunftserteilung ist u. a. möglich, um wirtschaftliche Nachteile des Anfragenden abzuwenden, die daraus entstehen können, dass Schuldner ihren Zahlungsverpflichtungen nicht nachkommen. Die Eintragung im Schuldnerverzeichnis gilt als gelöscht (und wird bei der Auskunft nicht mehr mitgeteilt), wenn seit der Abgabe der eidesstattlichen Versicherung oder der Anordnung der Haft drei Jahre verstrichen sind; vorzeitig wird sie gelöscht, wenn die Befriedigung des Gläubigers, der die eidesstattliche Versicherung erzwungen hat, nachgewiesen ist oder der Wegfall des Eintragungsgrundes bekannt geworden ist (z. B. bei Aufhebung des Vollstreckungstitels).

- Jahresabschlüsse

Praxishinweis:

Kapitalgesellschaften sind verpflichtet, ihre Jahresabschlüsse zu veröffentlichen. Zugänglich sind die Jahresabschlüsse entweder über den Geschäftsbericht des Schuldners (sofern verfügbar) oder aus dem örtlich zuständigen Handelsregister bzw. dem Bundesanzeiger.

- Kreditversicherung

> **Praxishinweis:**
>
> Die private Kreditversicherung[1] prüft laufend die Bonität der Kunden des Versicherungsnehmers. Insbesondere die Nichtgewährung oder die Aufhebung von Versicherungsschutz für Lieferungen und Leistungen an einen Kunden kann ein wichtiges Indiz für negative Bonität des Abnehmers sein.

Das Wichtigste:

- Stellt sich bei der Bonitätsprüfung heraus, dass die Bonität des Kunden unzureichend ist, sollte kein Kredit (Zahlungsziel) gewährt werden. Sofern auf die Geschäftsbeziehung mit diesem Kunden nicht sogar gänzlich verzichtet wird, sollten die Lieferungen und Leistungen jedenfalls nur gegen Vorkasse, gegen Barzahlung – sofern dies im Einzelfall praktikabel ist – oder gegen den Erhalt adäquater Kreditsicherheiten[2] durchgeführt werden.

2.1.2 Bei Vertragsgestaltung und Vertragsabwicklung

2.1.2.1 Vertragsgestaltung

Bei der Vertragsgestaltung sind folgende Kriterien für ein effektives Debitorenmanagement von besonderer Bedeutung:

Zur Stärkung der eigenen Rechtsposition empfiehlt es sich, Allgemeine Geschäftsbedingungen zu verwenden.[3] Neben der inhaltlichen Wirksamkeit ist auf die wirksame Einbeziehung der Allgemeinen Geschäftsbedingungen in das Vertragsverhältnis zu achten. Der Kunde muss spätestens bei der Leistungserbringung die Möglichkeit der Kenntnisnahme von den Allgemeinen Geschäftsbedingungen haben; andernfalls werden diese in der Regel nicht Vertragsbestandteil.

---

[1] Siehe Kapitel 9. Private Kreditversicherung.

[2] Siehe Kapitel 4. Kreditsicherheiten.

[3] Siehe Kapitel 1. Vertragsgestaltung durch Allgemeine Geschäftsbedingungen.

Praxishinweis:

(1) Die sorgfältige und rechtlich wirksame Formulierung sowohl der Allgemeinen Geschäftsbedingungen, der Individualverträge als auch der sonstigen Vereinbarungen ist von herausragender Bedeutung. Aus Beweisgründen sollten jegliche Vereinbarungen schriftlich getroffen werden. Im Zweifel empfiehlt es sich, bei der Formulierung anwaltlichen Rat einzuholen.

(2) Auch die eventuellen Allgemeinen Geschäftsbedingungen/Allgemeinen Einkaufsbedingungen des Geschäftspartners bedürfen einer sorgfältigen Prüfung, insbesondere hinsichtlich sich gegebenenfalls widersprechender Klauseln.[4]

Ferner müssen die eigenen Zahlungsbedingungen eindeutig formuliert werden.

Praxishinweis:

(1) Nach Möglichkeit sollte für die Fälligkeit der Forderung ein Fixdatum vereinbart werden, zumindest aber eine bestimmbare Frist, z. B. „10 Tage nach Wareneingang" oder „14 Tage nach Rechnungserhalt". Zu beachten ist jedoch in den letztgenannten Fällen, dass sich insoweit für den Gläubiger Beweisprobleme ergeben können, da er im Zweifel den Erhalt der Ware bzw. den Zugang der Rechnung beweisen muss.

(2) Seit Einführung des „Gesetzes zur Beschleunigung fälliger Zahlungen" gerät der Schuldner einer Geldforderung – sofern er nicht Verbraucher ist – bei Streitigkeiten über den Zugang der Rechnung zwar automatisch spätestens 30 Tage nach Fälligkeit und Empfang der Gegenleistung in Verzug; insoweit ist der Zugangsbeweis durch den Gläubiger daher entbehrlich. Allerdings setzt diese gesetzliche Regelung die Fälligkeit der Forderung voraus und hilft somit dem Gläubiger nicht weiter, sofern der Rechnungszugang Ausgangspunkt für die Berechnung des Fälligkeitstermins sein soll.

Bei der Gewährung von Zahlungszielen sollte nicht zu großzügig agiert werden.

Praxishinweis:

Die eigene Leistung sollte nicht über die Gewährung großzügiger Zahlungsziele verkauft werden. Stattdessen sollten den Kunden Anreize für eine möglichst schnelle Bezahlung gegeben werden, z. B. durch die Gewährung von Skonto.

Schließlich sollte das eigene Risiko durch die Einholung adäquater Kreditsicherheiten[5] weitestgehend minimiert werden. Dies umso mehr, wenn die Bonität des Geschäftspartners unzureichend erscheint.

---

[4] Siehe Kapitel 1. Vertragsgestaltung durch Allgemeine Geschäftsbedingungen, Ziffer 1.2.3.

[5] Siehe Kapitel 4. Kreditsicherheiten.

Bei der Gewährung von Lieferantenkrediten sollte die Vereinbarung umfassender Eigentumsvorbehaltsrechte[6] Standard sein. Es ist ratsam, die Klauseln zur Vereinbarung sowohl des einfachen als auch des erweiterten Eigentumsvorbehalts in die Allgemeinen Geschäftsbedingungen aufzunehmen. Da nur der einfache Eigentumsvorbehalt einseitig durch den Verkäufer erklärt werden kann, wohingegen alle Formen des erweiterten Eigentumsvorbehalts konsensbedürftig sind, ist insbesondere diesbezüglich auf gegebenenfalls widersprechende Allgemeine Geschäftsbedingungen des Geschäftspartners zu achten und eine ergänzende Vereinbarung zur Anerkennung des erweiterten Eigentumsvorbehalts zu treffen.

Sofern die Vereinbarung von Eigentumsvorbehaltsrechten aufgrund der Art des Geschäfts nicht in Betracht kommt sowie bei größeren Kreditbeträgen sollte – insbesondere bei unzureichender Bonität des Geschäftspartners – die Verschaffung sonstiger Kreditsicherheiten (z. B. Bürgschaft, Patronatserklärung, Garantie) zur Voraussetzung für den Vertragsabschluss gemacht werden.

2.1.2.2 Vertragsabwicklung

Nach Zustandekommen des Vertrages setzt sich ein effektives Debitorenmanagement in der sorgfältigen, schriftlichen Dokumentation der Vertragsabwicklung fort. Dokumentiert werden sollten z. B.:

- Bei Kaufverträgen: Warenausgang im eigenen Unternehmen sowie Wareneingang beim Kunden
- Bei Werkverträgen: Fertigstellung und Abnahme des Werks
- Allgemein: Jegliche Korrespondenz mit dem Kunden

Praxishinweis:

Über Gespräche sollten Telefon- bzw. Gesprächsnotizen angefertigt werden, die sowohl den Zeitpunkt als auch den Inhalt der Konversation sowie den Gesprächspartner enthalten.

2.1.3 Nach Leistungserbringung

Nach vollständiger und vertragsgemäßer Erbringung der eigenen Leistung sollte unverzüglich die Rechnung erstellt werden. Hierbei sollte auch darauf geachtet werden, dass die Rechnung alle erforderlichen Angaben enthält:

---

[6] Siehe Kapitel 4. Kreditsicherheiten, Ziffer 4.3.

- Kenntlichmachung als „Rechnung“
- Name, Anschrift, Bankverbindung und Steuernummer des Rechnungsstellers
- Name und Anschrift des Kunden
- Rechnungsdatum und Rechnungsnummer
- Aufführung der erbrachten Leistungen/gelieferten Waren
- Netto-Rechnungsbetrag in der Vertragswährung
- Mehrwertsteuersatz in Prozent und Mehrwertsteuerbetrag in der Vertragswährung
- Brutto-Rechnungsbetrag in der Vertragswährung
- Konkrete Angabe des vereinbarten Fälligkeitstermins/Zahlungsziels
- Gegebenenfalls Angabe von Skonto

Praxishinweis:

Im Streitfall muss der Gläubiger im Zweifel den Zugang der Rechnung beim Schuldner beweisen.[7] Um diesbezüglichen Beweisproblemen vorzubeugen, sollte darauf geachtet werden, die postalische Zusendung durch entsprechende Belege oder die Übergabe durch einen Boten nachweisen zu können.

Effektives Debitorenmanagement erfordert die permanente Kontrolle der Außenstände, der Zahlungstermine und der Zahlungseingänge.

Praxishinweis:

Die einfachste Art der Debitorenüberwachung besteht in der so genannten „Offene-Posten-Buchhaltung“. Dadurch erhält der Gläubiger sowohl einen Überblick über die einzelnen unbezahlten Rechnungen als auch über den Saldo der offenen Posten. Diese Art der Buchhaltung kann sowohl manuell als auch softwareunterstützt bzw. durch externe Dienstleister (z. B. durch den Verein Creditreform) durchgeführt werden; Letzteres bietet sich insbesondere dann an, wenn die Anzahl der Rechnungen pro Monat einen erheblichen Aufwand zur Durchführung der manuellen OP-Buchhaltung erfordert, so dass die softwareunterstützte bzw. externe Debitorenbuchhaltung ein positiveres Kosten-Nutzen-Verhältnis bewirkt.

Sofern eine Forderung überfällig ist, sollte intern gegengeprüft werden, ob die eigene Leistung vollständig erbracht, die Rechnung inhaltlich richtig ausgestellt und rechtzeitig versandt wurde sowie ob keine berechtigten Reklamationen des Schuldners und keine internen Buchungsfehler vorliegen.

---

[7] Vgl. Ziffer 2.1.2.1.

Praxishinweis:

(1) Können die vorstehenden Fragen bejaht werden, befindet sich der Schuldner regelmäßig bereits in Verzug.

(2) Die Prüfung, ob sich der Schuldner in Verzug befindet, ist für die Geltendmachung eines eventuellen Verzugsschadens wichtig. Neben dem Anspruch des Gläubigers auf Bezahlung der überfälligen Forderung kann er sämtliche Nachteile, die ihm durch den Schuldnerverzug entstehen, inklusive Verzugszinsen und etwaiger Rechtsverfolgungskosten, geltend machen.[8]

Der Gläubiger sollte unverzüglich geeignete Maßnahmen zur Eintreibung der überfälligen Forderung treffen. Obwohl vielfach eine Mahnung rechtlich entbehrlich ist,[9] empfiehlt es sich in der Regel dennoch, dem Schuldner vor Einleitung eines gerichtlichen Mahn- oder Klageverfahrens zunächst eine schriftliche Zahlungsaufforderung/Mahnung zu schicken.

Praxishinweis:

In der Zahlungsaufforderung/Mahnung sollte keine neue, von der ursprünglich vereinbarten Fälligkeit abweichende Zahlungsfrist gesetzt werden. Dadurch würde die alte Frist aufgehoben und der Verzug des Schuldners unterbrochen, so dass für diesen Zwischenzeitraum keine Verzugszinsen geltend gemacht werden könnten.

Ob der ersten Zahlungsaufforderung eine weitere Mahnung folgen sollte, ist einzelfallabhängig. Jedenfalls sollte durch – gegebenenfalls von vornherein aussichtsloses – Mahnen nicht unnötig viel Zeit verloren gehen.[10]

Erweisen sich die eventuell mehrfachen Zahlungsaufforderungen als erfolglos, sollten unverzüglich Inkassomaßnahmen eingeleitet werden. Auch insoweit ist es eine Frage des Einzelfalls, welche Maßnahmen am effektivsten sind. Mitunter kann bereits eine anwaltliche Zahlungsaufforderung erfolgreich sein, andernfalls die Einleitung eines gerichtlichen Mahn- oder Klageverfahrens.[11]

Neben der Forderungseintreibung sollte nicht übersehen werden, den säumigen Schuldner intern „zu sperren", mithin einen Liefer-/Leistungsstopp zu verhängen.

---

[8] Siehe Kapitel 3.Mahnverfahren, Ziffer 3.1.5.

[9] Siehe Kapitel 3.Mahnverfahren, Ziffer 3.1.3 f.

[10] Vgl. Kapitel 3. Mahnverfahren, Ziffer 3.1.6.

[11] Siehe Kapitel 3. Mahnverfahren, Ziffer 3.2 ff.

Praxishinweis:

Der Gläubiger hat nicht nur die Möglichkeit, künftig keine Verträge mit dem betreffenden Schuldner abzuschließen. Vielmehr steht ihm auch ein gesetzliches Zurückbehaltungsrecht hinsichtlich bereits begründeter Leistungspflichten, z. B. aus weiteren Kaufverträgen mit diesem Schuldner, zu. Vorausgesetzt, der Zahlungsanspruch des Gläubigers und der Leistungsanspruch des Schuldners (z. B. auf Lieferung weiterer Ware) entstammen einem einheitlichen Lebensverhältnis, ist der Gläubiger berechtigt, die ihm obliegende Lieferung oder Leistung so lange zurückzuhalten, bis sein Zahlungsanspruch erfüllt wird. Das für das Zurückbehaltungsrecht erforderliche einheitliche Lebensverhältnis ist nach der Rechtsprechung des Bundesgerichtshofs bei Ansprüchen aus ständiger Geschäftsverbindung zu bejahen, sofern die verschiedenen Verträge wegen ihres zeitlichen oder sachlichen Zusammenhangs als eine natürliche Einheit erscheinen.

2.2 Zahlungsabwicklung

Neben dem vorstehend dargestellten Debitorenmanagement (im engeren Sinn) spielt auch die Zahlungsabwicklung, mithin die Abwicklung des Zahlungsverkehrs, eine wichtige Rolle im Rahmen des Forderungsmanagements.

Praxishinweis:

Die Zahlungsabwicklung/Zahlungsbedingungen sollten unbedingt Bestandteil der (allgemeinen oder individuellen) Vertragsbedingungen sein.

2.2.1 Zahlungsarten/Zahlungsmittel

Die Wahl der Zahlungsart spielt bei der Optimierung der Zahlungsabwicklung eine besondere Rolle. Die Zahlungsart ist die konkrete Ausgestaltung des Ablaufes des eigentlichen Geldtransfers und ist eng verknüpft mit dem gesamten Prozess der Zahlungsabwicklung. Neben den Auswirkungen des Zahlungsmittels auf die Kosten der Zahlungsabwicklung kann die Zahlungsart insbesondere für die Werthaltigkeit des Zahlungseingangs von Bedeutung sein.

Gängige Zahlungsarten/Zahlungsmittel sind:

- Lastschrift

  Bei der Ausführung einer Lastschrift erteilt der Zahlungsempfänger seiner Bank den Auftrag, vom Konto des Zahlungspflichtigen bei dessen Bank einen bestimmten Geldbetrag abzubuchen und seinem Konto gutzuschreiben. Die Abwicklung der Lastschrift erfolgt in

Deutschland nach zwei unterschiedlichen Verfahren: dem Einzugsermächtigungs- oder dem Abbuchungsauftragsverfahren:

- Beim Einzugsermächtigungsverfahren erteilt der Zahlungspflichtige dem Zahlungsempfänger die Ermächtigung, einen fälligen Forderungsbetrag von seinem Konto einzuziehen (Einzugsermächtigung). Der Zahlungspflichtige kann der Belastung aus einer Lastschrift grundsätzlich bis zum Ablauf der Verjährung ohne Angabe von Gründen widersprechen (insoweit enthalten die Allgemeinen Geschäftsbedingungen der Banken jedoch zulässigerweise regelmäßig eine Klausel, wonach der Kunde nach Ablauf von sechs Wochen nur noch widersprechen kann, wenn er dem Begünstigten keinen Einzugsauftrag erteilt hat). Der Belastungsbetrag wird dann mit derselben Wertstellung seinem Konto wieder gutgeschrieben und dem Konto des Zahlungsempfängers wieder belastet.
- Beim Abbuchungsauftragsverfahren erteilt der Zahlungspflichtige der Zahlstelle (meist Bank) den Auftrag, Lastschriften eines bestimmten Zahlungsempfängers einzulösen. Ein Widerspruch der Belastung durch den Zahlungspflichtigen ist bei diesem Verfahren nicht möglich.

Praxishinweis:

Unabhängig von der Art des Verfahrens kann es vorkommen, dass Lastschriften durch die Banken nicht eingelöst werden (= Rücklastschriften), z. B. wenn das Einzugskonto keine Deckung aufweist oder aufgelöst wurde.

- Kreditkarte

Alle Beträge aus der Nutzung der Kreditkarte werden periodisch auf dem Kreditkartenkonto gesammelt und dem Karteninhaber mittels Lastschrift auf seinem bei dem Kreditkarteninstitut hinterlegten Bankkonto belastet.

Praxishinweis:

Die Gebühren (häufig 3 % bis 5 %) und Transaktionskosten (in der Regel € 0,10 bis € 0,25 pro Transaktion) trägt der Gläubiger, bei dem der Karteninhaber seine Waren oder Dienstleistungen erwirbt. Als Gegenleistung gewährt das ausgebende Kreditinstitut dem Gläubiger – bei Einhaltung aller Verfahrensanweisungen – häufig eine Zahlungshaftung. Da Voraussetzung zum Erhalt einer Kreditkarte in der Regel eine ausreichende Bonität ist, wird das Risiko eines Forderungsausfalls des Gläubigers zusätzlich gemindert. Allerdings tragen Händler das volle Risiko beim Kreditkartenbetrug, da im Autorisierungsverfahren nur geprüft wird, ob die Kreditkartennummer gültig und das Kreditlimit nicht überzogen ist, nicht hingegen, ob die Identität des Kunden mit der des Kreditkarteninhabers übereinstimmt. Jeder Händler, der Kreditkarten akzeptiert, sollte daher die Identität des Kreditkartenbenutzers per Personalausweis oder Reisepass prüfen.

- Scheck

Der Scheck ist eine auf Sicht, mithin gegen Vorlage des Papiers beim Angewiesenen, ausgestellte Zahlungsanweisung eines Kunden an ein Kreditinstitut. Unterschieden wird zwischen Bar- und Verrechnungsschecks:

- Bei Barschecks darf der angewiesene Betrag bar an den Inhaber ausgezahlt werden;
- Bei Verrechnungsschecks wird der ausgewiesene Betrag dem Konto des Berechtigten gutgeschrieben; gängig sind zwei Erscheinungsformen von Verrechnungsschecks:
  - Inhaberscheck: Scheck, der auf den Inhaber oder auf eine bestimmte Person mit dem Zusatz „oder Überbringer“ oder „eigene Order“ ausgestellt ist; jeder, der den Scheck besitzt (innehat), kann ihn einlösen.
  - Orderscheck: Im Empfängerfeld wird anstatt des Zusatzes „oder Überbringer“ der Hinweis „oder Order“ angegeben und zusätzlich am rechten Rand durch einen senkrechten roten Strich mit dem Text „Orderscheck“ gekennzeichnet. Ein Orderscheck lautet auf einen bestimmten Empfänger „oder Order“ und kann nur per Einigung, Übergabe und Indossament (= Übertragungsvermerk, durch den das Eigentum und das Recht aus dem Papier vom bisherigen Inhaber auf einen neuen Eigentümer übertragen wird) übertragen werden.

Praxishinweis:

Bei einer Zahlung per Verrechnungsscheck wird dem Gläubiger bei Einlösung des Schecks bei seiner Bank der angewiesene Betrag zunächst nur vorläufig gutgeschrieben. Die Bank des Gläubigers führt sodann die Verrechnung des Schecks mit der Bank des Schuldners durch, diese belastet das Konto des Schuldners und leitet den Betrag an die Bank des Gläubigers weiter. Erst wenn der Betrag bei der Bank des Gläubigers eingegangen ist, erfolgt die endgültige Gutschrift auf dem Konto des Gläubigers.

- Wechsel

Der Wechsel ist eine Urkunde, mit der der Aussteller des Wechsels (Gläubiger) den Bezogenen (Wechselschuldner) anweist, eine bestimmte Geldsumme an einem festgelegten Termin (Verfalltag) an einem bestimmten Ort an die im Wechsel genannte Person (Gläubiger oder Dritter) zu zahlen.

Praxishinweis:

Wird die Wechselsumme bei Vorlage am ersten oder zweiten Arbeitstag nach dem Verfalltag nicht gezahlt, kann Wechselprotest erhoben werden. Der Wechselprotest ist ein Dokument, mit dem von einem Notar oder Gerichtsvollzieher auf dem Wechsel selbst oder auf einem mit diesem verbundenen Blatt beurkundet wird, dass der betreffende Wechsel zum Fälligkeitszeitpunkt erfolglos zur Annahme/zur Zahlung am Zahlungsort vorgelegt wurde. Die Erhebung des Wechselprotests ist grundsätzlich Voraussetzung für einen Rückgriff gegen den Bezogenen.

- Akkreditiv

  Beim Dokumenten-Akkreditiv handelt es sich um ein Instrument der Zahlungssicherung (abstraktes, bedingtes Zahlungsversprechen) im Exportgeschäft, bei dem sich ein Kreditinstitut im Auftrag des Importeurs (Schuldner) verpflichtet, dem Exporteur (Gläubiger) den Kaufpreis auszuzahlen, wenn dieser anhand von Dokumenten den erfolgten Versand der Ware nachweist.

- Barzahlung

  In Deutschland und derzeit weiteren 11 Mitgliedstaaten[12] der Europäischen Wirtschafts- und Währungsunion (EWWU) ist seit dem 01. Januar 2002 das Euro-Bargeld gesetzliches Zahlungsmittel, mithin ein solches, durch das eine Geldschuld erfüllt werden kann und das ein Gläubiger grundsätzlich zu akzeptieren hat.

2.2.2 Zahlweisen

Neben dem Zahlungsmittel können die Vertragsparteien auch eine bestimmte Zahlweise festlegen, die sich auf den zeitlichen Zusammenhang zwischen Leistung und Gegenleistung bezieht.

Unterschieden wird insbesondere zwischen

- Vorkasse und
- Nachkasse.

Herkömmlich wird im Handelsgeschäft die Zahlung per Nachkasse, also insbesondere auf Rechnung vereinbart.

Praxishinweis:

Sofern dem Gläubiger Anzeichen für schlechte Liquidität und Bonität des Schuldners vorliegen, sollte erwogen werden, die eigenen Leistungen nur auf Vorkassebasis (z. B. per Nachnahme) zu erbringen.

---

12 Belgien, Finnland, Frankreich, Griechenland, Irland, Italien, Luxemburg, Niederlande, Portugal, Österreich und Spanien.

3. Mahnverfahren

Unter dem Begriff „Mahnverfahren“ ist das außergerichtliche Mahnverfahren und das gerichtliche Mahnverfahren (§§ 688 ff. ZPO) zu verstehen.

3.1 Außergerichtliches Mahnverfahren

Idealerweise sollte es überhaupt nicht zu Mahnungen kommen; eine Wunschvorstellung. Die Mahnung soll den Schuldner zur Leistung anhalten. Die Mahnung bewirkt rechtlich den Verzug des Schuldners (§ 286 BGB), soweit sie nicht entbehrlich ist.

Praxishinweis:

Probate Mittel zu einer gewissen Eindämmung des Mahnwesens sind u. a. der ausreichend bemessene Vorschuss und automatisierte Geldeinzugsverfahren/Banklastschrift; daneben natürlich auch eine angemessene Sicherheiteneinräumung.

3.1.1 Begriff der Mahnung

Die Mahnung ist eine einseitige Aufforderung des Gläubigers an den Schuldner, eine fällige Leistung zu erbringen.

Praxishinweis:

Grundsätzlich muss die Leistung des Schuldners fällig sein. Eine Mahnung vor Eintritt der Fälligkeit ist wirkungslos. Die Mahnung kann aber mit der die Fälligkeit auslösenden Handlung, z. B. einer Forderungsberechnung, verbunden werden. Allerdings steht dem Mahnungsempfänger in diesen Fällen eine angemessene Prüfungsfrist zu.

Die Mahnung ist formfrei.

Praxishinweis:

Die Mahnung sollte aus Gründen der Beweissicherung grundsätzlich schriftlich erfolgen.

Die Mahnung muss eindeutig sein. Nicht als Mahnungen, auch nicht als konkludente Mahnungen wurden durch die Rechtsprechung anerkannt:

- die Erklärung, der Leistung werde jetzt gerne entgegengesehen;
- die Aufforderung, sich zur Leistungsbereitschaft zu erklären;
- die Mitteilung, die Forderung sei fällig;
- die Übersendung einer Rechnung oder einer Zahlungsaufstellung;
- die Einleitung eines Strafverfahrens.

Praxishinweis:

Unklare Formulierungen sind zu vermeiden. Das Wort „Mahnung" sollte verwendet werden. Es ist nicht notwendig, dass der Gläubiger für den Fall der Nichtleistung bestimmte Folgen androht oder eine Frist zur Leistung setzt. Die Mahnung kann in Vers- oder Gedichtform oder mit saloppen Formulierungen erfolgen, solange das Leistungsverlangen klar zum Ausdruck kommt. Im Geschäftsverkehr sind schnörkellose Formulierungen angebracht.

Die Mahnung muss bestimmt sein. Sie muss erkennen lassen, auf welche konkrete Forderung sie sich bezieht, insbesondere wenn dem Gläubiger mehrere Forderungen zustehen. Die Mahnung der Zahlung einer geringeren als der geschuldeten Summe begründet nur bezüglich der angemahnten Summe den Verzug. Bei einer Zuvielforderung kommt es für die Wirksamkeit der Mahnung zum einen auf die Verhältnismäßigkeit an (bei völlig übersetzten Forderungen tritt kein Verzug ein) und zum anderen darauf, ob der Schuldner es nach den Umständen als eine Aufforderung zur Zahlung der tatsächlich geringeren Leistung verstehen musste und der Gläubiger auch zur Annahme der geringeren Leistung bereit ist.

Die Mahnung muss dem Empfänger zugehen.

Praxishinweis:

Im Streitfall ist ein Zugangsnachweis erforderlich.

Die Mahnung alleine hemmt die Verjährung nicht.

Praxishinweis:

Eine immer noch weit verbreitete Fehlvorstellung lautet, dass die Mahnung einen Einfluss auf die Verjährung habe; dies ist nicht der Fall!

3.1.2 Verzug als Folge der Mahnung

Die wichtigste Folge der Mahnung ist der Verzug. Verzug ist die verschuldete Nichtleistung trotz Fälligkeit und – soweit nicht entbehrlich – Mahnung, bei eigener Vertragstreue des Gläubigers. Der Mahnung wird durch das Gesetz die Erhebung einer Klage oder die Zustellung eines Mahnbescheids im Mahnverfahren gleichgestellt (§ 286 Abs. 1 S. 2 BGB).

Praxishinweis:

Die sofortige Klageerhebung bringt den Schuldner zwar einerseits in Verzug, löst aber andererseits das Kostenrisiko des Gläubigers bei sofortigem Anerkenntnis aus (§ 93 ZPO). Erkennt nämlich der Beklagte den Anspruch nach Klageerhebung sofort an und hat er durch sein Verhalten keinen Anlass zur Klage gegeben, trägt der Kläger die Kosten! Ein durch eine Mahnung (soweit erforderlich) in Verzug gesetzter Schuldner hat dagegen Anlass zur Klageerhebung gegeben!

3.1.3 Entbehrlichkeit der Mahnung

In bestimmten gesetzlich geregelten Fällen kommt der Schuldner in Verzug, ohne dass es einer Mahnung bedarf (§ 286 Abs. 2 Nrn. 1-4 BGB).

Ist eine Leistungszeit nach dem Kalender bestimmt, d. h. zwischen den Parteien vertraglich vereinbart, wobei Berechenbarkeit ausreicht, ist eine Mahnung unnötig (§ 286 Abs. 2 Nr. 1 BGB).

Beispiele

20. Kalenderwoche, binnen 20 Tagen ab Beurkundung, bis Ende des Monats, 14 Tage ab Bestellung

Eine Mahnung ist ferner unnötig, wenn der Leistung ein Ereignis vorauszugehen hat und eine angemessene Zeit für die Leistung in der Weise bestimmt ist, dass sie sich von dem Ereignis an nach dem Kalender berechnen lässt (§ 286 Abs. 2 Nr. 2 BGB). Dieser etwas schwierigere Fall bedingt zunächst ein der Leistung vorausgehendes Ereignis.

Beispiele

Kündigung, Abruf der Leistung, Beginn von Arbeiten

Ferner muss eine angemessene Leistungszeit vereinbart sein. Dafür gibt es keine Regel. Eine Vereinbarung, nach der „sofort“ nach der Lieferung gezahlt werden soll, genügt dem nicht, da der Leistungszeitpunkt nicht nach dem Kalender berechenbar ist. Ist die Frist nicht angemessen, ist sie nicht unwirksam. Es gilt dann statt der vereinbarten (unangemessen kurzen) eine angemessen lange Frist.

Wenn der Schuldner die Leistung ernsthaft und endgültig verweigert hat, ist ebenfalls keine Mahnung notwendig (§ 286 Abs. 2 Nr. 3 BGB). An die Erfüllungsverweigerung sind strenge Anforderungen zu stellen. Es muss sich um das „letzte Wort" des Schuldners handeln.

Beispiel

Keine Erfüllungsverweigerung dürfte vorliegen, wenn der Schuldner Zweifel an seiner Verpflichtung äußert oder einen Übergabetermin nicht einhält, Arbeiten einstellt, die Erfüllung ablehnt, aber sich gleichzeitig zu Verhandlungen bereit erklärt. Dagegen ist wohl eine Erfüllungsverweigerung anzunehmen, wenn eine Pflichtverletzung oder eine Leistungspflicht hartnäckig bestritten oder der Gläubiger auf den Klageweg verwiesen wird.

Schließlich muss keine Mahnung erteilt werden, wenn aus besonderen Gründen unter Abwägung der beiderseitigen Interessen der sofortige Eintritt des Verzugs gerechtfertigt ist (§ 286 Abs. 2 Nr. 4 BGB).

Beispiel

Eine erfolglose „Selbstmahnung" des Schuldners bedarf keiner Mahnung durch den Gläubiger mehr, d. h. der Schuldner kündigt die Leistung selbst an, erfüllt dann aber nicht. Die besondere Dringlichkeit der Leistung kann sich aus dem Vertragsinhalt ergeben, z. B. durch das Versprechen einer „schnellst möglichen" Auftragsdurchführung. Der Schuldner, der den Zugang einer Mahnung böswillig verhindert, befindet sich sofort in Verzug.

3.1.4 „30-Tage"-Regelung

Der Schuldner kommt ohne Mahnung auch dann in Verzug, wenn er 30 Tage nach Rechnungszugang nicht gezahlt hat, wobei der Schuldner, der Verbraucher ist (§ 13 BGB), auf diese Folge in der Rechnung oder Zahlungsaufstellung hingewiesen werden muss (§ 286 Abs. 3 S. 1 BGB). Das Neue an dieser, den Eintritt des Verzugs grundsätzlich vereinfachenden, Regelung ist, dass der Gläubiger nach Rechnungsstellung nicht mehr mahnen muss, um einen Anspruch wegen Verzugs geltend machen zu können. Allerdings hat die Regelung diffizile Voraussetzungen:

Nur für den Schuldner einer Entgeltforderung für die Lieferung von Gütern oder von Dienstleistungen gilt die „30-Tage"-Regelung. Es dürfte im Zweifel für die Erfüllung der Voraussetzung „Entgeltforderung" entscheidend sein, ob der entsprechende Anspruch ein Äquivalent für eine erbrachte Leistung darstellt.

Beispiele

Kaufpreis-, Dienstlohn-, Werklohnzahlungsansprüche fallen ebenso unter den Begriff der Entgeltforderung wie Miete, Pacht, Leasingraten oder Provisionsansprüche. Dagegen fallen nicht darunter Rückzahlungsansprüche aus Kreditverträgen, Ansprüche aus einem Bürgschaftsvertrag, Ansprüche auf Schadensersatz, Unterhalts- oder Pflichtteilsansprüche. Umstritten ist, ob ein Anspruch aus ungerechtfertigter Bereicherung oder Geschäftsführung ohne Auftrag eine Entgeltforderung i.S.d. Regelung sein kann.

Der Schuldner, der Verbraucher ist (§ 13 BGB), muss in der Rechnung oder Zahlungsaufstellung eindeutig und bestimmt auf die Folgen der unterbleibenden Leistung hingewiesen werden. Ein früherer oder späterer Hinweis genügt den Anforderungen nicht. Ebenso wenig reicht ein Hinweis in Allgemeinen Geschäftsbedingungen, per „Aushang“ oder „Rundschreiben“ aus. Der Gläubiger muss darlegen und beweisen, dass der Hinweis in der Rechnung oder Zahlungsaufstellung vorlag.

Dem Gesetzestext ist nicht zu entnehmen, ob die Hinweispflicht auch für den Gläubiger gilt, der selbst Verbraucher (§ 13 BGB) ist. Zum Teil wird in der juristischen Literatur mit nachvollziehbaren Argumenten eine so genannte teleologische Reduktion des Anwendungsbereichs der Vorschrift dahin gehend befürwortet, dass die notwendige Hinweispflicht nur für den Unternehmer (§ 14 BGB) als Gläubiger gelte. Insoweit muss ein höchstrichterliches Urteil abgewartet werden.

Praxishinweis:

Der Verbraucher (§ 13 BGB), der die „30-Tage“-Regelung anwenden will, sollte sich nicht darauf verlassen, dass die Hinweispflicht ihn nicht trifft, und daher zur Sicherheit einen eindeutigen Hinweis in die Rechnung oder Zahlungsaufstellung setzen.

Der Wortlaut des Hinweises ist entscheidend. Insoweit kann nur empfohlen werden, den Gesetzestext wörtlich zu übernehmen. Ob – darüber hinaus – auch auf die wesentlichen Verzugsfolgen hingewiesen werden muss, die ein durchschnittlich informierter, aufmerksamer und verständiger Durchschnittsverbraucher nicht unbedingt kennt, ist umstritten. Eigentlich kann dies mit der besonderen Hinweispflicht nicht vereinbart werden. Denn dem Schuldner soll durch den Hinweis nur die Tatsache vor Augen geführt werden, dass und wie er in Verzug kommt. Eine umfassende Rechtsfolgenbelehrung kann damit nicht verbunden sein. Dies würde den Gläubiger überfordern und ihn möglicherweise zu unnötigen Fehlern und Beschränkungen verleiten.

Zur Klarstellung: Des besonderen Hinweises bedarf es nicht gegenüber einem Schuldner, der kein Verbraucher ist.

Der besondere Hinweis sollte klar formuliert und drucktechnisch hervorgehoben werden.

Formulierungsvorschläge:

- „Besonderer Hinweis: Der Schuldner einer Entgeltforderung kommt spätestens in Verzug, wenn er nicht innerhalb von 30 Tagen nach Fälligkeit und Zugang einer Rechnung oder gleichwertigen Zahlungsaufstellung leistet.“
- „Verzug tritt spätestens ein, wenn nicht binnen 30 Tagen nach Fälligkeit und Zugang dieser Rechnung gezahlt wird.“

Jedenfalls hat der Gesetzgeber durch Einfügung des Worts „spätestens“ die vorher höchst unglückliche Gesetzesfassung bereinigt, so dass nunmehr nach der hier vertretenen Meinung klar ist, dass der Schuldner auch durch eine Mahnung vor Ablauf der 30-Tages-Frist in Verzug geraten kann: Jeder Gläubiger hat das Recht, abweichend von § 286 Abs. 3 BGB seinen Schuldner nach § 286 Abs. 1 BGB durch Mahnung in Verzug zu setzen.

Formulierungsvorschlag:

- „Es bleibt die gesetzliche Regelung, auf Grund derer früher Verzug eintreten kann, unbeschadet. Verzug tritt auch durch Mahnung – auch während des Laufs der 30 Tage –, durch Ablauf eines vereinbarten Zahlungstermins oder einer vereinbarten Zahlungsfrist ein.“

Allerdings dürfte es gerechtfertigt sein, die Anforderungen an eine den 30-Tages-Zeitraum verkürzende Mahnung etwas strenger zu beurteilen, da sich ansonsten der Schuldner auf widersprüchliches Verhalten berufen kann. Der Schuldner meint nach Erteilung des besonderen Hinweises, er habe 30 Tage Zeit. Will der Gläubiger ihn vor Ablauf der 30 Tage durch Mahnung in Verzug setzen, muss er den Schuldner so darauf hinweisen, dass dieser die geänderte Rechtslage einwandfrei erkennen kann.

Formulierungsvorschlag:

- „Sie kommen bereits durch diese Mahnung in Verzug, auch wenn in der Rechnung der besondere Hinweis erteilt worden sein sollte, dass Sie spätestens in Verzug geraten, wenn Sie nicht innerhalb von 30 Tagen nach Fälligkeit und Zugang der Rechnung leisten.“

Gegenüber Verbrauchern (§ 13 BGB) als Schuldnern setzt die „30-Tages“-Regelung neben der Fälligkeit weiter den Zugang einer Rechnung oder gleichwertigen Zahlungsaufstellung voraus. Das Gesetz verzichtet grundsätzlich nicht auf den Zugangsnachweis!

Anders ist dies gegenüber einem Schuldner, der nicht Verbraucher (§ 13 BGB) ist. Ist unsicher, ob oder wann die Rechnung oder Zahlungsaufstellung zugegangen ist, kommt der Schuldner, der nicht Verbraucher (§ 13 BGB) ist, spätestens 30 Tage nach Fälligkeit und Empfang der Gegenleistung in Verzug (§ 286 Abs. 3 S. 2 BGB).

Praxishinweis:

Der Bürobetrieb des Gläubigers wird durch die Regelung vom Mahnwesen entlastet, da auch bei fehlender Mahnung und fehlendem Zugangsnachweis für die Rechnung der Schuldner-Unternehmer automatisch mit der Entgeltforderung spätestens 30 Tage nach dem Empfang der Gegenleistung in Verzug gerät. Ein Schuldner sollte vernünftigerweise nicht bestreiten, wenn der Gläubiger behauptet, nach Empfang der Gegenleistung am 1.6. sei die Rechnung am 10.6. zugegangen – auch wenn dies tatsächlich erst am 15.6. der Fall war; andernfalls würde die 30-Tages-Frist schon ab dem 2.6. laufen. Schuldner sollten aber grundsätzlich im eigenen Interesse den Zugang von Rechnungen schlüssig nachweisen können.

Unter einer Rechnung ist eine gegliederte Aufstellung über eine Entgeltforderung in textlicher Form zu verstehen, welche es dem Schuldner ermöglicht, eindeutig nachzuvollziehen, für welche Leistung eine Zahlung gefordert wird. Die Rechnung wird zweckmäßigerweise als „Rechnung" bezeichnet/überschrieben. Zwingend erforderlich ist dies nicht, da auch eine Zahlungsaufstellung genügt. Eine mündliche Mitteilung reicht nicht aus, was aber nicht ganz unumstritten ist. Bereits aus Beweisgründen sollte eine Rechnung jedoch immer schriftlich gestellt werden.

Die Rechnung muss nicht unterschrieben sein.

Die Rechnung ist grundsätzlich keine Fälligkeitsvoraussetzung. Es gibt aber Ausnahmen.

Praxishinweis:

In gesetzlich bestimmten Fällen hat der Schuldner einen Anspruch auf eine spezifizierte Rechnung, z. B. § 14 UStG, oder in den Fällen, in denen die VOB/B oder die HOAI wirksam vereinbart sind. In Fällen, in denen die Rechnung nicht den gesetzlichen Vorgaben genügt, kann sich der Schuldner auf ein Zurückbehaltungsrecht (§ 273 Abs. 1 BGB) berufen und selbst einen eventuellen Verspätungsschaden geltend machen.

Für den Lauf der 30-Tages-Frist gilt Folgendes: Geht die Rechnung oder Zahlungsaufstellung mit dem Eintritt der Fälligkeit einher oder folgt sie nach, setzt erst der Zugang der Rechnung/Zahlungsaufstellung die Frist in Lauf.

Beispiel

Fälligkeit am 1.6., Zugang der Rechnung am 10.6., Frist läuft ab dem 11.6.

Geht die Rechnung bereits vor Eintritt der Fälligkeit zu, beginnt der Lauf der Frist erst mit Eintritt der Fälligkeit.

Beispiel

Zugang der Rechnung am 25.5., Fälligkeit am 1.6., Frist läuft ab dem 2.6.

Die Frist wird „taggenau“ ausgerechnet (§§ 187 Abs. 1, 188 Abs. 1 BGB). Die Frist verlängert sich bis zum nächsten Werktag, wenn der letzte Tag der Frist auf einen Samstag, einen Sonntag oder auf einen am Erklärungs- oder Leistungsort staatlich anerkannten allgemeinen Feiertag fällt (§ 193 BGB).

3.1.5 Rechtsfolgen des Verzugs

Die Mahnung soll zum Verzug des Schuldners führen. Ist der Schuldner in Verzug, kann der Gläubiger fordern:

- Den Ersatz des Verzögerungsschadens (§§ 280 Abs. 1 u. 2, 286 BGB), der grundsätzlich neben den Leistungsanspruch tritt;
- Bei Geldschulden als Mindestschaden Verzugszinsen (§ 288 BGB).

Während des Verzugs hat der Schuldner jede Fahrlässigkeit zu vertreten (auch wenn Haftungserleichterungen gelten). Er haftet grundsätzlich auch für Zufall (§ 287 BGB). Zahlreiche andere Vorschriften im BGB knüpfen bestimmte Rechtsfolgen an den Verzug (z. B. §§ 339 S. 1 – Verwirkung der Vertragsstrafe –, 536a Abs. 1 – Schadens- bzw. Aufwendungsersatzanspruch des Mieters bei Verzug des Vermieters mit der Mängelbeseitigung –).

Der Verzugszinssatz beträgt für das Jahr fünf Prozentpunkte über dem Basiszinssatz (§ 288 Abs. 1 S. 2 BGB). Der Basiszinssatz wird jeweils zum 01. Januar und 01. Juli den Änderungen des Hauptrefinanzierungssatzes der Europäischen Zentralbank entsprechend angepasst (vgl. § 247 BGB).

Praxishinweis:

In Aufforderungsschreiben an Schuldner und in Anträgen an das Gericht sollte zur Vermeidung von Auslegungsschwierigkeiten bei der Verzugszinsforderung der Gesetzestext abgeschrieben werden, z. B.: „... nebst Zinsen in Höhe von fünf Prozentpunkten über dem Basiszinssatz seit ...“. Die Entwicklung und der aktuelle Stand des Basiszinssatzes können u. a. unter www.bundesbank.de nachgesehen werden.

Bei Rechtsgeschäften, an denen ein Verbraucher (§ 13 BGB) nicht beteiligt ist, beträgt der Verzugszinssatz acht Prozentpunkte über dem Basiszinssatz (§ 288 Abs. 2 BGB). Erste Voraussetzung ist, dass an dem Rechtsgeschäft auf keiner Seite ein Verbraucher (§ 13 BGB) involviert ist, somit ein Rechtsgeschäft unter Unternehmern (§ 14 BGB) vorliegt. Zweite

Voraussetzung ist, dass nur für Entgeltforderungen der erhöhte Zinssatz gefordert werden kann.

> **Praxishinweis:**
>
> Nicht jede auf Geld gerichtete Forderung ist eine Entgeltforderung; vgl. 3.1.4.

Der Gläubiger ist nicht gehindert, einen höheren Zinsschaden geltend zu machten (§ 288 Abs. 4 BGB), z. B. wegen nicht erzielter Anlagezinsen oder wegen vom Gläubiger selbst zu entrichtender Verzugszinsen.

> **Praxishinweis:**
>
> Beim Nachweis der Verzugszinsen ist auf eine entsprechend aussagekräftige und klare Zinsbescheinigung der Bank oder des sonstigen Drittgläubigers zu achten.

Der Schuldner hat den Gläubiger zum Ausgleich des Verzögerungsschadens so zu stellen, wie er bei rechtzeitiger Leistung stehen würde: Die ursächlich entstandenen Nachteile sind zu ersetzen. Erzielte Vorteile hat sich der Gläubiger im Rahmen des so genannten Vorteilsausgleichs anrechnen zu lassen.

> **Praxishinweis:**
>
> (1) Die Kosten der verzugsbegründenden Erstmahnung sind nicht zu ersetzen.
> (2) Zeitaufwand des Gläubigers für Mahnschreiben etc. ist nach herrschender Meinung nicht zu ersetzen.
> (3) Befindet sich der Schuldner in Verzug, hat er die Kosten von Mahnschreiben zu ersetzen, wenn diese eine zweckentsprechende Maßnahme der Rechtsverfolgung darstellen. Insofern erstreckt sich grundsätzlich die Kostentragungspflicht auch auf die Gebühren eines zur Rechtsverfolgung eingeschalteten Rechtsanwalts. Grundsätzlich sind die Kosten eines eingeschalteten Inkassodienstes zu ersetzen, und zwar auch dem Unternehmer; dies ist nicht ganz unstreitig. Ebenso streitig ist, ob dieser Grundsatz dann auch gilt, wenn das Inkasso durch ausgegliederte Konzernunternehmen („Hausinstitute") erledigt wird. Die Inkassokosten dürften die Sätze des Rechtsanwaltsvergütungsgesetzes nach herrschender Meinung nicht überschreiten. In einem an das Inkasso anschließenden Rechtsstreit muss damit gerechnet werden, dass die Kosten für die Einschaltung eines Inkassoinstituts – neben den Rechtsanwaltskosten – nicht anerkannt werden; Verstoß gegen die Schadensminderungspflicht des Gläubigers (streitig). Insofern dürfte es auf die Umstände des Einzelfalles und die Spruchpraxis des befassten Gerichts ankommen.

3.1.6 Taktik des Mahnwesens

Die „Schuldner-Typologie“ erfordert allgemeine taktische Marschrouten. Der „vergessliche“ Schuldner wird bereits auf eine höfliche Erinnerung zahlen. Der Schuldner, der die Zahlung aus unterschiedlichsten Motiven einfach nach hinten streckt, um Zeit zu gewinnen, aber vom Grundsatz her zahlungsbereit ist, wird auf die Mahnung hin zahlen. Schon deshalb „lohnt“ sich ein konsequentes Mahnwesen. Ein „hardcore“-Schuldner wird auf Mahnungen nicht reagieren. Er will und/oder kann nicht zahlen. An ihn gerichtete Mahnungen sind praktisch zwecklos und dienen nur der Begründung des Verzugs und der Vorbereitung des gerichtlichen Mahn-/Klageverfahrens.

Praxishinweis:

In den Formulierungen sollte das Mahnschreiben eindeutig und nüchtern, sachlich sein. Beschimpfungen, Beleidigungen und insbesondere Drohungen verbieten sich. Sie können juristische Verstrickungen für den Gläubiger in Form einer Strafanzeige, der Forderung nach einer Unterlassungserklärung bis hin zur Schadensersatzforderung wegen Diskreditierung nach sich ziehen. Bei allem Ärger: Emotionen haben in Mahnschreiben nichts zu suchen.

In Einzelfällen kann es erforderlich sein, zurückhaltend oder gar nicht mit Mahnungen zu operieren.

Beispiel

Der Schuldner sichert dem Gläubiger zu, dass dessen Forderung aus der Realisierung eines anderen Geschäfts bezahlt werden wird. Aber auch in diesen Fällen sollte sich der Gläubiger schriftlich absichern und sich nach Möglichkeit Sicherheiten bestellen lassen. Vorsicht vor dem „Dominoeffekt“: Nicht selten geraten Gläubiger selbst in „Schieflage“, wenn sie allzu lange auf Versprechungen des Schuldners vertrauen. Es sollten klare zeitliche Grenzen gezogen werden.

Formulierungshilfen:

- Verzugsbegründende Erstmahnung:

  „Mahnung

  Sehr geehrte/r Frau/Herr,

  wie Ihrer Aufmerksamkeit möglicherweise entgangen ist, haben Sie unsere Rechnung vom … in Höhe von €… bisher nicht ausgeglichen. Wir mahnen Sie daher zur Zahlung und erwarten den sofortigen Ausgleich.“

Fakultativ:

„Wir machen Sie vorsorglich darauf aufmerksam, dass wir ohne weitere Aufforderung den Rechtsweg beschreiten werden, sollte die Zahlung nicht unverzüglich erfolgen."

Schlussformel:

„Sollte sich dieses Schreiben mit Ihrer Zahlung überkreuzt haben, betrachten Sie bitte diese Mahnung als gegenstandslos. Für Rückfragen stehen wir natürlich zur Verfügung und verbleiben mit freundlichen Grüßen"

- Mahnung bei bestehendem Verzug (z. B. wegen § 286 Abs. 3 BGB oder wegen Fristüberschreitung) (nach: „… haben Sie unsere Rechnung vom ... in Höhe von € … bisher nicht ausgeglichen."):

  „Sie befinden sich bereits seit … in Verzug. Die durch den Verzug entstandenen Kosten und Schäden sowie die Verzugszinsen belaufen sich auf € … Wir mahnen Sie zur Zahlung und erwarten den sofortigen Ausgleich."

Nummerieren Sie Ihre Mahnungen nicht! Ein „Profi"-Schuldner erkennt sofort, dass nach der „1. Mahnung" noch eine „2. Mahnung" folgen wird. Warum sollte er auf die „1. Mahnung" hin zahlen, wenn er Zeit gewinnen will? Erfahrungsgemäß bringen mehrere schriftliche Mahnungen nicht viel. Wenn der Schuldner auf eine „Erinnerung" und eine „Mahnung" hin nicht zahlt, sollten Sie die Forderung gerichtlich durchsetzen, wenn Sie dies angekündigt haben. Empfehlung: Seien Sie konsequent!

Zu welchen Zeitpunkten „Erinnerungen" und „Mahnungen" ausgebracht werden, lässt sich kaum verallgemeinern. Dies hängt mit branchen- und natürlich unternehmensspezifischen Vorgaben und Besonderheiten zusammen. Hat der Schuldner 10-14 Tage nach der ihm eingeräumten Zahlungsfrist nicht gezahlt, bietet sich eine „Erinnerung" an. Vergehen daraufhin weitere 10 bis 14 Tage ohne Zahlungseingang (4 Wochen über Zahlungsziel) oder Schuldnerreaktion, sollte eine Mahnung erfolgen; ggf. mit klarer Handlungsankündigung zum weiteren Vorgehen. Hat der Schuldner nach 6 bis 8 Wochen über dem Zahlungsziel nicht geleistet und nichts von sich hören lassen, ist das außergerichtliche Mahnverfahren unter normalen Umständen nicht mehr Erfolg versprechend.

Ein besonderes Problem stellen Reaktionen des Schuldners während des außergerichtlichen Mahnverfahrens dar, mit denen Zugeständnisse beim Gläubiger erwirkt werden sollen. Nicht gemeint sind Äußerungen des Schuldners, mit denen er sich nur entschuldigen will und mit denen er die (umgehende) Zahlung verspricht. Häufig versuchen Schuldner, eine Verlängerung der Zahlungsfrist, einen unbefristeten Zahlungsaufschub oder eine Ratenzahlungsvereinbarung zu erreichen. Seien Sie mit Zugeständnissen sehr vorsichtig und hüten Sie sich davor, den einmal eingetretenen Verzug aufzuheben. Dies ist nämlich möglich. Der Gläubiger hat es in der Hand, den Schuldner in Verzug zu setzen, und genauso kann der Gläubiger den Schuldner aus dem Verzug entlassen. Die Prozedur der Inverzugsetzung beginnt von neuem, wenn nicht gezahlt wird! Bei Teilzahlungen sollte der Gläubiger unmissverständlich klarstellen, dass mit Annahme kein teilweiser Erlass oder eine andere Rechtswirkung (Stundung) verbunden ist.

Zum telefonischen Mahnwesen gibt es aus den letzten Jahren zahlreiche Erfolgsberichte. Das telefonische Mahnwesen erfordert gut geschulte und geübte Mitarbeiter/innen und einen technischen und personellen Organisationsgrad, der insgesamt mit einigen Kosten verbunden ist. Ein besonderes Problem des telefonischen Mahnwesens ist die Dokumentation. Eindeutige und detailreiche Gesprächsvermerke helfen bei der Beweisführung.

3.2 Gerichtliches Mahnverfahren (§§ 688 ff. ZPO)

Der Vorteil: Der Gläubiger kann durch ein relativ einfaches formularmäßiges (auch möglich: elektronisches/online) Verfahren ohne anwaltliche Hilfe kostengünstig und schnell einen vollstreckbaren Titel (Vollstreckungsbescheid) erwirken.

Der Nachteil: Der Schuldner hat bis zum Eintritt der Rechtskraft des Vollstreckungsbescheides durch Einlegung eines Rechtsbehelfs die Möglichkeit, das Mahnverfahren „leer laufen" zu lassen und die Überleitung in das streitige Verfahren zu erwirken. Der Gläubiger verliert dadurch in der Regel effektiv Zeit und muss dann insgesamt die gleichen Kosten verauslagen, wie wenn er sofort geklagt hätte.

3.2.1 Klage oder Mahnverfahren?

Das Mahnverfahren ist nur dann schneller und kostengünstiger, wenn es bis zur Titulierung ohne Rechtsbehelfseinlegung durch den Schuldner „durchläuft". Ob dies der Fall sein wird, kann nie prognostiziert werden. Als „Faustformel" kann die folgende Fragestellung zur Abgrenzung dienen: Ist mit einem Einwand des Schuldners nach der Korrespondenz/Reaktion auf Mahnschreiben/Telefonate zu rechnen? Wird diese Frage mit „Ja" beantwortet, sollte direkt Klage eingereicht werden. Wird die Frage mit „Nein" beantwortet und liegt überhaupt keine Reaktion des Schuldners vor, kann das gerichtliche Mahnverfahren angestrengt werden.

3.2.2 Mahnverfahren in Bagatellsachen

Die Durchführung des Mahnverfahrens kann sich aus folgendem Grund empfehlen: Durch Gesetz kann in einzelnen Bundesländern bestimmt sein, dass die Zulässigkeit einer Klage in vermögensrechtlichen Streitigkeiten vor Amtsgerichten mit „Bagatellstreitwerten" (in der Regel bis € 750,-) von der Durchführung eines erfolglosen Einigungsversuchs vor einer Gütestelle abhängt (§ 15a Abs. 1 S. 1 Nr. 1 EGZPO).

Praxishinweis:

Schlichtungsgesetze bestehen in folgenden Bundesländern:
- Baden-Württemberg
- Brandenburg (Besonderheit: Befristung bis 31.12.2006)
- Hessen (Besonderheit: Befristung bis 31.12.2010)
- Nordrhein-Westfalen (Besonderheiten: Streitwerte bis € 600,-; Befristung bis 31.12.2007)
- Saarland (Besonderheiten: Streitwerte bis € 600,-; Befristung bis 31.12.2007)
- Sachsen-Anhalt (Besonderheit: Befristung bis 31.12.2008)
- Schleswig-Holstein

Die Durchführung eines solchen Einigungsversuchs ist jedoch dann nicht erforderlich, wenn ein Anspruch zulässig im Mahnverfahren geltend gemacht und nach Einlegung eines Rechtsbehelfs ins streitige Verfahren übergegangen wird (§ 15a Abs. 2 Nr. 5 EGZPO). Zudem bedarf es des erfolglosen Einigungsversuchs vor einer Gütestelle als Zulässigkeitsvoraussetzung für eine Klage auch dann nicht, wenn die Parteien nicht in demselben Bundesland wohnen oder ihren Sitz oder eine Niederlassung nicht in demselben Bundesland haben (§ 15 a Abs. 2 EGZPO).

Praxishinweis:

Wird der Einigungsversuch entgegen Landesrecht nicht durchgeführt, ist die Klage unzulässig. Es empfiehlt sich daher durchaus, „Kleinbeträge" im Mahnverfahren zur Vermeidung des obligatorischen Einigungsversuchs geltend zu machen.

3.2.3 Zulässigkeit des Mahnverfahrens

Der Anspruch des Gläubigers muss auf Zahlung einer bestimmten Geldsumme in Euro lauten (§ 688 Abs. 1 ZPO). Das Mahnverfahren ist in den Fällen unzulässig, in denen es um Ansprüche eines Unternehmens aus bestimmten Kreditverträgen geht, die Geltendmachung des Anspruchs von einer noch nicht erbrachten Gegenleistung abhängt oder der Mahnbescheid durch öffentliche Bekanntmachung zugestellt werden müsste (§ 688 Abs. 2 ZPO).

3.2.4 Zuständigkeit

Für den Erlass des Mahnbescheids ist ausschließlich das Amtsgericht am allgemeinen Gerichtsstand (§§ 12-19a ZPO) des Antragstellers zuständig (§ 689 Abs. 1 und 2 ZPO). Die Geschäfte im Mahnverfahren sind grundsätzlich dem Rechtspfleger übertragen (§ 20 Nr. 1 RechtspflegerG). Die besonderen Regelungen einzelner Bundesländer zu zentralen Mahngerichten sind zu beachten (§ 689 Abs. 3 ZPO).

Praxishinweis:

Zahlreiche Bundesländer haben von der Ermächtigung zur Einrichtung zentraler Mahngerichte Gebrauch gemacht. So sitzt das zentrale Mahngericht für die Bundesländer

- Baden-Württemberg beim Amtsgericht Stuttgart – Zentrales Mahngericht für Baden-Württemberg, Hauffstr. 5, 70190 Stuttgart
- Bayern beim Amtsgericht Coburg – Zentrales Mahngericht für Bayern – , Heiligkreuzstr. 22, 96450 Coburg
- Berlin beim Amtsgericht Wedding – Zentrales Mahngericht für Berlin –, Schönstedtstr. 5, 13357 Berlin
- Hamburg/Mecklenburg-Vorpommern beim Amtsgericht Hamburg – Zentrales Mahngericht für Hamburg und Mecklenburg-Vorpommern –, Max-Brauer-Allee 89, 22765 Hamburg
- Hessen beim Amtsgericht Hünfeld – Zentrales Mahngericht für Hessen –, Stiftstr. 6, 36088 Hünfeld
- Niedersachsen beim Amtsgericht Uelzen – Zentrales Mahngericht für Niedersachsen –, Rosenmauer 2, 29525 Uelzen
- Nordrhein-Westfalen
  - beim Amtsgericht Euskirchen – Zentrales Mahngericht für den OLG Bezirk Köln –, Kölner Str. 40-42, 53879 Euskirchen und
  - beim Amtsgericht Hagen – Zentrales Mahngericht für die OLG Bezirke Hamm u. Düsseldorf –, Hagenerstr. 145, 58099 Hagen

3.2.5 Antragsverfahren

Das Mahnverfahren bedarf eines Antrags (§§ 688 Abs. 1, 690 Abs. 1 ZPO). Im Mahnverfahren heißt der Gläubiger „Antragsteller“ und der Schuldner „Antragsgegner“. Der Mahnantrag hat einen bestimmten Inhalt und bedarf grundsätzlich (Ausnahmen gelten für das maschinelle Verfahren) der handschriftlichen Unterzeichnung (§ 690 Abs. 1 und 2 ZPO).

Praxishinweis:

Für den Mahnantrag gibt es (z. T. obligatorische, § 703 c Abs. 2 ZPO) Formulare und Ausfüllungshilfen. Es kann nur dringend geraten werden, sich der Formulare und Ausfüllungshilfen zu bedienen.

Der Antrag bedarf keiner Mitwirkung eines Rechtsanwalts, unabhängig von der Höhe des geltend gemachten Anspruchs.

Wer als Bevollmächtigter im Mahnverfahren einen Antrag oder einen Rechtsbehelf einlegt, hat seine ordnungsgemäße Bevollmächtigung zu versichern, des Nachweises einer Vollmacht bedarf es nicht (§ 703 ZPO).

3.2.6 Mahnbescheid

Der Rechtspfleger prüft, ob der Antrag den gesetzmäßigen Vorgaben entspricht. Ist dies nicht der Fall, erfolgt eine „Monierung“, d. h. der Antragsteller erhält das Recht im Rahmen der Gewährung rechtlichen Gehörs, fehlende oder unvollständige Angaben zu ergänzen – was natürlich zu einer Verzögerung führt, aber immer noch besser als eine Zurückweisung des Antrags ist.

Der Gerichtskostenvorschuss in Höhe einer 0,5 Gerichtsgebühr ist einzuzahlen; die konkrete Höhe der Gerichtsgebühr ist streitwertabhängig. Dann wird der Mahnbescheid mit seinem gesetzlichen Inhalt erlassen (§ 692 ZPO) und dem Antragsgegner zugestellt (§ 693 Abs. 1 ZPO), wovon der Antragsteller in Kenntnis gesetzt wird (§ 693 Abs. 2 ZPO).

Mit Zustellung des Mahnbescheids wird die Verjährung gehemmt (§ 204 Abs. 1 Nr. 3 BGB).

Wird der Antrag auf Erlass eines Mahnbescheids zurückgewiesen und sollte durch die Zustellung des Mahnbescheids eine Frist gewahrt oder die Verjährung gehemmt werden, so tritt die Wirkung mit der Einreichung des Antrags auf Erlass des Mahnbescheides ein, wenn innerhalb eines Monats seit der Zustellung der Zurückweisung des Antrags Klage eingereicht und die Klage demnächst zugestellt wird (§ 691 Abs. 2 ZPO).

3.2.7 Widerspruch gegen den Mahnbescheid

Der Antragsgegner kann binnen zwei Wochen nach Zustellung des Mahnbescheids dem im Mahnbescheid geltend gemachten Anspruch ganz oder teilweise widersprechen.

Praxishinweis:

Im arbeitsrechtlichen Mahnverfahren beträgt die Widerspruchsfrist nur eine Woche (§ 46 a Abs. 3 ArbGG). Wenn der Mahnbescheid im Ausland zugestellt wird und das AVAG gilt, beträgt die Widerspruchsfrist einen Monat (§ 32 Abs. 3 S. 1 AVAG).[13]

Der Widerspruch hat schriftlich zu erfolgen. Der Widerspruch ist bei dem Gericht, welches den Mahnbescheid erlassen hat, einzulegen (§§ 694 Abs. 1, 692 Abs. 1 Nr. 3 ZPO). Der Antragsteller wird von dem Widerspruch und dem Zeitpunkt seiner Erhebung – maßgeblich ist der Zugang im Machtbereich des Gerichts – in Kenntnis gesetzt (§ 695 ZPO).

---

[13] Siehe Kapitel 11. Internationales Verfahrensrecht in der Europäischen Union, Ziffer 11.5.

Praxishinweis:

(1) Der Widerspruch wird üblicherweise auf dem Mahnbescheid beigefügten Formblättern erhoben. Die Widerspruchsfrist von zwei Wochen ist keine Ausschlussfrist. Auch nach dem Ablauf der Widerspruchsfrist kann Widerspruch eingelegt werden, solange der Vollstreckungsbescheid nicht vom Rechtspfleger verfügt und von der Geschäftsstelle in den Geschäftsgang gegeben worden ist. Der Widerspruch wird dann als Einspruch behandelt, sofern er den Voraussetzungen genügt. Dem Antragsgegner ist dies mitzuteilen.

(2) Wird trotz Widerspruchs ein Vollstreckungsbescheid erlassen, so gilt der Widerspruch als Einspruch gegen den Vollstreckungsbescheid.

3.2.8 Verfahren nach Widerspruch

Beantragt keine Partei die Durchführung des streitigen Verfahrens (Streitantrag) nach Einlegung eines Widerspruchs, steht das Verfahren still.

Praxishinweis:

Die Hemmung der Verjährung endet sechs Monate nach der letzten Verfahrenshandlung (§ 204 Abs. 2 S. 2 BGB).

Jede Partei – somit auch der Antragsgegner – kann die Durchführung des streitigen Verfahrens beantragen. Der Antragsteller kann diesen Antrag schon im Mahnantrag (§ 696 Abs. 1 S. 2 ZPO), im Übrigen aber natürlich nach Kenntniserlangung vom Widerspruch stellen. Der Antragsgegner kann den Streitantrag mit dem Widerspruch, aber auch gesondert einlegen.

Der Antragsteller muss weitere 2,5 Verfahrensgebühren bei Gericht einzahlen, ansonsten wird das Verfahren nicht an das im Mahnbescheid bezeichnete Gericht (Streitgericht) bzw. an das Gericht, an welches beide Parteien übereinstimmend die Abgabe beantragen, abgegeben.

Praxishinweis:

Die Einzahlung der weiteren Verfahrensgebühren ohne ausdrücklichen Abgabeantrag zur Durchführung des streitigen Verfahrens ist nur bei ausdrücklichem Hinweis in der Zahlungsaufforderung des Gerichts einem Abgabeantrag gleichzustellen.

Die unanfechtbare Abgabe wird den Parteien mitgeteilt (§ 696 Abs. 1 S. 3 ZPO). Mit der Abgabe an das Streitgericht endet das Mahnverfahren. Das Streitgericht ist hierdurch nicht in seiner Zuständigkeit gebunden (§ 696 Abs. 5 ZPO).

Mit Eingang der Akten bzw. dem anstelle der Akte erstellten maschinellen Aktenausdruck – sofern die Akte nicht elektronisch übermittelt wird – (§ 696 Abs. 2 ZPO) bei dem Streitgericht gilt der Rechtsstreit als dort anhängig (§ 696 Abs. 1 S. 4 ZPO).

Die so genannte „vorverlegte" Rechtshängigkeit auf den Zeitpunkt der Zustellung des Mahnbescheides (!) tritt nur dann ein, wenn die Streitsache alsbald nach Erhebung des Widerspruchs abgegeben wird (§ 696 Abs. 3 ZPO).

Praxishinweis:

Was darunter zeitlich bei vom Zustellungsbetreiber verursachten Verzögerungen zu verstehen ist, ist kaum vorherzusagen. Jedenfalls wird man wohl kaum umhinkommen – aber dies eine persönliche Meinung –, jedenfalls die Abgabe auch rund einen Monat nach Erhebung des Widerspruchs als „alsbald" anzusehen. Im Übrigen dürfte es darauf ankommen, wer Verzögerungen zu vertreten hat. Ist die Verzögerung in der Gerichtspraxis zu suchen, werden Gerichte großzügig mit der Wertung des „alsbald" umgehen. Die Aufforderung zur Einzahlung des Gerichtskostenvorschusses kann abgewartet werden. Bleibt die Aufforderung aus, darf aber nicht unendlich zugewartet werden.

3.2.9 Streitverfahren

Das Streitgericht gibt dem Antragsteller/Kläger unverzüglich nach Akteneingang auf, seinen Anspruch binnen zwei Wochen in einer der Klageschrift entsprechenden Form zu begründen (§ 697 Abs. 1 S. 1 ZPO). Dies rechtfertigt sich daraus, dass im Mahnantrag der Anspruch nur grob bezeichnet, nicht aber begründet wird.

Praxishinweis:

(1) Es kann gleichzeitig mit dem Streitantrag/Abgabeantrag eine „verfrühte" Anspruchsbegründung zur Zeiteinsparung beim Mahngericht eingereicht werden. Diese wird an das Streitgericht weitergeleitet.

(2) Die Zwei-Wochen-Frist nach § 697 Abs. 1 S. 1 ZPO ist weder eine Ausschlussfrist noch ist sie verlängerbar.

Geht die Anspruchsbegründung nicht ein, steht das Verfahren still.

Praxishinweis:

Insofern endet sechs Monate nach der letzten Verfahrenshandlung die Hemmung der Verjährung (§ 204 Abs. 2 S. 2 BGB).

Ein Termin zur mündlichen Verhandlung wird dann, wenn zuvor keine Anspruchsbegründung erfolgt ist (s. o.), nur auf Antrag des Antragsgegners/Beklagten bestimmt (§ 697 Abs. 3 S. 1 ZPO). Mit einer solchen Terminsbestimmung ist dem Antragsteller/Kläger nochmals eine Frist zur Begründung des Anspruchs zu setzen (§ 697 Abs. 3 S. 2 ZPO).

Praxishinweis:

Lässt der Antragsteller/Kläger auch diese – verlängerbare – Frist verstreichen, kann er mit seinem Vorbringen wegen Verspätung ausgeschlossen werden (§ 296 Abs. 1 und 4 ZPO).

Fehlt in der mündlichen Verhandlung die Klagebegründung, wird die Klage abgewiesen.

3.2.10 Vollstreckungsbescheid

Der Vollstreckungsbescheid ist ein Vollstreckungstitel (§ 794 Abs. 1 Nr. 4 ZPO). Der Vollstreckungsbescheid steht einem für vorläufig vollstreckbar erklärten Versäumnisurteil gleich (§ 700 Abs. 1 ZPO).

Legt der Antragsgegner nicht fristgerecht Widerspruch gegen den Mahnbescheid ein, läuft er Gefahr, dass auf der Grundlage des Mahnbescheids ein Vollstreckungsbescheid erlassen wird (§ 699 Abs. 1 S. 1 ZPO). Für den Vollstreckungsbescheid muss der Antragsteller wiederum einen – extra – Antrag stellen. Der Antrag kann nicht vor Ablauf der Widerspruchsfrist gestellt werden und hat die Erklärung zu enthalten, ob und welche Zahlungen auf den Mahnbescheid geleistet worden sind (§ 699 Abs. 1 S. 2 ZPO). Der Antrag auf Erlass des Vollstreckungsbescheides muss binnen sechs Monaten seit Zustellung des Mahnbescheids gestellt werden; sonst fällt die Wirkung des Mahnbescheids weg (§ 701 ZPO).

Der Vollstreckungsbescheid wird grundsätzlich dem Antragsgegner von Amts wegen zugestellt, wenn nicht der Antragsteller die Übermittlung an sich zur Zustellung im Parteibetrieb beantragt (§ 699 Abs. 4 S. 1 ZPO).

Nach Zustellung des Vollstreckungsbescheides hat der Antragsgegner eine – nicht verlängerbare – Frist von zwei Wochen zur Einlegung des Einspruchs (§§ 700 Abs. 1, 340 ZPO). Legt der Antragsgegner keinen Einspruch ein, wird der Vollstreckungsbescheid rechtskräftig. Wird Einspruch eingelegt, gibt das Gericht, welches den Vollstreckungsbescheid erlassen hat, den Rechtsstreit an das Streitgericht bzw. an das von den Parteien übereinstimmend bezeichnete Gericht ab (§ 700 Abs. 3 S. 1 ZPO).

3.2.11 Rücknahme von Anträgen/Rechtsbehelfen

Der Mahnantrag ist nach herrschender Ansicht ohne Zustimmung des Antragsgegners bis zur Rechtskraft des Vollstreckungsbescheides und nach Widerspruch/Einspruch bis zur Abgabe ins streitige Verfahren rücknehmbar. Die Rücknahme ist unwiderruflich.

Die Rücknahme des Streitantrags ist keine Rücknahme des Mahnantrags. Der Streitantrag kann bis zum Beginn der mündlichen Verhandlung des Antragsgegners zur Hauptsache zurückgenommen werden (§ 696 Abs. 4 S. 1 ZPO). Dieser Antrag führt zur Rückversetzung des Rechtsstreits in das Mahnverfahren; die Streitsache ist als nicht rechtshängig geworden anzusehen (§ 696 Abs. 4 S. 3 ZPO).

Den Widerspruch kann der Antragsgegner bis zum Beginn seiner mündlichen Verhandlung zur Hauptsache zurücknehmen, nicht jedoch, wenn ein Versäumnisurteil gegen ihn erlassen worden ist (§ 697 Abs. 4 S. 1 ZPO).

Ebenso kann der Einspruch des Antragsgegners gegen den Vollstreckungsbescheid ohne Zustimmung des Antragstellers bis zum Beginn der mündlichen Verhandlung des Antragsgegners zur Hauptsache zurückgenommen werden (§ 346 ZPO).

3.2.12 Urkunden-, Wechsel- und Scheckmahnverfahren

Der Antragsteller hat die Möglichkeit, den Erlass eines Urkunden-, Wechsel- oder Scheckmahnbescheides zu beantragen (§ 703a Abs. 1 ZPO). Diese besondere Verfahrensart setzt voraus, dass der Antragsteller alle anspruchsbegründenden Tatsachen durch die Vorlage von Urkunden beweisen kann. Demgegenüber ist der Zeugen-, Sachverständigen- und Augenscheinsbeweis im streitigen Verfahren sowohl für den Kläger als auch für den Beklagten ausgeschlossen.

Praxishinweis:

Wegen der Besonderheiten der Verfahrensart und denkbarer Probleme beim Wechsel der Verfahrensart ist dringend zu empfehlen, genau darauf zu achten, dass der Antrag entsprechend bezeichnet wird: z. B. „Antrag auf Erlass eines Urkunden-Mahnbescheides". Auf die Ausfüllungshinweise ist penibel zu achten.

Wird rechtzeitig Widerspruch erhoben, wird die Streitsache im Urkunden-, Wechsel- oder Scheckprozess anhängig (§ 703a Abs. 2 Nr. 1 ZPO). Die Statthaftigkeit der gewählten Prozessart wird im Mahnverfahren nicht geprüft (§ 703a Abs. 2 Nr. 3 ZPO).

Die Urkunden sollen in dem Antrag auf Erlass des Mahnbescheides und in dem Mahnbescheid bezeichnet werden und sind bei Abgabe an das Streitgericht in Urschrift oder Abschrift der Anspruchsbegründung beizufügen (§ 703a Abs. 2 Nr. 2 ZPO).

4. Kreditsicherheiten

4.1 Personalsicherheiten

Personalsicherheiten sind dadurch gekennzeichnet, dass sie dem Gläubiger neben der Hauptforderung einen zusätzlichen schuldrechtlichen Anspruch gegen den Sicherungsgeber verschaffen. Sicherungsgeber kann der (Haupt-) Schuldner selbst oder ein Dritter sein.

4.1.1 Bürgschaft

4.1.1.1 Inhalt und Formerfordernisse

Durch eine Bürgschaft verpflichtet sich der Bürge gegenüber dem Gläubiger des Hauptschuldners, für die Erfüllung der Verbindlichkeiten des Hauptschuldners persönlich mit seinem gesamten Vermögen zu haften. Begründet wird eine eigene Schuld des Bürgen, so dass der Bürge Schuldner einer eigenen, sich nach Inhalt und Rechtsgrund von der Hauptschuld unterscheidenden Verbindlichkeit wird.

Praxishinweis:

Die Bürgschaft ist ein so genanntes akzessorisches Sicherungsmittel: Obwohl die Bürgschaftserklärung ein eigenes Schuldverhältnis zwischen Bürge und Gläubiger begründet, ist die Bürgschaft in ihrem Bestand, ihrem Inhalt und ihrem Umfang immer von der besicherten Hauptschuld abhängig.

Aus der Bürgschaftserklärung muss sich der objektive Wille des Bürgen ergeben, für eine Verpflichtung des Hauptschuldners gegenüber dessen Gläubiger einzustehen, falls der Hauptschuldner seine Leistungspflicht nicht erfüllt. Gläubiger, Hauptschuldner und die zu sichernde Verbindlichkeit müssen bestimmt oder durch Auslegung der Bürgschaftserklärung bestimmbar sein.

Nach der Wertung des Gesetzes und der daraus entwickelten Rechtsprechung wird dem Schutz des Bürgen ein sehr hoher Stellenwert beigemessen. Daher müssen die Grenzen des übernommenen Haftungsrisikos für den Bürgen erkennbar und kalkulierbar sein.

Dies setzt grundsätzlich voraus, dass die Bürgschaftssumme in der Bürgschaft benannt sein muss.

Eine Bürgschaft kann allerdings nicht nur für eine bereits bestehende, sondern auch für eine bedingte oder künftige Verbindlichkeit übernommen werden. Das Bestimmtheitserfordernis setzt in diesem Fall voraus, dass in der Bürgschaftsurkunde auf das Schuldverhältnis, aus dem sich die künftige Forderung ergibt, Bezug genommen wird. Ferner muss die Bürgschaft in der Regel einen Haftungshöchstbetrag (= so genannte Höchstbetragsbürgschaft) enthalten.

Praxishinweis:

Das nachträgliche Erweitern einer bestehenden Bürgschaft auf Verbindlichkeiten aus erst nachträglich entstehenden Rechtsgeschäften, auf die sich die Bürgschaftserklärung nicht erstreckt, ist nicht zulässig.

Eine so genannte Globalbürgschaft, mithin eine Bürgschaft, die sämtliche gegenwärtigen und zukünftigen Ansprüche des Gläubigers gegen den Hauptschuldner aus deren Geschäftsverbindung absichern soll, ist unwirksam, sofern es sich um eine formularmäßige Bürgschaftserklärung handelt, die der Kontrolle der Vorschriften über die Wirksamkeit Allgemeiner Geschäftsbedingungen unterliegt. Dies folgt daraus, dass der Bürge bei einer derart weiten Haftungserklärung sein Haftungsrisiko nicht übersehen kann und daher unangemessen benachteiligt wird.

Praxishinweis:

Eine Ausnahme von dem Grundsatz der Unwirksamkeit formularmäßiger Globalbürgschaften gilt dann, wenn es sich um die Bürgschaft eines Gesellschafters oder Geschäftsführers für die eigene Gesellschaft als Hauptschuldner handelt, da der Bürge in diesem Fall Einblick in und die Möglichkeit der Einflussnahme auf die finanzielle Situation des Hauptschuldners hat.

Um den Bürgen vor einer voreiligen und unüberlegten Entscheidung zu schützen und ihn vor den Risiken der Übernahme einer Bürgschaftsverpflichtung zu warnen, bedarf die Bürgschaftserklärung grundsätzlich der Schriftform.

Praxishinweis:

Die so genannte einfache Schriftform setzt voraus, dass es sich um eine schriftliche Willenserklärung handelt, die entweder von dem Erklärenden eigenhändig unterschrieben, notariell beurkundet oder in einem gerichtlichen Vergleich protokolliert werden muss. Ein Verstoß gegen diese Voraussetzungen führt zur Nichtigkeit der Erklärung.

Eine Ausnahme von den vorgenannten Schriftformerfordernissen sieht das Gesetz dann vor, wenn die Bürgschaft von einem Vollkaufmann als Handelsgeschäft übernommen wird.

> **Praxishinweis:**
>
> Aus Beweisgründen sollte die Bürgschaftserklärung jedoch in allen Fällen, mithin auch im Rahmen eines Handelsgeschäfts des Bürgen, immer schriftlich erfolgen.

4.1.1.2 Sittenwidrigkeit der Bürgschaftserklärung

Die Sittenwidrigkeit einer Bürgschaftserklärung kommt vor allem dann in Betracht, wenn die Bürgschaft von einem vermögenslosen oder finanziell sehr stark überforderten nahen Angehörigen des Hauptschuldners übernommen wird.

Obwohl infolge der Privatautonomie jeder Erwachsene grundsätzlich frei darin ist, auch solche Verträge abzuschließen, die für ihn mit einem hohen Risiko verbunden sind, kann eine Bürgschaft nach der Rechtsprechung des Bundesverfassungsgerichts und des Bundesgerichtshofs in Ausnahmefällen sittenwidrig sein. Dies setzt nicht nur die Vermögenslosigkeit oder erhebliche finanzielle Überforderung des Bürgen bei Übernahme der Bürgschaftsverpflichtung voraus, sondern das Hinzukommen weiterer Aspekte, die sich aus den Umständen, unter denen die Bürgschaft übernommen wurde, ergeben:

- Kenntnis des Gläubigers von der Vermögenslosigkeit oder sehr starken finanziellen Überforderung des Bürgen bei Übernahme der Bürgschaftsverpflichtung;
- Höhe des übernommenen Risikos;
- Kalkulierbarkeit des übernommenen Risikos;
- Verhalten des Gläubigers gegenüber dem Bürgen, insbesondere Ausübung psychischen Drucks und Verharmlosung des Risikos;
- Ausnutzen der Geschäftsunerfahrenheit des Bürgen;
- Verstoß der Eltern des Bürgen gegen ihre familienrechtliche Pflicht zur Rücksichtnahme, sofern sie Hauptschuldner der besicherten Forderung sind.

> **Praxishinweis:**
>
> Relevanter Zeitpunkt für die Einordnung einer Bürgschaft als sittenwidrig nach den vorgenannten Kriterien ist die Übernahme der Bürgschaft, mithin die Abgabe der Bürgschaftserklärung. Unerheblich ist demgegenüber, ob der Bürge nach dem Zeitpunkt der Bürgschaftsübernahme vermögenslos wird.

4.1.1.3 Ansprüche des Gläubigers gegen den Bürgen

Die wirksame Inanspruchnahme des Bürgen durch den Gläubiger setzt voraus, dass

- der Gläubiger eine wirksame Forderung gegen den Hauptschuldner hat (z. B. aus einem Darlehensvertrag) und
- ein wirksamer Bürgschaftsvertrag zwischen Gläubiger und Bürge geschlossen wurde, der insbesondere nicht wegen Sittenwidrigkeit oder mangels Schriftform nichtig ist.

Liegen diese und gegebenenfalls zusätzliche, sich aus der Bürgschaftserklärung selbst ergebende Voraussetzungen vor, kann der Gläubiger den Bürgen bei Eintritt des Sicherungsfalls in Höhe der Bürgschaftssumme in Anspruch nehmen.

4.1.1.4 Rechte des Bürgen

Dem Bürgen stehen zum einen gegen seine Inanspruchnahme durch den Gläubiger Einwendungen und Einreden zu. Zum anderen hat er nach Erfüllung seiner Bürgschaftsverpflichtung verschiedene Regressmöglichkeiten.

(1) Rechte des Bürgen gegen den Gläubiger

Wird der Bürge von dem Gläubiger auf Erfüllung in Anspruch genommen, kann er sowohl aus dem Bürgschaftsvertrag als auch aus dem der Bürgschaft zugrunde liegenden Hauptschuldverhältnis zwischen Bürge und Hauptschuldner eigene Rechte gegen den Anspruch des Gläubigers geltend machen.

(a) Aus dem Bürgschaftsvertrag zwischen Bürge und Gläubiger

Aus dem Bürgschaftsvertrag kann der Bürge seiner Inanspruchnahme durch den Gläubiger zum einen alle allgemeinen Einwendungen des Bürgerlichen Gesetzbuchs entgegenhalten, z. B. die Aufrechnung mit einem Gegenanspruch gegen den Gläubiger.

Zum anderen kann der Bürge die Einrede der Vorausklage erheben. Diese Einrede dient dem Schutz des Bürgen und besagt, dass dieser nur subsidiär haftet. In Konsequenz muss der Gläubiger zunächst einen erfolglosen Vollstreckungsversuch gegen den Hauptschuldner nachweisen oder, sofern dem Gläubiger gegen den Hauptschuldner wegen der besicherten Forderung ein Pfandrecht oder ein Zurückbehaltungsrecht zusteht, zunächst aus diesen Rechten Befriedigung suchen, bevor er den Bürgen in Anspruch nehmen darf. Ausgeschlossen ist diese Einrede der Vorausklage allerdings dann, wenn die Zwangsvollstreckung gegen den Hauptschuldner wesentlich erschwert ist, wenn über das Vermögen des Hauptschuldners das

Insolvenzverfahren eröffnet ist oder wenn davon auszugehen ist, dass die Zwangsvollstreckung in das Vermögen des Hauptschuldners fruchtlos verlaufen wird.

Praxishinweis:

Die Einrede der Vorausklage steht zur Disposition der Parteien des Bürgschaftsvertrages. Regelmäßig wird sie dadurch ausgeschlossen, dass die Bürgschaft durch den Bürgen selbstschuldnerisch übernommen und somit auf die vorgenannte Einrede verzichtet wird.

(b) Aus dem Hauptschuldverhältnis zwischen Hauptschuldner und Gläubiger

Aufgrund der Akzessorietät der Bürgschaft, mithin ihrer Abhängigkeit von der Hauptschuld, kann der Bürge auch aus dem der Bürgschaft zugrunde liegenden Hauptschuldverhältnis zwischen Hauptschuldner und Gläubiger eigene Rechte gegen seine Inanspruchnahme durch den Gläubiger geltend machen. Damit der Bürge nicht davon abhängig ist, dass der Hauptschuldner seine ihm im Hauptschuldverhältnis zustehenden Einreden erhebt, räumt das Gesetz dem Bürgen selbst das Recht ein, diese dem Hauptschuldner zustehenden Einreden seiner Bürgschaftsinanspruchnahme durch den Gläubiger entgegenzuhalten.

Beispiel

Die Forderung des Gläubigers gegen den Hauptschuldner ist verjährt. Der Gläubiger nimmt den Bürgen aus der zur Besicherung der Verpflichtung des Hauptschuldners übernommenen Bürgschaft in Anspruch. Der Bürge verweigert gegenüber dem Gläubiger zu Recht die Bürgschaftszahlung mit der Begründung, dass die besicherte Hauptforderung verjährt ist.

Darüber hinaus gewährt das Gesetz dem Bürgen das Recht, für den Zeitraum, in dem der Hauptschuldner ein Anfechtungsrecht oder ein Aufrechnungsrecht hat, die Erfüllung der Bürgschaftsverpflichtung zu verweigern.

Praxishinweis:

Sofern es sich um eine formularmäßige Bürgschaft handelt, die der Kontrolle der Vorschriften zur Wirksamkeit von Allgemeinen Geschäftsbedingungen unterliegt, ist der Ausschluss der Einreden des Bürgen aus dem Hauptschuldverhältnis nicht zulässig und somit unwirksam. Dies gilt ebenfalls für einen Ausschluss der Einrede der Aufrechenbarkeit, sofern die Gegenforderung des Hauptschuldners unbestritten oder rechtskräftig festgestellt ist.

(2) Rechte des Bürgen gegen den Hauptschuldner

Sofern der Bürge gegenüber dem Gläubiger die Bürgenschuld erfüllt hat, ist seine eigene Verbindlichkeit erloschen, nicht jedoch jene des Hauptschuldners gegenüber dem Gläubiger. Dieser Anspruch des Gläubigers gegen den Hauptschuldner geht infolge der Erfüllung der Bürgschaftsverpflichtung gesetzlich auf den Bürgen über, so dass er den Hauptschuldner in Regress nehmen kann.

Praxishinweis:

Sofern der Bürge nur einen Teil seiner Bürgenschuld gegenüber dem Gläubiger erfüllt hat, geht auch die Forderung des Gläubigers gegen den Hauptschuldner nur in dieser Höhe auf den Bürgen über.

Darüber hinaus können dem Bürgen gegen den Hauptschuldner Rechte aus dem zwischen ihnen geschlossenen Rechtsverhältnis zustehen. Dieses Rechtsverhältnis kann verschiedene Erscheinungsformen haben:

- Bei entgeltlicher Bürgschaft (z. B. durch Banken): Geschäftsbesorgungsvertrag;
- Bei unentgeltlicher Bürgschaft: Auftrag oder Geschäftsführung ohne Auftrag.

Aus diesem Rechtsverhältnis können dem Bürgen gegen den Hauptschuldner insbesondere ein Aufwendungsersatzanspruch und ein Anspruch auf Befreiung aus der Bürgschaft zustehen.

(3) Rechte des Bürgen gegen andere Sicherheitengeber

Die Erfüllung der Bürgschaftsschuld durch den Bürgen bewirkt nicht nur, dass der Anspruch des Gläubigers gegen den Hauptschuldner insoweit auf ihn übergeht, sondern auch den gesetzlichen Übergang etwaiger weiterer Sicherungsrechte des Gläubigers. Somit können dem Bürgen auch Rechte gegen Dritte zustehen, die ebenfalls für die verbürgte Hauptschuld haften (z. B. durch weitere Bürgschaften, durch Hypothek oder durch Pfandrecht).

Haben sich mehrere Sicherheitengeber für die gleiche Hauptverbindlichkeit verbürgt, kann es sich entweder um eine Teilbürgschaft oder um eine Mitbürgschaft handeln. Bei einer Teilbürgschaft übernimmt jeder Bürge einen klar bestimmten Teil der Bürgschaft und haftet nur in Höhe dieses Teilbetrages, so dass es zu keinem Regress der verschiedenen Bürgen im Falle der Erfüllung einer Teilbürgschaft kommt. Demgegenüber verbürgt sich bei einer Mitbürgschaft jeder Bürge für die Hauptverbindlichkeit in voller Höhe, so dass alle Mitbürgen gegenüber dem Gläubiger in voller Höhe haften. In Konsequenz kann der Bürge, der von dem Gläubiger in Anspruch genommen wurde und die Bürgschaftsverpflichtung erfüllt hat, bei den anderen Mitbürgen anteilig Regress nehmen.

Beispiel

A und B verbürgen sich als Mitbürgen für die Hauptverbindlichkeit des C gegenüber D in Höhe von € 100.000,-. A wird von D aus der Bürgschaft in Anspruch genommen und erfüllt seine Bürgschaftsschuld in Höhe von € 100.000,-. Da der Anspruch des D gegen C somit auf A übergegangen ist, kann A zum einen C in voller Höhe in Regress nehmen. Alternativ kann er anteilig den Mitbürgen B in Höhe von 50 % der Bürgschaftssumme, mithin € 50.000,-, in Regress nehmen.

Sofern die Hauptverbindlichkeit sowohl durch eine Bürgschaft als auch durch ein dingliches Kreditsicherungsmittel, also eine Hypothek, eine Grundschuld oder ein Pfandrecht, gesichert ist, gehen diese Sicherungsrechte bei Erfüllung der Bürgschaftsverpflichtung durch den Bürgen ebenfalls auf diesen über (im Falle einer Hypothek und eines Pfandrechts erfolgt der Rechtsübergang kraft Gesetzes, im Falle einer Grundschuld muss dem Bürgen diese von dem Gläubiger nach den Geboten von Treu und Glauben übertragen werden). Der Regressanspruch des Bürgen gegen die Sicherheitengeber vorgenannter dinglicher Sicherheiten folgt somit den gleichen Grundsätzen wie der Regress gegenüber Mitbürgen, mithin entsprechend der gleichrangigen gesamtschuldnerischen Haftung nach Kopfteilen.

4.1.1.5 Erlöschen des Bürgschaftsvertrages

Der Bürgschaftsvertrag kann durch folgende Ereignisse ganz oder teilweise erlöschen:

- Leistung des Bürgen;
- Erlöschen der Hauptschuld;
- Zeitablauf bei befristeter Bürgschaft;
- Aufgabe einer anderweitigen Sicherheit, aus welcher der Bürge hätte Regress nehmen können, durch den Gläubiger;
- Befreiende Schuldübernahme oder Vertragsübernahme auf der Schuldnerseite im Hauptschuldverhältnis und somit Änderung der Person des Schuldners und des damit einhergehenden Haftungsrisikos des Bürgen;
- Kündigung durch den Bürgen;
- Störung der Geschäftsgrundlage;
- Freistellung des Bürgen seitens des Schuldners.

4.1.2 Garantie

Durch eine Garantie verpflichtet sich der Garant gegenüber dem Gläubiger, für einen bestimmten wirtschaftlichen Erfolg einzustehen oder die Haftung für das Risiko eines künftig eintretenden Schadens zu übernehmen.

Im Gegensatz zur Bürgschaft ist die Garantie nicht akzessorisch, sondern von dem Bestand der Hauptschuld vollkommen unabhängig. Die Garantie begründet somit keine von der Hauptschuld abhängige, sondern eine selbstständige Schuld.

Beispiel

A übernimmt gegenüber B die Garantie dafür, dass C das ihm von B gewährte Darlehen in Höhe von € 50.000,- zurückzahlt. Später stellt sich heraus, dass der Darlehensvertrag zwischen B und C unwirksam ist. Dennoch wird A von B aus der Garantie auf Zahlung der Garantiesumme in Höhe von € 50.000,- in Anspruch genommen. Da die Garantie nicht akzessorisch ist, muss A die € 50.000,- an B zahlen, obwohl der Darlehensvertrag zwischen B und C unwirksam ist und eine Zahlungsverpflichtung des C gegenüber B nicht besteht.

Die Garantie ist gesetzlich nicht geregelt und an keine Formvorschrift gebunden.

Praxishinweis:

Obwohl eine Garantieerklärung formlos wirksam ist, sollte sie aus Beweisgründen immer schriftlich abgegeben werden.

Da die Garantie nicht akzessorisch ist, geht bei Erfüllung der Garantieverpflichtung durch den Garanten – im Gegensatz zur Bürgschaft – die Forderung des Gläubigers gegen den Hauptschuldner nicht auf den Garanten über.

Praxishinweis:

Um dem Garanten nach Erfüllung seiner Garantieverpflichtung die Möglichkeit des Regresses gegen den Hauptschuldner zu eröffnen, empfiehlt es sich, den Übergang der Forderung des Gläubigers gegen den Hauptschuldner bei Erfüllung der Garantieverpflichtung insoweit in dem Garantievertrag zu vereinbaren. Das Gleiche gilt für eventuelle Forderungen des Gläubigers gegen weitere Sicherheitengeber.

4.1.3 Schuldbeitritt

Bei einem Schuldbeitritt tritt der Beitretende in ein bestehendes Schuldverhältnis ein und übernimmt gegenüber dem Gläubiger neben dem Hauptschuldner dessen schuldrechtliche Verpflichtung als eigene. Beitretender und Hauptschuldner haften gleichrangig nebeneinander als Gesamtschuldner.

> **Praxishinweis:**
>
> Die Abgrenzung zwischen einer Bürgschaft einerseits und einem Schuldbeitritt andererseits begegnet in der Praxis häufig großen Schwierigkeiten. Ein wesentliches Unterscheidungskriterium ist, ob der Sicherungsgeber ein sachliches, wirtschaftliches oder rechtliches Eigeninteresse hat; sofern dies bejaht werden kann, handelt es sich um einen Schuldbeitritt. In Zweifelsfällen ist jedoch die Qualifizierung als Bürgschaft anzunehmen, da diese – im Gegensatz zum Schuldbeitritt – gesetzlich geregelt ist und nach der Wertung des Gesetzes den Sicherungsgeber unter besonderen Schutz stellt.

Der gesetzlich nicht geregelte rechtsgeschäftliche Schuldbeitritt ist grundsätzlich formlos möglich.

> **Praxishinweis:**
>
> Sofern die Schuld, der durch den Schuldbeitritt beigetreten wird, formbedürftig ist, gilt das gleiche Formerfordernis für den Schuldbeitritt. Handelt es sich bei der Schuld, der beigetreten wird, z. B. um einen Grundstückskaufvertrag, dessen Wirksamkeit die notarielle Beurkundung voraussetzt, muss auch der Schuldbeitritt notariell beurkundet werden.

Ebenso wie die Garantie ist auch der Schuldbeitritt im Verhältnis zur Hauptschuld nicht akzessorisch. Allerdings besteht insoweit ein Unterschied zur Garantie, als der Sicherheitengeber der Schuld so beitritt, wie sie zu diesem Zeitpunkt besteht. Der Beitritt geht somit ins Leere, wenn die Schuld, der beigetreten wird, im Zeitpunkt des Beitritts nicht besteht. Nach dem maßgeblichen Beitrittszeitpunkt sind die beiden Verbindlichkeiten indes vollkommen unabhängig voneinander und können eine selbstständige, mitunter unterschiedliche Entwicklung nehmen. Daher kann sich der Beitretende nach erfolgtem Beitritt nicht auf Einreden berufen, die dem Hauptschuldner zustehen.

4.1.4 Patronatserklärung

Die Patronatserklärung ist eine besondere Form der Sicherung vor allem von Großkrediten bei verbundenen Unternehmen. Erfasst werden insbesondere Erklärungen einer Muttergesellschaft gegenüber dem Kreditgeber ihrer Tochtergesellschaft, in denen ein Verhalten der

Muttergesellschaft in Aussicht gestellt wird, das die Aussichten auf Rückzahlung des Kredites verbessert.

Zu differenzieren ist zwischen der so genannten harten Patronatserklärung und der so genannten weichen Patronatserklärung. Der Unterschied liegt darin, dass der Sicherheitengeber, die Patronin, nur bei der harten Patronatserklärung mit Rechtsbindungswillen handelt, so dass auch nur die harte Patronatserklärung grundsätzlich werthaltig sein kann.

Beispiel für eine harte Patronatserklärung

> Die X-Bank hat der ABC-GmbH ein Darlehen in Höhe von € 500.000,- gewährt. Zur Sicherheit hat die Muttergesellschaft der ABC-GmbH, die ABC-AG, gegenüber der X-Bank erklärt, dass sie ihr gegenüber die uneingeschränkte Verpflichtung übernimmt, dafür Sorge zu tragen, dass die ABC-GmbH in der Zeit, in der sie die Forderungen einschließlich Zinsen und Nebenkosten gegenüber der X-Bank nicht vollständig gezahlt hat, in der Weise geleitet und finanziell ausgestattet wird, dass die ABC-GmbH stets in der Lage ist, allen ihren Verbindlichkeiten fristgemäß nachzukommen.

Eine weiche Patronatserklärung stellt demgegenüber faktisch keine Kreditsicherheit dar, da der Erklärende keinen Haftungs- und Rechtsbindungswillen zum Ausdruck bringt.

Beispiel für eine weiche Patronatserklärung

> Die ABC-AG erklärt gegenüber dem Kreditgeber ihrer Tochtergesellschaft, der ABC-GmbH: Wir erklären, dass es eines unserer Hauptziele ist, die Bonität unserer Tochtergesellschaft aufrechtzuerhalten.

Praxishinweis:

Insbesondere hinsichtlich der Einordnung als weiche oder harte Patronatserklärung ist bei Patronatserklärungen sehr genau auf den Wortlaut zu achten.

Die Frage, ob der Sicherungsnehmer einer harten Patronatserklärung einen unmittelbaren Zahlungsanspruch gegen den Sicherheitengeber erwirbt oder ob er lediglich die hinreichende finanzielle Ausstattung der Tochtergesellschaft beanspruchen kann, ist gegebenenfalls durch Auslegung zu ermitteln. Regelmäßig bewirkt die harte Patronatserklärung jedoch keinen Direktanspruch des Gläubigers gegen die Patronin auf Erfüllung der Verbindlichkeit der Tochtergesellschaft. Vielmehr ist die Muttergesellschaft regelmäßig nur zur Leistung an ihre Tochtergesellschaft verpflichtet; diese Mittel sind treuhänderisch gebunden und dürfen durch die Tochtergesellschaft nur zur Erfüllung ihrer Verbindlichkeit gegenüber dem Gläubiger verwendet werden.

> **Praxishinweis:**
>
> Auch wenn der Gläubiger keinen direkten Zahlungsanspruch gegen die Muttergesellschaft hat, steht es dieser frei, unmittelbar an den Gläubiger zu zahlen; rechtstechnisch handelt es sich in diesem Fall um die Erfüllung einer fremden Schuld.

4.2 Realsicherheiten

Realsicherheiten gewähren dem Gläubiger ein dingliches Recht an einem bestimmten Vermögensgegenstand des Sicherheitengebers. Ein solcher Vermögensgegenstand kann entweder eine Sache oder ein Recht sein. Sachsicherheiten sind das Sicherungseigentum, das Pfandrecht an beweglichen Sachen und die Grundpfandrechte (Hypothek, Grundschuld, Rentenschuld). Rechtssicherheiten sind die Inhaberschaft von Rechten infolge Sicherungsabtretung und das Pfandrecht an Rechten.

4.2.1 Sicherungsübereignung

4.2.1.1 Inhalt

Bei der Sicherungsübereignung überträgt der Sicherheitengeber dem Sicherheitennehmer zur Besicherung einer Forderung das Eigentum an einer oder einer Vielzahl von beweglichen Sachen. Sofern der Sicherheitengeber seiner Verpflichtung aus dem Hauptschuldverhältnis zur Erfüllung seiner Verbindlichkeit nicht nachkommt, ist der Sicherheitennehmer berechtigt, die ihm zur Sicherheit übereignete(n) Sache(n) zu verwerten, um aus dem Erlös die gesicherte Forderung zu tilgen.

> **Praxishinweis:**
>
> In der Regel wird dem Sicherheitennehmer nicht der unmittelbare Besitz an den zur Sicherheit übereigneten Sachen übertragen, sondern es wird ein Besitzmittlungsverhältnis vereinbart, aufgrund dessen der Sicherheitengeber zum unmittelbaren Besitz berechtigt bleibt. Dies hat den Vorteil, dass der Sicherheitengeber weiterhin den wirtschaftlichen Nutzen aus den zur Sicherheit übereigneten Sachen ziehen kann, um so letztlich auch die besicherte Forderung erfüllen zu können.

Beispiel

> Die ABC-Bank gewährt dem Bauunternehmen XYZ-GmbH ein Darlehen in Höhe von € 100.000,-. Zur Sicherung der Darlehensforderung überträgt die XYZ-GmbH der ABC-Bank das Eigentum an zwei Baggern. Die Parteien vereinbaren, dass die ABC-GmbH zum unmittelbaren Besitz berechtigt ist. Dadurch kann die ABC-GmbH die Bagger weiterhin im Rahmen ihres Geschäftsbetriebs nutzen und so die zur Erfüllung der Darlehensverbindlichkeit erforderlichen Erträge erwirtschaften.

Auch die Sicherungsübereignung ist nicht akzessorisch, also von der Hauptschuld unabhängig. Erfüllt der Schuldner seine Verbindlichkeit, fällt das Eigentum an den zur Sicherheit übereigneten Sachen daher nicht automatisch an ihn zurück.

Praxishinweis:

Um bei Erfüllung der Verpflichtung gegenüber dem Schuldner automatisch das Eigentum und den mittelbaren Besitz an der zur Sicherheit übereigneten Sache zurückzuerlangen, sollte die Sicherungsübereignung des Gläubigers immer unter die auflösende Bedingung der Begleichung der Forderung gestellt werden. Durch die auflösende Bedingung verliert die Sicherungsübereignung mit Eintritt der Bedingung ihre Wirksamkeit, so dass der Gläubiger wieder Eigentümer der der Sicherungsübereignung unterliegenden Sache(n) wird.

An eine Formvorschrift ist der Sicherungsvertrag zwischen Gläubiger und Schuldner nicht gebunden.

Praxishinweis:

Auch die Vereinbarung zur Sicherungsübereignung sollte aus Gründen der Beweissicherung immer schriftlich erfolgen.

4.2.1.2 Bestimmtheitsgebot

Gegenstand einer Sicherungsübereignung können nicht nur eine einzelne Sache, sondern auch so genannte Sachgesamtheiten, z. B. Warenlager oder Teile von Warenlagern, sein. Da jede Eigentumsübertragung eine wirksame, auf das Sicherungsgut bezogene Einigung voraussetzt, kommt der Bestimmtheit dieser zur Sicherheit übereigneten Sachen eine besondere Bedeutung zu. Das Bestimmtheitsgebot besagt, dass konkrete, individuell bestimmte Gegenstände übereignet werden, so dass ein Dritter, der die Sicherungsvereinbarung kennt, die zur Sicherheit übereigneten Sachen ohne Schwierigkeiten von anderen Sachen unterscheiden kann. Dies setzt voraus, dass das Sicherungsgut durch Aufnahme in ein Sicherungsverzeichnis, durch eine gesonderte Lagerung oder durch eine besondere Markierung hinreichend als solches gekennzeichnet ist. Nicht ausreichend ist die Bestimmbarkeit durch Rückgriff auf Unterlagen außerhalb des Sicherungsvertrages, wie z. B. Rechnungen oder Warenbücher.

In der Praxis werden häufig so genannte Raumsicherungsübereignungs-Verträge geschlossen. Ein solcher liegt vor, wenn das Sicherungsgut in einem gesonderten Raum oder auf einem deutlich abgegrenzten Platz, der im Sicherungsvertrag als solcher bezeichnet sein muss, gelagert wird.

Praxishinweis:

Bei einem Raumsicherungsvertrag sollte der Sicherungsbereich unter Angabe der postalischen Anschrift sowie einer genauen Skizze des Lagerraums genau spezifiziert werden.

Gegenstand derartiger Raumsicherungsverträge können – unter der Voraussetzung hinreichender Bestimmtheit – auch Warenlager mit wechselndem Bestand sein. Dies ist der Fall, sofern Gegenstand der Sicherungsübereignung Sachen sind, die erst später in den Sicherungsraum eingebracht werden oder an denen der Sicherungsgeber noch kein Eigentum, sondern ein dahingehendes Anwartschaftsrecht hat.

Beispiel

Die XYZ-GmbH übereignet der ABC-Bank zur Besicherung eines Darlehens ihr Warenlager in der Sandstraße 16 in Köln. In diesem Lager befindet sich unter anderem auch Ware, die unter Eigentumsvorbehalt der Lieferanten der XYZ-GmbH steht. Die XYZ-GmbH hat an dieser Ware bis zur Kaufpreiszahlung noch kein Eigentum, sondern ein Anwartschaftsrecht auf Erwerb des Eigentums. Dieses Anwartschaftsrecht ist Gegenstand der Sicherungsübereignung. Sobald die XYZ-GmbH den Kaufpreis für die Vorbehaltsware bezahlt, geht das Eigentum unmittelbar auf den Sicherheitennehmer, die ABC-Bank, über.

4.2.1.3 Übersicherung

Grundsätzlich liegt eine Übersicherung vor, sofern der Wert der zur Sicherheit übereigneten Sachen den Wert der gesicherten Forderung übersteigt.

Dies führt jedoch nicht zwangsläufig zur Unwirksamkeit der Sicherungsübereignung. Vielmehr ist eine Übersicherung in gewissem Umfang zulässig, da der Eintritt des Sicherungsfalls für den Sicherheitennehmer ein Kostenrisiko birgt und Verwaltungskosten mit sich bringt.

Besteht allerdings ein starkes Missverhältnis zwischen dem Wert der Sicherheit und der Höhe der besicherten Forderung, ist die Grenze zulässiger Übersicherung überschritten. Wann dies der Fall ist, hängt von dem Zeitpunkt des Eintritts der Übersicherung ab. Zu unterscheiden ist zwischen anfänglicher Übersicherung einerseits und nachträglicher Übersicherung andererseits.

Steht bereits bei Abschluss des Sicherungsübereignungsvertrages fest, dass bei potenziellem Eintritt des Sicherungsfalls ein auffälliges Missverhältnis zwischen dem entsprechend den Marktverhältnissen erzielbaren Erlös für das Sicherungsgut und der Höhe der besicherten Forderung bestehen wird und dieses Missverhältnis auf einer verwerflichen, mithin eigensüchtigen und rücksichtslosen Gesinnung des Sicherheitennehmers beruht, kann die Sicherungsübereignung im Einzelfall sittenwidrig und damit von Anfang an nichtig sein.

Zu einer nachträglichen Übersicherung kann es insbesondere dann kommen, wenn ein Teil der gesicherten Forderung getilgt wird. Um einer nachträglichen Übersicherung mit daraus gegebenenfalls resultierender Nichtigkeit der Sicherungsvereinbarung entgegenzuwirken, enthalten Sicherungsübereignungsverträge in der Regel eine so genannte Freigabeklausel, wonach der Sicherheitengeber einen Anspruch gegen den Sicherheitennehmer auf proportionale Freigabe des Sicherungsgutes im Verhältnis zur Erfüllung der gesicherten Forderung hat.

Praxishinweis:

Nach inzwischen gefestigter Rechtsprechung des Bundesgerichtshofs ist eine Sicherungsübereignung nicht unwirksam oder nichtig, sofern sie keine so genannte ermessensunabhängige Freigabeklausel enthält. Unter Berücksichtigung der Verwaltungs- und Verwertungskosten im Sicherungsfall beträgt die Grenze zulässiger Übersicherung im Zweifel bezogen auf den aktuellen Marktwert des Sicherungsgutes (= Realwert) 110 % der gesicherten Forderung.
Die Rechtsprechung berücksichtigt darüber hinaus, dass der aktuelle Marktwert des Sicherungsgutes in der Regel geringer ist als der ursprüngliche Einkaufspreis (= Nominalwert). Daher wird bezogen auf den Nominalwert eine Übersicherung von bis zu 150 % der gesicherten Forderung als zulässig erachtet, so dass im Zweifel erst bei Erreichen dieses Wertes ein Freigabeanspruch des Sicherheitengebers entsteht; diesem steht allerdings das Recht zu, zu beweisen, dass im konkreten Fall keine derartige Diskrepanz zwischen Real- und Nominalwert gegeben ist mit der Folge, dass der Freigabeanspruch erst bei Überschreiten dieser Grenze besteht, sondern dass eine dahingehende niedrigere Deckungsgrenze anzusetzen ist.

4.2.1.4 Kollision zwischen Sicherungseigentum und Vermieterpfandrecht

Befinden sich die zur Sicherheit übereigneten Sachen in gemieteten Räumen, kommt es zu einer Kollision zwischen Sicherungseigentum und gesetzlichem Vermieterpfandrecht. Anzuwenden ist in einem solchen Fall das Prioritätsprinzip. Demnach geht das Vermieterpfandrecht vor, sofern der Sicherungsübereignungsvertrag bezüglich der sich in den Mieträumen befindlichen Sachen zeitlich nach Abschluss des Mietvertrages, mithin während der Mietzeit abgeschlossen wurde. Dies gilt auch für einzelne, einem zur Sicherheit übereigneten Warenlager mit wechselndem Bestand hinzukommende Gegenstände.

4.2.2 Pfandrechte an beweglichen Sachen

Die Bestellung eines Pfandrechts zur Besicherung einer Forderung berechtigt den Gläubiger bei Eintritt des Sicherungsfalls dazu, sich durch Verwertung des Pfandgegenstandes aus dem Erlös zu befriedigen. Ebenso wie die Bürgschaft sind Pfandrechte streng akzessorisch, mithin in ihrer Entstehung und in ihrem Bestand von der gesicherten Hauptforderung abhängig.

Es gibt sowohl gesetzliche als auch vertragliche Pfandrechte.

4.2.2.1 Vertragliche Pfandrechte

Ein vertragliches Pfandrecht entsteht durch Rechtsgeschäft zwischen dem Eigentümer des Pfandgegenstandes und dem Gläubiger der Hauptforderung.

Praxishinweis:

Möglich ist auch der gutgläubige Erwerb eines Pfandrechts. Ist der Verpfänder nicht Eigentümer der Sache, erwirbt der Gläubiger dennoch wirksam ein vertragliches Pfandrecht an dem Pfandgegenstand, sofern er weder wusste noch infolge grober Fahrlässigkeit nicht wusste, dass das Pfandgut dem Verpfänder nicht gehört, und sofern der Pfandgegenstand dem Eigentümer nicht gestohlen wurde, verloren gegangen oder anderweitig abhanden gekommen ist.

Die wirksame Bestellung eines vertraglichen Pfandrechts erfordert die Übergabe des Pfandguts an den Gläubiger sowie die Einigung, dass diesem das Pfandrecht zustehen soll.

Praxishinweis:

Anders als bei der Sicherungsübereignung ist die Vereinbarung eines Besitzmittlungsverhältnisses, wonach der Schuldner zum unmittelbaren Besitz an dem Sicherungsgut berechtigt bleibt, bei der Vereinbarung eines vertraglichen Pfandrechts nicht möglich; vielmehr ist die Verschaffung des unmittelbaren Besitzes zugunsten des Gläubigers Wirksamkeitsvoraussetzung für die Entstehung des vertraglichen Pfandrechts.

Der Sicherungsfall tritt aufgrund gesetzlicher Regelung ein, sobald die Forderung ganz oder zum Teil fällig wird. Ab diesem Zeitpunkt ist der Gläubiger berechtigt, den Pfandgegenstand zu verkaufen und den Erlös zur Tilgung der Hauptforderung zu verwenden.

Praxishinweis:

Der Gläubiger ist verpflichtet, dem Eigentümer des Pfandgegenstandes den Pfandverkauf vorher anzudrohen. Dabei muss er den Geldbetrag beziffern, aufgrund dessen der Pfandverkauf erfolgen soll. Der Pfandverkauf darf erst frühestens einen Monat nach Androhung erfolgen. Ein Verstoß des Gläubigers gegen die Pflicht zur Verkaufsandrohung und zur Einhaltung der Wartefrist bewirkt zwar keine Unwirksamkeit des Pfandverkaufs, kann aber Schadenersatzansprüche des Eigentümers zur Folge haben, es sei denn, der Gläubiger beweist, dass auch bei Einhaltung der vorgenannten Voraussetzungen kein besseres Ergebnis erzielt worden wäre.

Der Pfandverkauf erfolgt in der Regel durch öffentliche Versteigerung des Pfandes. Lediglich sofern das Pfandgut einen Börsen- oder Marktpreis hat, kann auf Bewirken des Gläubigers ein freihändiger Verkauf durch einen öffentlich ermächtigten Handelsmakler oder durch eine zur öffentlichen Versteigerung befugte Person (Gerichtsvollzieher, öffentlicher Versteigerer, Notar) zum laufenden Preis erfolgen.

Durch den wirksamen Pfandverkauf erwirbt der Erwerber das Eigentum an dem Pfandgut. Die gesicherte Forderung gilt als in Höhe des aus dem Pfandverkauf erzielten Erlöses als von dem ursprünglichen Eigentümer des Pfandgegenstandes befriedigt. Handelt es sich bei dem ursprünglichen Eigentümer zugleich um den Hauptschuldner, erlischt die Hauptforderung in Höhe des Pfanderlöses; andernfalls geht sie insoweit auf den ursprünglichen Eigentümer über.

4.2.2.2 Gesetzliche Pfandrechte

Zu den gesetzlichen Pfandrechten gehören das Vermieterpfandrecht, das Werkunternehmerpfandrecht sowie das Spediteurpfandrecht.

(1) Vermieterpfandrecht

Dem Vermieter steht ein Pfandrecht an den Sachen des Mieters zu, die dieser in die Mieträume oder auf das vermietete Grundstück eingebracht hat.

Praxishinweis:

Eine Ausnahme gilt für die gesetzlich normierten unpfändbaren Sachen; an diesen entsteht kein Vermieterpfandrecht. Hierunter fallen z. B. zur Wahrung des Existenzminimums erforderliche Nahrung, Kleidung und Haushaltsgegenstände sowie bestimmte zur Existenzsicherung unmittelbar erforderliche Arbeitsmittel.

Voraussetzung für die Entstehung des Vermieterpfandrechts ist ferner das Eigentum des Mieters an den Gegenständen.

Das Vermieterpfandrecht besichert zum einen die bestehenden und die im laufenden und im folgenden Mietjahr entstehenden Mietzinsforderungen des Vermieters; im gleichen zeitlichen Rahmen sichert das Vermieterpfandrecht auch die mit der Vermietung verbundenen Mietnebenkosten. Zum anderen besichert das Vermieterpfandrecht bestehende Schadenersatzansprüche des Vermieters gegen den Mieter aus dem Mietverhältnis, insbesondere wegen Beschädigung der Mietsache.

Praxishinweis:

Eine Geltendmachung des Vermieterpfandrechts für künftige Schadenersatzforderungen des Vermieters gegen den Mieter ist nicht zulässig.

Das Vermieterpfandrecht gewährt dem Vermieter ein Selbsthilferecht, aufgrund dessen er die Entfernung der Pfandgegenstände verhindern darf, sofern das Entfernen der Pfandgegenstände nicht den gewöhnlichen Lebensumständen entspricht oder die auf dem vermieteten Grundstück bzw. in den Mieträumen verbleibenden Sachen zur Sicherung des Vermieters nicht ausreichen.

Praxishinweis:

Das Selbsthilferecht des Vermieters begründet ein wörtliches Widerspruchsrecht, rechtfertigt grundsätzlich jedoch keine Anwendung von Gewalt. Ist der Mieter im Begriff auszuziehen, kann der Vermieter die Übergabe der Pfandgegenstände verlangen, deren Entfernung durch geeignete Mittel verhindern und sie in Besitz nehmen.

Das Vermieterpfandrecht erlischt zum einen, sobald die Pfandgegenstände von dem vermieteten Grundstück oder aus den Mieträumen entfernt werden. Erfolgt dies ohne Wissen des Vermieters oder gegen seinen berechtigten Widerspruch, steht ihm ein Anspruch auf Zurückverschaffung auf das Grundstück bzw. in die Mieträume oder nach erfolgtem Auszug des Mieters auf Herausgabe zu.

Zum anderen führt nach den allgemeinen Grundsätzen infolge der Akzessorietät des Pfandrechts das Erlöschen der Hauptforderung proportional ebenfalls zum Erlöschen des Vermieterpfandrechts.

(2) Werkunternehmerpfandrecht

Das Werkunternehmerpfandrecht dient der Sicherung der Zahlungsansprüche des Werkunternehmers gegen den Besteller aus dem zwischen ihnen geschlossenen Werkvertrag. Es entsteht an den vom Werkunternehmer hergestellten oder ausgebesserten beweglichen Sachen, die im Eigentum des Bestellers stehen und an denen der Unternehmer zumindest mittelbaren Besitz hat.

> **Praxishinweis:**
>
> Anders als das Vermieterpfandrecht sind die gesetzlich normierten unpfändbaren Sachen nicht von dem Werkunternehmerpfandrecht ausgenommen.

Das Pfandrecht erlischt mit der willentlichen Herausgabe der Sache an den Besteller. Verliert der Unternehmer hingegen gegen seinen Willen den Besitz an dem Pfandgut, hat dies auf den Bestand des Pfandrechts keine Auswirkungen.

Die Verwertung des Pfandrechts erfolgt nach den allgemeinen Regeln vertraglicher Pfandrechte, mithin nach Verkaufsandrohung und Einhaltung der einmonatigen Wartefrist durch Pfandverkauf im Wege öffentlicher Versteigerung.

(3) Spediteurpfandrecht

Für Forderungen des Spediteurs aus dem Speditionsvertrag mit dem Versender sowie für Forderungen des Spediteurs aus anderen mit dem Versender abgeschlossenen Speditions-, Fracht- und Lagerverträgen steht ihm ein Pfandrecht an allen Sachen zu, die Gegenstand der Versendung sind.

Auch das Spediteurpfandrecht setzt voraus, dass sich die Gegenstände im unmittelbaren Besitz des Spediteurs befinden.

> **Praxishinweis:**
>
> Ausreichend für unmittelbaren Besitz des Spediteurs ist seine Verfügungsbefugnis über die Pfandgegenstände mittels Ladescheins, Lieferscheins oder Konnossements.

Anders als die wirksame Entstehung des Vermieterpfandrechts erfordert das Spediteurpfandrecht kein Eigentum des Versenders; ausreichend ist, wenn entweder der Eigentümer mit der Versendung einverstanden ist oder der Spediteur gutgläubig hiervon ausgeht.

Auch die Verwertung des dem Spediteurpfandrecht unterliegenden Pfandguts erfolgt durch Pfandverkauf. Anders als bei den vertraglichen Pfandrechten hat die Verkaufsandrohung jedoch nicht gegenüber dem Eigentümer, sondern gegenüber dem Empfänger des Speditionsguts zu erfolgen. Die gesetzlich vorgeschriebene Wartefrist beträgt bei beiderseitigen Handelsgeschäften lediglich eine Woche.

Ähnlich wie das Vermieterpfandrecht erlischt auch das Spediteurpfandrecht außer durch Erlöschen der Hauptforderung, sobald der Spediteur den unmittelbaren Besitz an dem Speditionsgut aufgibt.

4.2.3 Grundpfandrechte

Bei den Grundpfandrechten handelt es sich um Sicherungsrechte an einem Grundstück, aufgrund derer der Grundstückseigentümer bei Eintritt des Sicherungsfalls zur Duldung der Zwangsvollstreckung in das Grundstück verpflichtet ist.

4.2.3.1 Hypothek

Die Hypothek ist ein akzessorisches, mithin ein von der Hauptschuld abhängiges, besitzloses Pfandrecht an einem Grundstück. Nach der gesetzlichen Legaldefinition hat eine Hypothek die Belastung eines Grundstück in der Weise zum Gegenstand, dass an denjenigen, zu dessen Gunsten die Belastung erfolgt, eine bestimmte Geldsumme zur Befriedigung wegen einer ihm zustehenden Forderung aus dem Grundstück zu zahlen ist. Hypothekenschuldner und Hauptschuldner können personenidentisch oder personenverschieden sein.

(1) Entstehung

Die Entstehung der Hypothek setzt Folgendes voraus:

- Bestehen einer zu sichernden Geldleistungsforderung;
- Einigung zwischen Grundstückseigentümer und Gläubiger über die Einräumung einer Hypothek für eine bestimmte Hauptforderung;
- Gegebenenfalls Einigung über den Ausschluss einer Briefhypothek;
- Eintragung der Hypothek in das Grundbuch, gegebenenfalls inklusive des Ausschlusses einer Briefhypothek;
- Einigsein von Hypothekenschuldner und -gläubiger im Zeitpunkt der Eintragung;
- Berechtigung des Hypothekenschuldners als verfügungsberechtigter Eigentümer, kraft rechtsgeschäftlicher Verfügungsbefugnis oder kraft gesetzlicher Verfügungsbefugnis als Insolvenzverwalter oder Testamentsvollstrecker, das Grundstück hypothekarisch zu belasten;

- Gegebenenfalls Übergabe des Hypothekenbriefes an den Gläubiger, sofern die Brieferteilung nicht ausgeschlossen wurde.

(2) Erlöschen der Hauptschuld

Aufgrund der Akzessorietät der Hypothek führt das Erlöschen der Hauptschuld zum Zurückfallen der Hypothek an den Grundstückseigentümer. In dessen Hand verwandelt sie sich in eine Eigentümergrundschuld, damit der Rang im Grundbuch besetzt bleibt und ein möglicherweise im Rang folgender Gläubiger nicht übermäßig bevorteilt wird; da die Hypothek akzessorisch ist, kann sie bei Erlöschen der Hauptforderung nicht bestehen bleiben, sondern wandelt sich in eine nicht akzessorische Grundschuld.

(3) Verwertung

Im Verwertungsfall räumt die Hypothek dem Gläubiger keinen Zahlungsanspruch gegen den Grundstückeigentümer ein, sondern einen Anspruch auf Duldung der Zwangsvollstreckung in das belastete Grundstück. Demgegenüber steht dem Grundstückseigentümer das Recht zu, die Zwangsvollstreckung durch Tilgung der Hauptforderung abzuwenden. Das Vorgehen aus der Hypothek mit dem Ziel der Duldung der Zwangsvollstreckung hat folgende Voraussetzungen:

- Anspruchsteller = Hypothekar;
- Anspruchsgegner = Eigentümer des Grundstücks;
- Vorliegen eines Vollstreckungstitels;
- Vorliegen einer Vollstreckungsklausel;
- Erfolgte Zustellung des Vollstreckungstitels an den Schuldner.

Liegen diese Voraussetzungen vor, wird die Zwangsvollstreckung durch Zwangsversteigerung und/oder Zwangsverwaltung bewirkt. Sofern sich die Hypothek auch auf Bestandteile, Erzeugnisse und Zubehör des Grundstücks erstreckt, die noch nicht im Rahmen der Immobiliarvollstreckung beschlagnahmt wurden, kann der Gläubiger ferner in diese die Mobiliarvollstreckung betreiben.

(4) Rechte des Eigentümers

Dem Eigentümer stehen im Falle seiner Inanspruchnahme zum einen Einreden gegen die Hypothek zu. Insbesondere kann er einwenden, die Forderung sei erloschen, so dass die Hypothek ihm als Eigentümer zustehe. Ferner kann er der Inanspruchnahme aus einer Briefhypothek widersprechen, sofern der Gläubiger den Hypothekenbrief nicht vorlegt. Darüber hinaus kann er seiner Inanspruchnahme ein ihm gegebenenfalls gegenüber dem Gläubiger zustehendes Zurückbehaltungsrecht einwenden.

Zum anderen stehen dem Grundstückseigentümer aufgrund der Akzessorietät der Hypothek alle Einreden aus dem Hauptschuldverhältnis zu, auch wenn er selbst nicht Hauptschuldner sein sollte.

> **Praxishinweis:**
>
> Einzelne Einreden des Hauptschuldners aus dem Hauptschuldnerverhältnis sind dem Eigentümer trotz der Akzessorietät der Hypothek verwehrt. Dies gilt insbesondere für die Einrede der Verjährung, die dem Hauptschuldner vorbehalten ist.

4.2.3.2 Grundschuld

Bei einer Grundschuld handelt es sich ebenso wie bei einer Hypothek um ein besitzloses Pfandrecht an einem Grundstück. Nach der gesetzlichen Legaldefinition stellt die Grundschuld die Belastung eines Grundstücks in der Weise dar, dass an denjenigen, zu dessen Gunsten die Belastung erfolgt, eine bestimmte Geldsumme aus dem Grundstück zu zahlen ist.

> **Praxishinweis:**
>
> Der entscheidende Unterschied zwischen Hypothek und Grundschuld besteht darin, dass die Grundschuld nicht akzessorisch, mithin nicht von einer Hauptforderung abhängig ist.

(1) Entstehung

Die Entstehung einer Grundschuld hat folgende Voraussetzungen:

- Einigung zwischen Grundstückseigentümer und Gläubiger über die Bestellung einer (Fremd-)Grundschuld;
- Gegebenenfalls Einigung über den Ausschluss einer Briefgrundschuld;
- Eintragung der Grundschuld in das Grundbuch, gegebenenfalls inklusive des Ausschlusses einer Briefgrundschuld;
- Einigsein von Grundschuldbesteller und Grundschulderwerber im Zeitpunkt der Eintragung;
- Berechtigung des Grundschuldbestellers als verfügungsberechtigter Eigentümer, kraft rechtsgeschäftlicher Verfügungsbefugnis oder kraft gesetzlicher Verfügungsbefugnis als

Insolvenzverwalter oder Testamentsvollstrecker, das Grundstück mit einer Grundschuld zu belasten;

- Gegebenenfalls Übergabe des Grundschuldbriefes an den Gläubiger, sofern die Brieferteilung nicht ausgeschlossen wurde.

(2) Erlöschen

Da die Grundschuld nicht akzessorisch ist, hat das Erlöschen der Hauptforderung für die Grundschuld keine Konsequenzen.

Praxishinweis:

Um den Grundschuldbesteller nicht unangemessen zu benachteiligen, hat dieser bei Erlöschen der Hauptforderung trotz fehlender Akzessorietät der Grundschuld einen Anspruch gegen den Gläubiger auf Rückübertragung der Grundschuld oder auf Löschungsbewilligung. Dieser Anspruch kann entweder vertraglich zwischen Grundschuldbesteller und Gläubiger vereinbart worden sein oder sich aus dahingehender ergänzender Vertragsauslegung ergeben.

Die Grundschuld kann auch direkt getilgt werden, da sie von der Hauptforderung abstrakt ist. Zahlt der Eigentümer, der zugleich Schuldner ist, unmittelbar auf die Grundschuld, so fällt diese an den Eigentümer zurück und wird zur Eigentümergrundschuld; sie erlischt nicht, da ansonsten der Rang im Grundbuch frei werden würde, was zur Vermeidung einer Übervorteilung des gegebenenfalls im Rang folgenden Gläubigers nicht der Fall sein soll. Durch die direkte Tilgung der Grundschuld erlischt zugleich die Hauptforderung, obwohl keine Akzessorietät gegeben ist.

(3) Verwertung

Ebenso wie die Hypothek räumt auch die Grundschuld dem Gläubiger bei Fälligkeit keinen Zahlungsanspruch gegen den Eigentümer ein, sondern das Recht, die Zwangsvollstreckung in das Grundstück zu betreiben. Die Voraussetzungen des Anspruchs des Gläubigers auf Duldung der Zwangsvollstreckung entsprechen jenen der Hypothek.

Praxishinweis:

Mangels Akzessorietät der Grundschuld wird sie nicht automatisch bei Fälligkeit der Hauptverbindlichkeit fällig. Vielmehr setzt die Fälligkeit der Grundschuld deren Kündigung mit einer Frist von 6 Monaten voraus. Das Kündigungsrecht steht sowohl dem Eigentümer als auch dem Gläubiger zu. Allerdings können Grundstückseigentümer und Gläubiger eine von dieser gesetzlichen Norm abweichende Vereinbarung treffen.

(4) Rechte des Eigentümers

Dem Eigentümer stehen Einreden gegen den Bestand der Grundschuld zu, beispielsweise dass die Grundschuld nie wirksam entstanden, angefochten worden oder bereits erloschen sei. Auch kann er der Geltendmachung einer Briefgrundschuld widersprechen, sofern der Gläubiger den Grundschuldbrief nicht vorlegt.

Mangels Akzessorietät der Grundschuld stehen dem Grundstückseigentümer demgegenüber keine Einreden aus dem Hauptschuldverhältnis zu.

4.2.3.3 Rentenschuld

Die Rentenschuld ist ein Unterfall der Grundschuld und ebenso wie diese nicht akzessorisch.

Im Unterschied zur Grundschuld sichert die Rentenschuld keinen festen Betrag, sondern eine laufende Geldzahlung. Sie ist gemäß gesetzlicher Legaldefinition auf die Belastung eines Grundstücks in der Weise gerichtet, dass in regelmäßig wiederkehrenden Terminen eine bestimmte Geldsumme aus dem Grundstück zu zahlen ist. Voraussetzung der wirksamen Bestellung einer Rentenschuld ist die Bestimmung der Ablösungssumme, durch die der Eigentümer die Rente vorzeitig ablösen kann, und deren Eintragung im Grundbuch.

Praxishinweis:

Die praktische Bedeutung der Rentenschuld ist inzwischen äußerst gering. Dies hat seine Ursache darin, dass das Recht zur Kündigung und zur Ablösung der Rentenschuld ausschließlich dem Grundstückseigentümer, mithin dem Sicherheitengeber zusteht; demgegenüber ist die Rentenschuld – anders als die Grundschuld – für den Gläubiger unkündbar. Diesem steht lediglich dann das Recht zu, die Ablösungssumme zu fordern, wenn der Eigentümer die Rentenschuld gekündigt hat oder wenn sein Anspruch auf fortdauernde Zahlung der Rente infolge einer Verschlechterung des Grundstücks gefährdet und eine dem Eigentümer gesetzte Frist zur Gefahrbeseitigung fruchtlos verstrichen ist.

4.2.4 Sicherungsabtretung

4.2.4.1 Inhalt

Bei der Sicherungsabtretung (= Sicherungszession) wird eine Verbindlichkeit des Hauptschuldners gegenüber dem Gläubiger abgesichert, indem der Sicherungsgeber (= Zedent) dem Sicherungsnehmer (= Zessionar) eine ihm gegenüber einem Dritten zustehende Forderung abtritt.

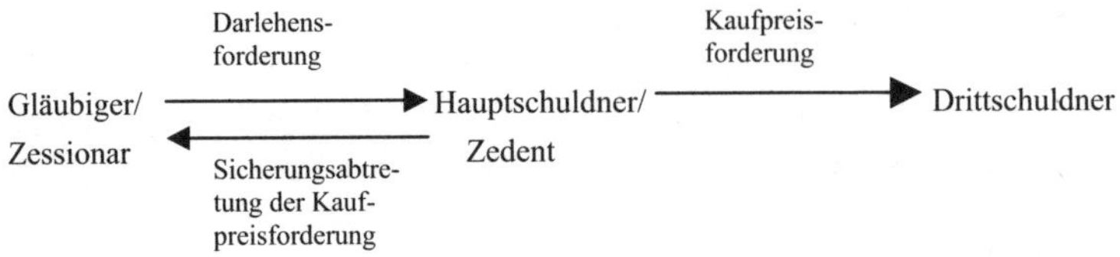

Sicherungsgeber und Hauptschuldner können personenidentisch oder personenverschieden sein.

Die Sicherungsabtretung ist an keine Formvorschrift gebunden. Dies selbst dann nicht, wenn die abgetretene Forderung auf einem formpflichtigen Rechtsgeschäft beruht oder wenn das der Hauptforderung zugrunde liegende Geschäft formbedürftig ist.

Praxishinweis:

Trotz Nichtvorliegens einer Formvorschrift sollte auch die Sicherungsabtretung aus Gründen der Beweiserleichterung schriftlich vereinbart werden.

Eine wirksame Sicherungsabtretung setzt voraus, dass die abzutretende Forderung abtretbar ist, also keinem Abtretungsverbot unterliegt.

Praxishinweis:

Nicht abtretbar sind die gesetzlich normierten unpfändbaren Forderungen. Hierunter fallen insbesondere bestimmte Teile des Arbeitseinkommens sowie bestimmte Unterhaltsansprüche. Dieses gesetzliche Abtretungsverbot dient dem Existenzerhalt des Zedenten.

Ein Abtretungsverbot kann auch vertraglich vereinbart werden. Durch die Vereinbarung eines (anfänglichen) Abtretungsverbots zwischen dem Zedenten und dem Drittschuldner entsteht die Forderung des Zedenten von vornherein als nicht veräußerliches Recht; wird das Abtretungsverbot nachträglich vereinbart, verliert die Forderung ihre Verfügungsfähigkeit.

Praxishinweis:

Die Abtretung von Forderungen aus einem Rechtsgeschäft, das für beide Vertragsparteien ein Handelsgeschäft darstellt, ist auch dann wirksam, wenn ein vertragliches Abtretungsverbot vereinbart wurde. Zwar obliegt dem Drittschuldner weiterhin das Recht, mit schuldbefreiender Wirkung an seinen Gläubiger, mithin an den Zedenten, zu zahlen, allerdings ist die Abtretung dieser Forderung des Zedenten nicht ausgeschlossen.
Diese handelsrechtliche Sonderregelung soll dem Zedenten die Möglichkeit eröffnen, seine Forderungen gegenüber Unternehmen, deren Allgemeine Geschäftsbedingungen ein vertragliches Abtretungsverbot enthalten, dessen ungeachtet abtreten zu können und so ein Finanzierungsinstrument zur Absicherung der ihm gewährten Kredite zur Verfügung zu haben.

4.2.4.2 Bestimmtheitsgebot

Ebenso wie bei der Sicherungsübereignung kommt auch bei der Sicherungsabtretung der Bestimmtheit der zur Sicherheit abgetretenen Forderungen große Bedeutung zu. Die Sicherungsabtretung kann sich sowohl auf einzelne, als auch auf mehrere Forderungen beziehen.

Bei der Abtretung mehrerer Forderungen handelt es sich häufig um eine so genannte *Globalzession*. Darunter versteht man die Abtretung aller gegenwärtigen und zukünftigen, im Geschäftsbetrieb des Zedenten begründeten Forderungen. Im Rahmen der Abtretung künftiger Forderungen ist dem Bestimmtheitsgebot Genüge getan, sofern die künftigen Forderungen bestimmbar sind. Dies setzt voraus, dass spätestens im Zeitpunkt der Forderungsentstehung die einzelne Forderung nach Gegenstand und Umfang sowie die Person des Drittschuldners hinreichend bestimmbar ist.

Die Bestimmbarkeit im Rahmen einer Globalzession wird von der Rechtsprechung in folgenden Fällen bejaht:

- Abtretung aller Forderungen aus einem bestimmten Geschäftsbetrieb;
- Abtretung aller Forderungen aus einer bestimmten Art von Rechtsgeschäft;
- Abtretung aller Forderungen aus einem bestimmten Zeitraum;
- Abtretung aller künftigen Forderungen ab einem bestimmten Zeitraum.

Demgegenüber genügen folgende Vereinbarungen *nicht* dem Bestimmtheitsgebot:

- Abtretung mehrerer Forderungen in Höhe eines Teilbetrags, bei dem nicht erkennbar ist, auf welche Forderungen er sich bezieht;
- Abtretung aller gegenwärtigen und künftigen Forderungen bis zu einem Höchstbetrag, wobei nicht erkennbar ist, welche künftigen Forderungen von der Abtretung erfasst werden sollen.

4.2.4.3 Übersicherung

Insoweit gelten die gleichen Grundsätze wie bei der Sicherungsübereignung. Auf die entsprechenden Ausführungen zur Sicherungsübereignung in diesem Kapitel wird verwiesen.

4.2.4.4 Kollision zwischen Globalzession und verlängertem Eigentumsvorbehalt

Hat sich der Zessionar Forderungen abtreten lassen, die unter die Rechte von Lieferanten aus verlängertem Eigentumsvorbehalt fallen, kann dies zur Nichtigkeit der Globalzession führen. Um dies zu verhindern, muss die Globalzession eine so genannte dingliche Teilverzichtsklausel enthalten. Diese besagt, dass die Sicherungsabtretung sowohl für bereits entstandene als auch für künftige Forderungen, die unter verlängertem Eigentumsvorbehalt stehen, erst mit Erlöschen der Eigentumsvorbehaltsrechte wirksam wird.

Praxishinweis:

Nicht ausreichend ist die Vereinbarung einer so genannten schuldrechtlichen Freigabeklausel, die dem Lieferanten lediglich einen Anspruch auf Freigabe der seinem Recht aus verlängertem Eigentumsvorbehalt unterfallenden Forderungen gegen den Zessionar einräumt.

Hinsichtlich der weiteren Details wird auf die Ausführungen zum Eigentumsvorbehalt in diesem Kapitel verwiesen.

4.2.4.5 Mehrfachabtretungen

Sofern der Zedent eine Forderung an mehrere Gläubiger abtritt, ist danach zu unterscheiden, ob die abgetretene Forderung bereits besteht oder erst künftig zur Entstehung gelangen wird.

Handelt es sich um eine bereits bestehende Forderung des Zedenten gegen einen Drittschuldner, ist entsprechend dem Prioritätsprinzip nur die zeitlich zuerst erfolgte Abtretung wirksam; hinsichtlich der zeitlich nachfolgenden Abtretungen fehlt dem Zedenten die Verfügungsbefugnis.

Handelt es sich indes um eine erst künftig entstehende Forderung des Zedenten gegen einen Drittschuldner, tritt die Verfügungswirkung erst im Zeitpunkt der Entstehung der Forderung ein. Ungeachtet dessen, dass die jeweiligen Abtretungsverträge wahrscheinlich zu unterschiedlichen Zeitpunkten geschlossen wurden, hat keine Abtretung Priorität; vielmehr würde grundsätzlich jeder Zessionar im Zeitpunkt der Entstehung Inhaber der jeweils im Voraus abgetretenen Forderung. Da dies jedoch unmöglich ist, werden die Zessionare allenfalls zu

Bruchteilen gemeinsame Forderungsinhaber, so dass ihnen der im Verwertungsfall erzielte Verwertungserlös jeweils anteilig zusteht.

4.3 Eigentumsvorbehalt

Der Eigentumsvorbehalt ist ein wichtiges Kreditsicherungsmittel gegen Forderungsausfall aus Warenlieferungen, bei denen der Verkäufer den Kaufpreis weder im Voraus, noch Zug um Zug gegen Übergabe der Ware erhält.

Zur Sicherung der Rechte des Verkäufers kann durch den Eigentumsvorbehalt vereinbart werden, dass die Eigentumsübertragung unter der aufschiebenden Bedingung der vollständigen Kaufpreiszahlung erfolgt.

Praxishinweis:

Vereinbart werden können Eigentumsvorbehaltsrechte nur bei Kaufverträgen (§ 433 BGB) und bei solchen Werklieferungsverträgen, bei denen sich der Werkunternehmer verpflichtet, das Werk aus einem von ihm zu beschaffenden Stoff herzustellen (§ 651 BGB).

Grundsätzlich ist die Vereinbarung von Eigentumsvorbehaltsrechten an keine Formvorschrift gebunden. Aus Beweisgründen ist allerdings die schriftliche Vereinbarung zwingend geboten. In der Praxis werden Eigentumsvorbehaltsklauseln in die Liefer- und Zahlungsbedingungen des Verkäufers aufgenommen. Diese Bedingungen macht der Verkäufer in der Regel zum Bestandteil sämtlicher Kaufverträge mit seinen Kunden (z. B. durch einen Verweis auf die Liefer- und Zahlungsbedingungen in der Auftragsbestätigung), so dass er sein Verkaufsangebot, mithin den schuldrechtlichen Abschluss des Kaufvertrags und die sachenrechtliche Übereignung der Ware, an die in den Klauseln genannten Bedingungen knüpft.

Praxishinweis:

Wichtig ist, dass dieser Vorbehalt *vor* Übergabe der Ware erklärt wird, damit die Vereinbarung Bestandteil des Kaufvertrags werden kann. Sofern die vorgenannte Erklärung des Verkäufers erstmalig z. B. auf dem Lieferschein enthalten sein sollte, den der Käufer mit Übergabe der Ware erhält, kann der Eigentumsvorbehalt nur dann wirksam nachträglich vereinbart werden, wenn der Lieferschein einer für die inhaltliche Ausgestaltung von Verträgen zuständigen Person zugeht und dieser Person die Kenntnisnahme der Eigentumsvorbehaltsklauseln zumutbar ist oder sie diese sogar kannte (z. B. infolge jahrelanger Geschäftsbeziehung) und ihnen – bei erweiterten Eigentumsvorbehaltsrechten – nicht widersprochen wird.

4.3.1 Einfacher Eigentumsvorbehalt

Der einfache Eigentumsvorbehalt erstreckt sich ausschließlich auf die verkaufte, unter der Bedingung vollständiger Kaufpreiszahlung übereignete Sache und erlischt mit vollständiger Bezahlung des vereinbarten Kaufpreises.

Das Zustandekommen des einfachen Eigentumsvorbehalts ist durch einseitige Erklärung des Verkäufers möglich, wonach er dem Käufer das Eigentum an der verkauften Sache nur unter der aufschiebenden Bedingung vollständiger Kaufpreiszahlung überträgt.

Praxishinweis:

Sofern der Käufer Einkaufsbedingungen verwendet, die dem einfachen Eigentumsvorbehalt widersprechen, schließt dies das Entstehen des einfachen Eigentumsvorbehaltsrechts nicht aus, da ein Konsens der Kaufvertragsparteien nicht erforderlich ist.

4.3.2 Erweiterter Eigentumsvorbehalt

Im Gegensatz zur wirksamen Vereinbarung des einfachen Eigentumsvorbehalts erfordert jene des erweiterten Eigentumsvorbehalts den Konsens der Kaufvertragsparteien.

Dies ist insbesondere dann problematisch, wenn sich die Allgemeinen Geschäftsbedingungen des Lieferanten einerseits und jene des Käufers andererseits widersprechen. Möglich ist zum einen, dass die Einkaufsbedingungen des Käufers eine allgemeine Abwehrklausel enthalten. Diese kann besagen, dass lediglich diejenigen Bedingungen wirksam werden, die in den Einkaufsbedingungen geregelt werden, nicht jedoch darüber hinausgehende Bedingungen. Zum anderen können Einkaufsbedingungen eine qualifizierte Abwehrklausel enthalten, die speziell die Geltung erweiterter Eigentumsvorbehaltsrechte des Verkäufers ausschließt. Um im Einzelfall dennoch den erweiterten Eigentumsvorbehalt wirksam zu vereinbaren, steht es den Kaufvertragsparteien frei, einen entsprechenden Vertrag zu schließen, in welchem sich der Käufer ausdrücklich verpflichtet, die erweiterten Eigentumsvorbehaltsrechte des Lieferanten entgegen der widersprechenden Einkaufsbedingungen anzuerkennen (so genannter *Anerkannter Eigentumsvorbehalt*).

Der erweiterte Eigentumsvorbehalt ist in fünf Erscheinungsformen zulässig:

- **Verlängerter Eigentumsvorbehalt:**

  Um der Gefahr vorzubeugen, dass bei Weiterverkauf der nicht oder nicht vollständig bezahlten, unter Eigentumsvorbehalt übereigneten Ware das Eigentum des (ersten) Verkäufers im Wege gutgläubigen Erwerbs des Dritten untergeht, sollte zwischen (erstem) Verkäufer und (erstem) Käufer der verlängerte Eigentumsvorbehalt mit Vorausabtretungsklausel vereinbart werden. Hierdurch wird geregelt, dass dem Verkäufer die aus dem Weiterverkauf entstehenden Forderungen in Höhe des Rechnungswertes der von ihm gelieferten unbezahlten Ware im Voraus abgetreten werden. Verbunden hiermit ist die Weiterverkaufs- und in der Regel die Einziehungsermächtigung des Käufers, so dass er zum Weiterverkauf der Vorbehaltsware und zur Einziehung des Weiterverkaufserlöses berechtigt ist, obwohl die Forderung nicht ihm, sondern dem (ersten) Verkäufer zusteht.

Sofern die Vorbehaltsware zwar nicht weiterverkauft, aber durch den Käufer mit anderen Gegenständen verarbeitet, verbunden oder vermischt wird, sollte der Verkäufer auf die Vereinbarung des verlängerten Eigentumsvorbehalts mit Verarbeitungsklausel hinwirken. Dadurch kann verhindert werden, dass der Hersteller der neu hergestellten Sache deren Eigentümer wird. Dies setzt voraus, dass Verkäufer und Käufer vereinbaren, dass die Herstellung der neuen Sache für den Verkäufer erfolgt (so genannte Herstellerklausel) und dieser in Höhe seines Warenwertes Miteigentum an der neu hergestellten Sache erwirbt.

- **Weitergeleiteter Eigentumsvorbehalt:**

  Der weitergeleitete Eigentumsvorbehalt beinhaltet die Verpflichtung des Käufers gegenüber dem Verkäufer, die Vorbehaltsware nur unter Offenlegung des Eigentumsvorbehalts des Verkäufers weiterzuverkaufen, so dass ein gutgläubiger Erwerb des Dritten ausgeschlossen ist und der Verkäufer Vorbehaltseigentümer bleibt.

Praxishinweis:

Der verlängerte Eigentumsvorbehalt mit Weiterverkaufsermächtigung und der weitergeleitete Eigentumsvorbehalt schließen sich gegenseitig aus. Nach der Rechtsprechung des Bundesgerichtshofs ist die Kombination beider Eigentumsvorbehaltsvarianten daher unwirksam.

- **Kontokorrentvorbehalt:**

  Bei Vereinbarung des Kontokorrentvorbehalts erlischt der Eigentumsvorbehalt nicht bereits sobald der Käufer den Kaufpreis der Vorbehaltsware bezahlt hat, sondern erst, wenn er alle oder einen bestimmten Teil der Forderungen aus der laufenden Geschäftsverbindung beglichen und insbesondere den Saldo ausgeglichen hat. Entscheidend für die Wirksamkeit des Kontokorrentvorbehalts ist die Vereinbarung einer ausreichenden Freigabeklausel. Der Kontokorrentvorbehalt erlischt, sobald das Kontokorrent ausgeglichen ist; ein Wiederaufleben ist ausgeschlossen.

- **Nachgeschalteter Eigentumsvorbehalt:**

  Verkauft der Käufer die Vorbehaltsware weiter, ohne wie im Fall des weitergeleiteten Eigentumsvorbehalts die Eigentumsvorbehaltsrechte des Verkäufers offen zu legen, können (erster) Verkäufer und (erster) Käufer vereinbaren, dass der (erste) Käufer die Ware seinerseits nur unter Vereinbarung des Eigentumsvorbehalts veräußern darf. In der Regel wird diese Form des Eigentumsvorbehalts mit einer Vorausabtretungsklausel zugunsten des (ersten) Verkäufers verbunden, so dass er in den Anwendungsbereich des verlängerten Eigentumsvorbehalts fällt.

- **Nachträglicher Eigentumsvorbehalt:**

  Ein einseitiger nachträglicher Eigentumsvorbehalt ist der bei oder nach Übergabe einseitig bewirkte Eigentumsvorbehalt. Hauptanwendungsfall ist die erstmalig auf dem Lieferschein enthaltene erweiterte Eigentumsvorbehaltsklausel. Da der erweiterte Eigentumsvorbehalt nicht durch einseitige Willenserklärung des Verkäufers entstehen kann, sondern den Konsens der Kaufvertragsparteien erfordert, setzt der nachträgliche erweiterte Eigentumsvorbehalt voraus, dass die entsprechende Klausel dem Käufer mit Übergabe des Kaufgegenstandes zugeht. Hat der Käufer somit zumindest die Möglichkeit der Kenntnisnahme, behält der Verkäufer gegebenenfalls selbst bei widersprechenden Einkaufsbedingungen des Käufers das Eigentum, da in sachenrechtlicher Hinsicht der Wille des Verkäufers zu bedingungsloser Eigentumsübertragung fehlt. Dieser Dissens führt im Zweifel zur Unwirksamkeit des Kaufvertrages.

Unzulässige Erscheinungsform des erweiterten Eigentumsvorbehalts:

- **Konzernvorbehalt auf Verkäuferseite**

  Ein solcher liegt vor, wenn der Eigentumsvorbehalt auf die Forderungen Dritter, insbesondere verbundener Unternehmen des Vorbehaltsverkäufers ausgeweitet wird.

Praxishinweis:

Zulässig ist demgegenüber der Konzernvorbehalt auf Käuferseite, mithin die Vorbehaltung des Eigentums des Verkäufers, solange Verbindlichkeiten sowohl des Käufers als auch mit dem Käuferkonzern verbundener Dritter bestehen.

4.3.3 Kollision zwischen verlängertem Eigentumsvorbehalt und Globalzession

Häufig tritt in der Praxis der Fall auf, dass der Schuldner zum einen mit seiner Bank zur Sicherung eines Darlehens eine Globalzession, im Rahmen derer er der Bank seine Kaufpreisforderungen gegenüber Dritten bereits im Voraus abtritt, zum anderen mit seinem Lieferanten den verlängerten Eigentumsvorbehalt mit Vorausabtretungsklausel vereinbart hat, so dass die Forderungen aus Weiterverkauf der Vorbehaltsware auch an den Verkäufer im Voraus abgetreten wurden. Inhaber dieser Forderungen kann somit sowohl die Bank als auch der Verkäufer sein.

Wäre dieser Sachverhalt nach dem Prioritätsprinzip zu beurteilen, wonach die zuerst erfolgte Abtretung der zeitlich nachfolgenden vorgeht, hätte in der Regel der Lieferant das Nachsehen, da häufig die Globalzession vor dem verlängerten Eigentumsvorbehalt des einzelnen Lieferanten vereinbart wird. Da der abgetretene Kaufpreisanspruch aber auf der Kaufsache des Vorbehaltsverkäufers beruht, wird die vorgenannte Rechtsfolge als unbillig empfunden. Nach der Rechtsprechung des Bundesgerichtshofs erfährt das Prioritätsprinzip daher folgende Korrektur: Objektiv wird der beteiligten Bank unterstellt, den Schuldner zum Vertragsbruch zu verleiten, indem diesem nach Vereinbarung der Globalzession nur zwei Möglichkeiten verbleiben: Entweder er legt bei Wareneinkauf gegenüber dem Verkäufer die bestehende Globalzession offen; dies wird jedoch dazu führen, dass der Kaufvertrag mangels Sicherungsmöglichkeit des Verkäufers nicht zustande kommen wird, so dass der Käufer keine Waren beziehen kann. Oder er verschweigt gegenüber dem Verkäufer das Bestehen der Globalzession; dies kann jedoch zu einer Schadenersatzpflicht wegen Verletzung der kaufvertraglichen Sorgfaltspflichten oder gar zu einer Strafbarkeit wegen Betrugs führen. Aufgrund der Praxisrelevanz des verlängerten Eigentumsvorbehalts muss die Bank nach der Rechtsprechung des Bundesgerichtshofs mit einem derart vertragsbrüchigen Verhalten rechnen, so dass die Globalzession grundsätzlich sittenwidrig ist. Dies kann die Bank dadurch verhindern, dass sie eine dinglich wirkende Teilverzichtsklausel vereinbart, wonach von Anfang an nicht sämtliche Weiterverkaufsforderungen an die Bank abgetreten werden, sondern nur diejenigen, die nicht von Rechten der Lieferanten aus verlängertem Eigentumsvorbehalt erfasst werden.

Im Ergebnis steht die zeitlich vor Vereinbarung des verlängerten Eigentumsvorbehalts erfolgte Globalzession daher den Rechten des Vorbehaltsverkäufers nicht entgegen, da die Globalzession entweder sittenwidrig ist oder diejenigen Forderungen, die durch verlängerten Eigentumsvorbehalt im Voraus an den Verkäufer abgetreten werden, von der Globalzession nicht erfasst werden.

4.3.4 Kollision zwischen verlängertem Eigentumsvorbehalt und Factoring

Beim so genannten *echten Factoring* kauft der Factor später fällig werdende Forderungen des Factoringkunden und bezahlt diese. Der Factoringkunde tritt dem Factor seine Forderungen ab und der Factor übernimmt die Ausfallhaftung für diese Forderungen.

Handelt es sich bei dem Factoringkunden um einen Käufer, der mit seinem Lieferanten den verlängerten Eigentumsvorbehalt mit Vorausabtretung vereinbart hat, entsteht hinsichtlich der Forderungsinhaberschaft an den Forderungen aus Weiterverkauf eine Konkurrenz zwischen Vorbehaltsverkäufer und Factor.

Nach der Rechtsprechung des Bundesgerichtshofs verliert der Vorbehaltsverkäufer bei diesem Sachverhalt seine Rechte an den Forderungen aus Weiterverkauf seiner Vorbehaltsware. Dies wird damit begründet, dass der Verkäufer den Käufer im Rahmen des verlängerten Eigentumsvorbehalts zur Weiterveräußerung der Ware ermächtigt hat. Diese Ermächtigung erfasse auch den Abschluss eines echten Factoringvertrages, da der Vorbehaltskäufer den vollen Gegenwert der Forderung erhalte und somit in die gleiche Lage versetzt werde, als habe der Drittschuldner den Kaufpreis an den Käufer entrichtet. Fortan trägt somit der Vorbehaltsverkäufer das Risiko, dass der Vorbehaltskäufer die von dem Factor erhaltenen Beträge nicht zur Bezahlung der Warenlieferung verwendet.

Anders ist die Rechtslage im Falle so genannten *unechten Factorings*. Hierbei kauft der Factor zwar auch die später fällig werdenden Forderungen des Vorbehaltskäufers aus einem Weiterverkauf der Ware, übernimmt jedoch nicht die Ausfallhaftung für diese Forderungen. Da es sich insofern nicht um einen vollwertigen Ausgleich der Forderungen aus Weiterverkauf handelt, sind die Konsequenzen für den verlängerten Eigentumsvorbehalt nicht mit jenen bei echtem Factoring identisch. Vielmehr entspricht die Rechtsfolge jener bei Konkurrenz zwischen verlängerten Eigentumsvorbehalt und Globalzession, so dass der Vorbehaltsverkäufer seine Rechte nicht gegenüber dem Factor im Rahmen unechten Factorings verliert.

4.3.5 Zusammenfassung

Aus Sicht des Lieferanten, der seinen Abnehmern Warenkredite einräumt, ist die wirksame Vereinbarung umfassender Eigentumsvorbehaltsrechte zur Absicherung seiner Kaufpreisforderungen nahezu unumgänglich.

Praxishinweis:

Sofern der Lieferant eine Warenkreditversicherung abgeschlossen hat, ist zu beachten, dass der Kreditversicherer in der Regel die wirksame Vereinbarung einfacher und erweiterter Eigentumsvorbehaltsrechte zur Voraussetzung für die Gewährung von Versicherungsschutz macht.

Jeder Warenlieferant sollte daher auf Folgendes achten:

- Aufnahme umfassender Eigentumsvorbehaltsklauseln in die Allgemeinen Geschäftsbedingungen, insbesondere des einfachen und verlängerten Eigentumsvorbehalts mit Vorausabtretungs- und ggf. Verarbeitungsklausel;
- Sorgfältige Prüfung der Einkaufsbedingungen des Abnehmers;

Bei widersprechenden Einkaufsbedingungen des Käufers Abschluss eines Vertrages zur Anerkennung der einfachen und erweiterten Eigentumsvorbehaltsrechte des Verkäufers.

5. Finanzierung durch Forderungsveräußerungen

Unternehmen jeder Größenordnung nutzen die Finanzierungsmöglichkeit durch Forderungsveräußerungen. Mit der zufließenden Liquidität ist es dem Unternehmen möglich, Verbindlichkeiten zu bezahlen. Vorausgesetzt, das Unternehmen unterliegt der Bilanzierungspflicht, bewirken die Forderungsveräußerungen und der damit einhergehende Liquiditätszufluss bilanziell, dass die veräußerten Forderungen aus der Aktivseite und die infolge des Liquiditätszuflusses beglichenen Verbindlichkeiten aus der Passivseite der Bilanz herausfallen, so dass die Bilanzsumme verkürzt wird.

Praxishinweis:

Eine Verkürzung der Bilanzsumme führt bei unverändertem Eigenkapital zu einer verbesserten Eigenkapitalquote.

Die Möglichkeiten, wie Forderungen zur Finanzierung genutzt werden können, scheinen unerschöpflich zu sein. Über das bekannte Factoring und das Forfaiting hinaus werden vorwiegend im anglikanischen Wirtschafts- und Rechtsraum immer wieder innovative Finanzierungsmöglichkeiten entwickelt, so z. B. Asset-Backed Securities (ABS).

5.1 Factoring

Der Factor (Factoring-Bank; Factoring-Institut) übernimmt Forderungen seines Anschlusskunden (Klienten) gegen dessen (Dritt-) Schuldner mit einem Abschlag (Factoringgebühr).

Rechtlich liegt ein Dreiecksverhältnis vor: Zwischen dem Anschlusskunden und dem Drittschuldner besteht eine vertragliche Beziehung (z. B. Kaufvertrag), aus welcher der Drittschuldner dem Anschlusskunden eine Zahlung schuldet. Der Factor schließt mit dem Anschlusskunden einen Factoring-Rahmenvertrag, der die wesentlichen Vertragsbestandteile enthält. Die „Forderungsverwaltung“ (Forderungseinzug, Mahnwesen etc.) übernimmt häufig der Factor.

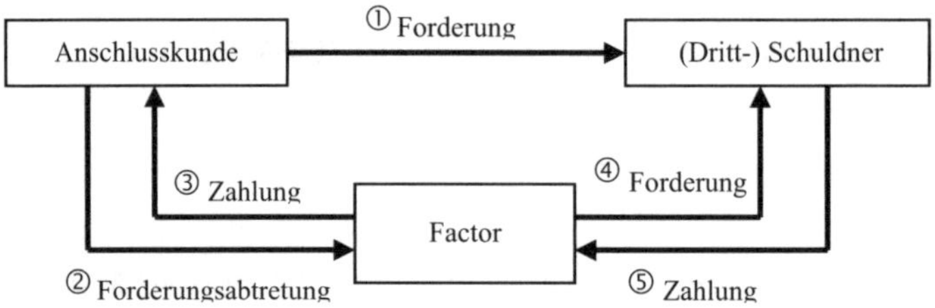

Entscheidend ist die Differenzierung zwischen echtem und unechtem Factoring.

Beim *echten Factoring* übernimmt der Factor das Ausfallrisiko für die Forderung (so genannte Delkredere): Der Anschlusskunde haftet nur für den Bestand der Forderung als solcher (Verität; §§ 453 Abs. 1, 433 Abs. 1 BGB). Der Anschlusskunde steht dagegen nicht für die Bonität des Drittschuldners ein. Zahlt der Drittschuldner nicht, kann der Factor beim echten Factoring den Anschlusskunden nicht in Regress nehmen.

Dagegen trägt beim *unechten Factoring* der Anschlusskunde das Veritäts- und das Bonitätsrisiko. Zahlt der Drittschuldner nicht, belastet der Factor den Anschlusskunden mit dem Ausfallbetrag. Der Factor trägt insoweit nur das Risiko der Insolvenz des Anschlusskunden, jedenfalls nicht das Risiko, dass der Drittschuldner ausfällt.

Denkbar ist, dass sich der Factor Limits ausbedingt (insgesamt oder für einzelne Drittschuldner) und für Forderungen, die das Limit überschreiten, nicht oder erst unter bestimmten zusätzlichen Voraussetzungen das Ausfallrisiko übernimmt. Insoweit kann der Anschlusskunde mit dem Bonitätsrisiko belastet werden, bis das Limit unterschritten ist, z. B. nach Zahlung, und Forderungen nachrücken können.

Praxishinweis:

Es ist darauf zu achten, unter welchen genauen Voraussetzungen der Factor das Delkredere übernimmt.

Das echte Factoring wird rechtlich als Forderungskauf, das unechte Factoring als Kreditgeschäft qualifiziert.

Der Factoringvertrag ist ein Rahmenvertrag. Es gibt zwei grundsätzliche Gestaltungsmöglichkeiten. Entweder kauft der Factor sämtliche bestehenden und zukünftig während der Vertragslaufzeit entstehenden Forderungen des Anschlusskunden gegen seine Drittschuldner (oder bestimmte Drittschuldner) – Globalkaufvertrag – oder der Anschlusskunde verpflichtet sich mit dem Vertragsschluss, dem Factor alle Forderungen, auch die künftig entstehenden, zum Kauf anzubieten – Anbietungsvertrag –.

Einerseits will der Factor keine „faulen“ Forderungen „unseriöser“ Drittschuldner erwerben; aus diesem Grund prüft er vor dem Forderungskauf die Drittschuldner auf Bonität. Andererseits will der Anschlusskunde natürlich nicht, dass sich der Factor nur die (Forderungs-)

„Rosinen“ heraussucht. Factoring lebt von der Risikostreuung. Beim Globalkaufvertrag bedingt sich der Factor eine Rückkaufsverpflichtung des Anschlusskunden für „faule“ Forderungen aus. Beim Anbietungsvertrag besteht zwar eine grundsätzliche Ankaufspflicht des Factors. Er hat aber für unseriöse Forderungen ein Zurückweisungsrecht.

Praxishinweis:

Kauft der Factor eine Forderung nicht an, übernimmt er trotzdem nicht selten das Inkasso beim Drittschuldner.

Der Factoring-Rahmenvertrag ist in der Regel ein von den Factoring-Instituten (Factoring-Banken) gestellter Formularvertrag bzw. ein vorformuliertes Bedingungswerk.

Praxishinweis:

Eine klare Differenzierung zwischen echtem und unechtem Factoring anhand des vorliegenden Vertrags ist nicht selten etwas schwierig, da die Terminologie häufig nicht völlig eindeutig ist.

Zentrales Element beim Factoring ist die globale Forderungsabtretung der Forderungen des Anschlusskunden gegen die Drittschuldner an den Factor. Die Globalzession wird beim echten Factoring unter der aufschiebenden Bedingung (§ 158 Abs. 1 BGB) stehen, dass der Factor die jeweilige Forderung ankauft. Durch die aufschiebend bedingte Globalzession wird der Factor gegenüber anderweitigen Verfügungen des Anschlusskunden über die Forderungen oder dem Zugriff Dritter auf die Forderungen im Wege der Zwangsvollstreckung gesichert: Das im deutschen Recht geltende Prioritätsprinzip weist demjenigen die Forderungsinhaberschaft zu, dem zuerst die Forderung abgetreten wurde. Spätere Abtretungen und Verfügungen über die Forderungen gehen ins Leere.

Praxishinweis:

Da Abtretungen grundsätzlich formfrei möglich sind, sollte aus Beweisgründen der Abtretungsvertrag schriftlich verfasst werden.

Die Forderungsabtretung (Globalzession) und der Gläubigerwechsel werden beim echten Factoring üblicherweise dem Drittschuldner angezeigt (offenes Factoring). Der Drittschuldner erhält die Mitteilung, dass mit befreiender Wirkung nur noch an den Factor gezahlt werden kann (§ 407 Abs. 1 BGB). Solange der Drittschuldner nichts von einem Gläubigerwechsel weiß, kann er mit befreiender Wirkung an den Alt-Gläubiger (den Anschlusskunden) leisten. Die Offenlegung der Abtretung dient zentralen Sicherungsinteressen des Factors.

Zahlt der Drittschuldner mit befreiender Wirkung an den Anschlusskunden und kann der Factor von dem Anschlusskunden die Zahlung nicht erhalten, z. B. wegen Zahlungsunfähigkeit, fällt der Factor aus! Der Gesichtspunkt der Kreditgefährdung des Anschlusskunden durch Offenlegung der Abtretung tritt dagegen in den Hintergrund.

Factoring-Globalzession und verlängerter Eigentumsvorbehalt des Warenlieferanten des Anschlusskunden können zu einer Kollision führen: Warenlieferanten des Anschlusskunden (also ebenfalls Gläubiger des Anschlusskunden) lassen sich bei Vereinbarung eines verlängerten Eigentumsvorbehalts für ihre Waren ebenfalls die Forderungen des Anschlusskunden gegen die Drittschuldner insgesamt/global abtreten. Es kann dann die Konfliktsituation entstehen, dass der Anschlusskunde dieselbe Forderung einmal an seinen Warenlieferanten und einmal an den Factor abgetreten hat. Der Bundesgerichtshof musste in den 70-er Jahren des 20. Jahrhunderts den Konflikt entscheiden. Er stand dabei vor der Frage, ob das Problem beim Factoring ähnlich gelöst wird, wie die Kollisionslage zwischen einer Bank und einem Warenlieferanten. Beide sind gegenüber dem Schuldner Kreditgeber und durch eine Globalzession gesichert. Geht die Globalzession der Bank jedoch zeitlich der Globalzession gegenüber dem Warenlieferanten voraus, weiß die Bank um die wirtschaftliche Zwangslage. Sie verleitet den Anschlusskunden zum Vertragsbruch, wenn er mit seinem Warenlieferanten eine Globalzession vereinbart. Insofern sieht die Rechtsprechung die Globalzession gegenüber Kreditinstituten bei Kollision mit einer Globalzession gegenüber Warenlieferanten als nichtig an (Sittenwidrigkeit nach § 138 Abs. 1 BGB). Der Warenlieferant genießt die bessere Rechtsstellung. Die Banken müssen deshalb durch eine so genannte dingliche Teilverzichtsklausel die entsprechenden Forderungen gegenüber den vorrangig gesicherten Warenlieferanten freigeben.

Praxishinweis:

In diesem Ausnahmefall wird das Prioritätsprinzip korrigiert.

Das Factoring-Institut wird im Ergebnis nicht wie eine Bank behandelt. Der Bundesgerichtshof hat sich beim Factoring für den Lösungsweg entschieden, dass beim echten Factoring (dem Forderungskauf) keine ähnliche Situation wie bei der Kollision zwischen Bank/Warenlieferant vorliegt; anderes gilt für das unechte Factoring (Kreditverhältnis).

Praxishinweis:

Dies ist sicher ein wichtiger Grund, warum das unechte Factoring in Deutschland erheblich an Bedeutung verloren hat.

Beim echten Factoring besteht nach den beiden maßgeblichen Bundesgerichtshofs-Entscheidungen (BGH NJW 1977, 2207 ff.; BGH NJW 1978, 1972 ff.) kein Konflikt zweier Kreditgeber: Willigt der Warenlieferant in die Weiterveräußerung der Vorbehaltsware durch den Anschlusskunden ein, lässt er sich dabei die Forderung aus dem Geschäft des Anschlusskunden mit dem Drittschuldner zur Sicherung im Voraus abtreten und erteilt er dem Anschlusskunden wie üblich eine Einziehungsermächtigung, dann ist er mit einer Weiterveräußerung der Ware i.S.e. Barkaufs einverstanden. Nichts anderes geschieht nach Ansicht des Bundesgerichtshofs beim echten Factoring (Barkauftheorie). In der juristischen Literatur wurde und wird dieses Problem vielschichtig diskutiert. Für die Praxis dürfte der Streit jedoch ausgetragen sein.

Auch in anderen Kollisionsfällen (Geldkredit – statt Warenkredit – gegen Factoring) dürfte sich grundsätzlich das Prioritätsprinzip durchsetzen. Das Prioritätsprinzip dient der Rechtssicherheit und Rechtsklarheit. Die Anforderungen an eine Konstellation, bei der die Rechtsprechung von dem Prioritätsprinzip abweicht, dürften sehr hoch sein. Eine zeitlich frühere Globalzession muss sich grundsätzlich durchsetzen. Ob andere Kreditgeber als Banken ausnahmsweise einmal eine Durchbrechung des Prioritätsprinzips erwirken können, ist eine Frage des Einzelfalles und insbesondere danach zu beurteilen, welche Ermächtigung der grundsätzlich gesicherte Kreditgeber seinem Vertragspartner erteilt.

Factoring bedarf keiner Erlaubnis nach dem Rechtsberatungsgesetz. Sowohl für das echte wie auch für das unechte Factoring hat der Bundesgerichtshof (BGH NJW 1972, 1715; BGH NJW 1980, 1394) bereits ausdrücklich festgestellt, dass keine Besorgung fremder Rechtsangelegenheiten vorliegt (Art. 1 § 1 RBerG). Auch der eigentlich erlaubnispflichtige geschäftsmäßige Erwerb von Forderungen zum Zwecke der Einziehung auf eigene Rechnung (§ 1 Abs. 1 5. Ausführungsverordnung zum RBerG) führt nicht dazu, dass Factoring-Institute einer Erlaubnis bedürfen: Gewerbliche Unternehmen dürfen ohne Erlaubnis Rechtsangelegenheiten für ihre Kunden erledigen, wenn dies mit einem Geschäft des Gewerbebetriebs in einem unmittelbaren Zusammenhang steht (Art. 1 § 5 Nr. 1 RBerG).

Praxishinweis:

Der erforderliche „unmittelbare Zusammenhang“ wird immer vorliegen. Der Versuch, eine Rückabwicklung von Geschäften aus einem Factoringverhältnis mit der Begründung durchzusetzen, der Factor habe keine Erlaubnis nach dem Rechtsberatungsgesetz, ist zwecklos.

Aus einer gesetzlichen Geheimhaltungsverpflichtung für Privatgeheimnisse, die in erster Linie die Angehörigen von Heilberufen (Ärzte und Apotheker), der rechts- und steuerberatenden Berufe (Rechtsanwälte, Notare, Steuerberater, Wirtschaftsprüfer), aber auch die Angehörigen eines Unternehmens der privaten Kranken-, Unfall- oder Lebensversicherung trifft (§ 203 StGB), folgt ein gesetzliches Abtretungsverbot für Forderungen. Wird dagegen verstoßen, muss neben einer strafrechtlichen Verfolgung damit gerechnet werden, dass sämtliche vertraglichen Verfügungs- und Verpflichtungsgeschäfte wegen des Verstoßes gegen ein gesetzliches Verbot nichtig sind (§ 134 BGB) und der Rückabwicklung unterliegen (§ 812 Abs. 1 S. 1 1. Alt. BGB).

Praxishinweis:

Die mögliche Einwilligung in die Abtretbarkeit der Forderung unterliegt strengen Anforderungen und muss zum Zeitpunkt der Abtretung vorliegen.

Bei vertraglichen Abtretungsverboten ist danach zu differenzieren, von wem sie stammen und welchen Inhalt sie haben. Stammt ein Abtretungsverbot von einem Warenlieferanten und bezieht es sich ausdrücklich darauf, dass die gesicherten Forderungen nicht an einen Factor abgetreten werden dürfen, d. h., die dem Anschlusskunden grundsätzlich erteilte Einziehungsermächtigung wird vertraglich ausdrücklich dahingehend beschränkt, dass sie nicht als Ermächtigung zur Abtretung an einen Factor verstanden werden darf (ausdrückliches Factoringverbot), so dürfte dies, insbesondere nach der Rechtsprechung, rechtskonform sein, wenn auch in der juristischen Literatur dagegen erhebliche Kritik erhoben wird.

Praxishinweis:

Der Diskussion kann möglicherweise dadurch entgangen werden, dass die Abtretung an einen Factor nicht einfach verboten, sondern von dem vorherigen ausdrücklichen Einverständnis des Sicherungsgebers abhängig gemacht wird. Denn grundsätzlich muss auch der Sicherungsgeber daran denken, dass der Anschlusskunde wirtschaftlich nicht geknebelt werden darf und Factoring ein wichtiges Instrument zur Finanzierung ist. Insbesondere bei der Verwendung von Allgemeinen Geschäftsbedingungen sollte dies beachtet werden, um nicht zu riskieren, dass ein eventuell formuliertes pauschales Factoringverbot wegen unangemessener Benachteiligung des Vertragspartners unwirksam ist.

Hat ein Lieferant den Weiterverkauf der Ware und die Einziehung der zur Sicherheit an ihn abgetretenen Forderung dem Anschlusskunden zwar gestattet (ohne ausdrücklich ein Factoringverbot zu erlassen), ist es durchaus denkbar, dass er sich dagegen verwahren will, dass eine solche Klausel dahingehend ausgelegt wird, dass damit auch eine Erlaubnis der Teilnahme am Factoring verbunden ist. Dem ist die Rechtsprechung aber zumindest für das echte Factoring entgegengetreten (BGH NJW 1978, 1972 ff.). Der Lieferant will eigentlich nur verhindern, dass ein zweiter Kreditgeber auftaucht und die Forderung zur Sicherung einer zweiten Schuld verwendet wird. Dies ist aber nach der zum echten Factoring vertretenen „Barkauftheorie“ beim Factor nicht der Fall. Daher spricht nichts dagegen, dass die Weiterverkaufs- und Einziehungsermächtigung des Anschlusskunden eine Teilnahme am echten Factoring gestattet.

Früher wesentlich problematischer waren die Fälle, in denen die Drittschuldner den Anschlusskunden mit einem vertraglichen Abtretungsverbot belegten (§ 399 2. Alt. BGB). Natürlich hatten Anschlusskunde und Factor ein hohes Interesse daran, solche Forderungen „verkehrsfähig“ zu machen. Diesem Bedürfnis hat der Gesetzgeber im Jahre 1994 Rechnung getragen. Ein Abtretungsverbot für Geldforderungen durch Vereinbarung mit dem Drittschuldner hat bei beiderseitigen Handelsgeschäften keine Wirkung (§ 354a S. 1 HGB).

Der Drittschuldner kann jedoch mit befreiender Wirkung an den Anschlusskunden leisten (§ 354a S. 2 HGB). § 354a S. 1 und S. 2 HGB sind zwingendes Recht; abweichende Vereinbarungen sind unwirksam (§ 354a S. 3 HGB).

> **Praxishinweis:**
>
> Die Bedeutung des immer noch überraschend relativ unbekannten § 354a HGB ist hoch.

Insolvenzrechtliche Probleme ergeben sich praktisch häufig, wenn der Anschlusskunde oder der Drittschuldner in die Insolvenz geht. Der Factor wird um eine umfassende Sicherung seiner Rechte bemüht sein. Bei wesentlicher Verschlechterung der Vermögenslage des Anschlusskunden, insbesondere dann, wenn ein Antrag auf Eröffnung des Insolvenzverfahrens gestellt wird, wird der Factor vertraglich berechtigt sein, den Factoring-Rahmenvertrag aus wichtigem Grund sofort zu kündigen.

Mit der Eröffnung des Insolvenzverfahrens über das Vermögen des Anschlusskunden erlischt nach herrschender Meinung in der juristischen Literatur der Factoring-Rahmenvertrag (§§ 115, 116 InsO); ebenso das Inkassomandat.

Forderungen, die der Factor bezahlt hat und die an ihn abgetreten worden sind, begründen beim echten Factoring ein Aussonderungsrecht (§ 47 InsO).

> **Praxishinweis:**
>
> Der Insolvenzverwalter macht sich schadensersatzpflichtig, wenn er den Factor bei der Einziehung der Forderung behindert oder gar selbst die Forderung einzieht.

Dagegen hat der Factor beim unechten Factoring nach überwiegender Ansicht nur ein Absonderungsrecht.

> **Praxishinweis:**
>
> Das Verwertungsrecht für die Forderung liegt im eröffneten Insolvenzverfahren dann beim Insolvenzverwalter.

Forderungen, die an den Factor abgetreten wurden, die er auch bezahlt hat (Vorschuss), die aber mangels Leistung des Anschlusskunden an den Drittschuldner (noch) nicht werthaltig waren, unterfallen in der Insolvenz des Anschlusskunden nach Verfahrenseröffnung dem (Erfüllungs-) Wahlrecht des Insolvenzverwalters (§ 103 InsO). Wählt der Insolvenzverwalter nicht die Erfüllung, bedeutet dies, dass der Rückforderungsanspruch des Factors bezüglich des Vorschusses (§ 812 Abs. 1 S. 2 1. Alt. BGB) nur eine Insolvenzforderung ist.

5.2 Forfaiting

Das Forfait-Geschäft ist ein Spezialfall der Finanzierung durch Forderungsveräußerung. In das Forfait-Geschäft sind vorwiegend die Großbanken und Spezialinstitute auf der einen Seite und Unternehmen im Exporthandel bzw. Leasingunternehmen auf der anderen Seite involviert.

Praxishinweis:

Forfaiting ist ein klassisches Exportfinanzierungsgeschäft.

Der Forderungsübernehmer (Forfaiteur) übernimmt von dem Unternehmen (Forfaitist) die Forderung gegen den Schuldner unter Ausschluss der Regressmöglichkeit gegen den Forfaitist bei Zahlungsunfähigkeit/Zahlungsunwilligkeit des Schuldners.

Praxishinweis:

Der Ausschluss des Regresses wird durch Zusätze wie „à forfait“ oder „ohne Regress“ gekennzeichnet.

Der Forfaitist haftet wie beim Factoring nur für die Verität der Forderung (Bestand), nicht aber für die Bonität des Schuldners.

Der Forfaiteur übernimmt bei Forderungen aus Exportgeschäften das Auslandsrisiko und das Währungsrisiko. Der Forfaiteur übernimmt generell nicht die beim Factoring typischen Dienstleistungen. Die Laufzeiten der Forderungen sind beim Factoring kürzer und üblicherweise erstreckt sich das Forfaiting nicht auf ein Bündel von Forderungen, sondern auf einzelne Forderungen, z. B. aus größeren Geschäften.

Der Forfaitingvertrag ist ein Forderungskaufvertrag (§§ 453 Abs. 1, 433 Abs. 1 BGB). Der Forfaitist erfüllt seine Verpflichtung durch Abtretung (§ 398 BGB) der Forderung an den Forfaiteur.

Der Forfaitingvertrag kann auf der Basis von üblichen Musterverträgen zustande kommen. Müssen Dokumente oder Unterlagen vom Forfaitisten beigebracht werden, enthalten die Vertragsangebote der Forfaiteure auflösende oder aufschiebende Bedingungen (§ 158 Abs. 1 und Abs. 2 BGB) dergestalt, dass der Vertrag erst zustande kommt, wenn die Unterlagen vorliegen oder er sich auflöst, sollten die Unterlagen bis zu einem bestimmten Zeitpunkt nicht vorliegen.

Die Berechnung des Kaufpreises für die Forderung erfolgt nach zwei Faktoren: übernommene Risiken des Forfaiteurs und der Refinanzierungskosten.

> **Praxishinweis:**
>
> Es gibt Diskontsatztabellen, in denen für einzelne Länder die unverbindlichen Richtdiskontsätze aufgeführt sind.

Das Forfaitinggeschäft ist für den Forfaitist mit der Abtretung der Forderung und der Übergabe der die Forderung verbriefenden Urkunde bzw. der die Forderung belegenden Dokumente gegen Zahlung des Geldbetrages erledigt.

Das Geschäft des Forfaiteurs liegt bei optimaler Liquidierung der Forderung in einem Zinsgewinn, möglicherweise in einer Wechselkursverbesserung oder auch einer Rediskontierung forfaitierter Wechsel auf einem Zweitmarkt.

Für den Forfaiteur besonders wichtig ist die Besicherung des Geschäfts von dritter Seite. Sicherungsgeber sind üblicherweise international operierende Kreditinstitute oder der Staat, in welchem der Schuldner der Forderung seinen Sitz oder eine Niederlassung hat.

Sicherungsmittel sind unwiderrufliche, unbedingte und übertragbare Bankgarantien auf erstes Anfordern oder das Aval.

> **Praxishinweis:**
>
> Die Bankgarantie muss – wie das Aval – abstrakt und von der zu sichernden Forderung unabhängig sein.

Wechselforderungen gehören zum klassischen Kernbestand des Forfaiting. Der Wechsel ist ein Wertpapier, das eine eigene Forderung verbrieft, die unabhängig von der Forderung ist, die dem Rechtsgeschäft zu Grunde liegt (Kausalforderung), für das der Wechsel begeben wurde (z. B. Kaufvertrag). Der Aussteller des Wechsels verpflichtet sich in der Wechselurkunde, eine bestimmte Geldsumme zu zahlen.

Praxishinweis:

(1) Die beiden Grundformen des Wechsels sind der Solawechsel (der Aussteller verpflichtet sich selbst zur Zahlung einer bestimmten Geldsumme; „eigener" Wechsel) und die Tratte (der Aussteller weist einen anderen an, an den durch die Wechselurkunde als berechtigt Ausgewiesenen zu zahlen, wobei der Aussteller für die Annahme und Einlösung selbst haftet; „gezogener" Wechsel). Stellt der Forfaitist einen Wechsel selbst aus, trassiert er den Wechsel auf seinen Schuldner. Akzeptiert dieser den Wechsel, liegt ein so genanntes Akzept vor. Nach deutschem Recht kann der Forfaitist die Haftung für die Zahlung nicht ausschließen (Art. 9 Abs. 2 Wechselgesetz).

(2) Die Ausstellerhaftung des Forfaitisten kann durch eine Haftungsfreistellung des Forfaiteurs begrenzt werden, wenn Dritte den Forfaitisten in Anspruch nehmen.

Überträgt der Forfaitist dem Forfaiteur einen Solawechsel des Schuldners durch ein Blankoindossament, hat er darauf zu achten, dass er seine Indossantenhaftung (Art. 15 Abs. 2, 77 Wechselgesetz) ausschließt.

Praxishinweis:

Der Haftungsausschluss wird mittels einer so genannten „Angstklausel" formuliert (z. B. ohne Obligo).

Der wechselrechtliche Haftungsausschluss befreit den Forfaitist allerdings nicht von einer (kaufrechtlichen) Haftung, wenn der Wechsel nicht der Form genügt oder Unterschriften gefälscht sind (Veritätshaftung, §§ 453 Abs. 1, 433 Abs. 1 BGB).

Es ist genau darauf zu achten, welche Forderungen im Verhältnis des Forfaiteurs zum Forfaitisten übertragen werden: nur die Wechselforderung oder auch die Forderung aus dem zu Grunde liegenden Rechtsgeschäft.

Praxishinweis:

Ganz regelmäßig wird nur die Wechselforderung forfaitiert, nicht aber die Kausalforderung.

Weitere erhebliche Bedeutung hat das Forfaiting von Leasingforderungen. Leasingunternehmen refinanzieren sich im Mobilien- (z. B. Kfz-Bereich) und Immobilien-Sektor durch den regresslosen Verkauf von Leasingforderungen an Banken, statt Kredite aufzunehmen.

Die Vertragsgestaltung wird in der Praxis dem Factoring angeglichen: Es wird ein Rahmenvertrag geschlossen. Die Forderungen werden verkauft und global an den Forfaiteur abgetreten. Der Forfaitist garantiert den Bestand der Forderung (Veritätshaftung; §§ 453 Abs. 1, 433 Abs. 1 BGB). Der Forfaiteur trägt bei der gekauften Forderung das Bonitätsrisiko und schließt einen Regress im Falle der Zahlungsunfähigkeit oder Zahlungsunwilligkeit des Schuldners gegenüber dem Forfaitisten aus.

Finanzierungsleasingverträge sind als solche nicht per se insolvenzfest, d. h., die Vorausabtretungen sind in der Insolvenz des Forfaitisten als Leasinggeber nicht automatisch geschützt. Die Sondervorschrift § 108 Abs. 1 S. 2 InsO hat insoweit einen Ausnahmetatbestand geschaffen und schützt die Forfaitierung von Mobilien- und Immobilien-Leasingforderungen. Die Insolvenzfestigkeit, d. h. das Fortbestehen mit Wirkung für die Insolvenzmasse (§ 108 Abs. 1 S. 1 InsO), wird nach § 108 Abs. 1 S. 2 InsO auf Miet- und Pachtverhältnisse (Leasing ist nach herrschender Ansicht ein Fall der Miete; streitig) beschränkt, die der Schuldner (Leasinggeber; Forfaitist) als Vermieter oder Verpächter eingegangen war und die sonstige Gegenstände betreffen (ohne Differenzierung nach Mobilien oder Immobilien), die einem Dritten, der ihre Anschaffung oder Herstellung finanziert hat (Forfaiteur), zur Sicherheit übertragen wurden.

5.3 Asset-Backed Securities (ABS)

Asset-Backed Securities (ABS) sind Finanzierungen durch Wertpapiere (securitisation): Forderungen eines Anschlussunternehmens (originator) werden nach bestimmten Diversifikationsmerkmalen gebündelt auf eine besondere Zweckgesellschaft – regelmäßig in der Rechtsform der GmbH – übertragen (special purpose vehicle; SPV – auch: Fondsgesellschaft). Die Fondsgesellschaft finanziert den Kaufpreis für die Forderungen durch Ausgabe und den Verkauf von Wertpapieren (commercial paper) an (institutionelle) Anleger auf dem Geld- und Kapitalmarkt. Die Wertpapiere sind durch die Forderungen unterlegt („asset-backed").

ABS-Transaktions-Forderungen können Darlehensforderungen (z. B. der Automobilhersteller aus finanzierten Autoverkäufen), Forderungen von Kreditkarten-, Franchise- Leasingunternehmen, Lizenzeinnahmen, Versicherungsprämien, (kreditversicherte) Handelsforderungen (aus Lieferung und Leistung) oder aber auch grundpfandrechtlich gesicherte Forderungen (so genannte mortgage-backed securities) sein.

Eine Investmentbank (Arrangeur) kann mit der Auswahl und Strukturierung des Forderungsbestandes und ein Service-Agent mit der Betreuung der Kreditnehmer beauftragt werden.

Praxishinweis:

Industrie- oder Handelsunternehmen schöpfen aus einer ABS-Transaktion ähnliche Vorteile wie beim Factoring: Nicht liquide Posten der Aktivseite der Bilanz (Forderungen) werden flüssig gemacht („true sale"). Denkbar ist auch, dass nicht die Forderung, sondern nur das Ausfallrisiko transferiert wird.

Um eine ABS-Transaktion erfolgreich zu gestalten, ist das Rating der Fondsgesellschaft im Kapitalmarkt wichtig. Ist das Rating in Ordnung, wird die Fondsgesellschaft bessere Finanzierungskonditionen erhalten als das Anschlussunternehmen selbst. Die Ratingagenturen benötigen eine „Historie“ (Ausfall, Verspätungen) der zu verbriefenden Forderungen.

Die Forderungen werden vollständig vom Anschlussunternehmen an die Fondsgesellschaft verkauft (§ 433 Abs. 1 BGB) und durch Abtretung übertragen (§ 398 BGB).

Das Kreditrisiko wird vom Anschlussunternehmen auf die Anleger der Zweckgesellschaft übergewälzt. Die Anleger werden versuchen, sich umfassend beim Anschlussunternehmen abzusichern. Als Sicherungen bieten sich Rückkaufzusagen oder Garantien an. Ferner ist eine „Übersicherung“ (overcollateralisation) in der Form denkbar, dass ein Forderungsvolumen an die Fondsgesellschaft übertragen wird, welches den Wert der ausgegebenen Wertpapiere übersteigt. Es ist möglich, dass verschiedene Klassen von Wertpapieren gebildet werden und eingehende Zahlungen zuerst auf die höchste Klasse und dann auf die rangniedrigeren Klassen verteilt werden (Nachordnung). Zahlungsüberschüsse können auf einem Reservekonto deponiert werden (spread account). Schließlich ist es üblich, eine Liquiditätsreserve zu bilden.

Zahlungen auf die Forderungen werden an die Inhaber der Wertpapiere weitergeleitet. Das Anschlussunternehmen verwaltet die Forderungen selbst und zieht sie auch mit Ermächtigung der besonderen Zweckgesellschaft ein, soweit diese Funktionen nicht von einem anderen Unternehmen (collection agent) wahrgenommen werden.

Praxishinweis:

Es kann ein Treuhänder zur Überwachung der Zahlungsströme vorgesehen werden.

Erfolgte die Abtretung „still“, kann der Schuldner mit befreiender Wirkung seine Forderung an den Anschlusskunden bezahlen (§ 407 BGB). Es bleibt der Fondsgesellschaft unbenommen, die Abtretung anzuzeigen, um somit zu verhindern, dass mit befreiender Wirkung an den Anschlusskunden gezahlt wird (§ 409 BGB).

Zieht das Anschlussunternehmen die abgetretene Forderung ein, liegt darin kein Verstoß gegen das Rechtsberatungsgesetz (Art. 1 § 5 Nr. 4 RBerG).

Die Fondsgesellschaft ist keine Kapitalanlagegesellschaft (§§ 1 ff. KAGG) und betreibt keine Bankgeschäfte (§§ 1 ff. KWG).

Für Wertpapiere, die im Inland öffentlich angeboten werden, muss der Anbieter grundsätzlich einen Prospekt veröffentlichen (§ 3 Abs. 1 S. 1 Wertpapierprospektgesetz – WpPG). Dies gilt nicht, wenn sich das Angebot an Wertpapieren nur an so genannte qualifizierte Anleger (z. B. Kreditinstitute, Versicherungsunternehmen, Kapitalanlagegesellschaften) oder an Anleger richtet, die bei jedem gesonderten Angebot Wertpapiere ab einem Mindestbetrag von

€ 50.000,- pro Anleger erwerben können, sofern die Wertpapiere eine Mindeststückelung von € 50.000,- haben (§ 3 Abs. 2 S. 1 Nr. 1, 3 und 4 WpPG).

Der Gesetzgeber hat mit den Vorschriften über ein Refinanzierungsregister (§§ 22a ff. KWG) Rechtsgrundlagen für die Insolvenzfestigkeit bestimmter, international üblicher Treuhandkonstruktionen im Zusammenhang mit dem Verkauf und der Verbriefung von Kreditforderungen geschaffen. Gerade bei grundpfandrechtlich gesicherten Krediten werden die Kreditforderungen vom Verkäufer an den Käufer (still) abgetreten, der Verkäufer hält jedoch treuhänderisch für den Käufer die Grundschuld. Aufgrund der Rechtsprechung des Bundesgerichtshofs war die Position des Käufers in der Insolvenz des Verkäufers problematisch, da die treuhänderische Haltung der Grundschuld nicht insolvenzfest war. Dem Käufer stand kein Aussonderungsrecht (§ 47 InsO) zu, da kein unmittelbarer Übergang des Treuguts aus dem Vermögen des Treugebers (Verkäufer) in das des Treuhänders (Käufer) vorlag (Unmittelbarkeitsprinzip). Das Unmittelbarkeitsprinzip wird nicht mehr verletzt, wenn die abgetretene Forderung und die bestellten Sicherheiten in einem Refinanzierungsregister verzeichnet sind (§ 22j KWG). Dann kann der Käufer in der Insolvenz des Verkäufers ein Aussonderungsrecht in Anspruch nehmen.

Voraussetzung ist, dass der Verkäufer als so genanntes Refinanzierungsunternehmen oder Refinanzierungsvermittler qualifiziert und die Forderungen mit den Sicherheiten in ein ordnungsgemäß bei einem Kreditinstitut geführtes und von einem durch die Bundesanstalt für Finanzdienstleistungen bestellten Verwalter überwachtes Refinanzierungsregister formwirksam eingetragen werden (§§ 22d-i, 22k-o KWG).

6. Krise und Sanierung

Gläubiger sind in der Krise des Schuldners besonders gefordert, aber auch gefährdet. Gefährdet sind Gläubiger, weil Rechtsgeschäfte mit dem Schuldner im Widerspruch zur Rechtsordnung stehen können und rückabgewickelt werden müssen. Gläubiger werden ferner nicht selten mit Forderungen nach Sanierungsbeiträgen konfrontiert.

6.1 Begriff der Krise

Üblicherweise wird zwischen betriebswirtschaftlicher und rechtlicher Krise differenziert.

Betriebswirtschaftliche Krisen durchlaufen verschiedene Stadien: Strategische Fehler (strategische Krise) führen zur Erfolglosigkeit (Erfolgskrise) bis hin zu Liquiditätsproblemen (Liquiditätskrise). Krisenhafte Entwicklungen sind primär von den Unternehmen selbst und den sie begleitenden Kreditinstituten zu erkennen. Gläubiger bemerken die Krise nicht selten erst dann, wenn sich das Zahlungsverhalten des Debitors verschlechtert. Dann ist zumeist bereits das Stadium der Liquiditätskrise erreicht.

Für die *rechtliche Krise* gibt es keine einheitliche Definition. Im GmbH-Recht (§ 32a GmbHG) ist die Gesellschaftskrise in einem anderen Sinne zu verstehen als im Insolvenzstrafrecht (§ 283 StGB) und dort wiederum anders als im Insolvenzanfechtungsrecht (§§ 129 ff. InsO).

Beispiele

(1) Nach § 32a Abs. 1 GmbHG befindet sich die GmbH in einer Krise, wenn ihr die Gesellschafter als ordentliche Kaufleute Eigenkapital zugeführt hätten – statt ein Darlehen (oder eine wirtschaftlich gleichwertige Leistung) zu gewähren (§ 32a Abs. 1 GmbHG). Wann hätten ordentliche Kaufleute der Gesellschaft Eigenkapital zugeführt? Diese Frage wurde von der Rechtsprechung durch den Begriff der „Kreditunwürdigkeit" beantwortet. Kreditunwürdigkeit der GmbH liegt vor, wenn sie von keiner dritten Seite mehr Kredit zu marktüblichen Bedingungen erhält und ohne Kapitalzufuhr liquidiert werden müsste.

(2) Im Insolvenzstrafrecht setzt die Strafbarkeit wegen Bankrotts (§ 283 StGB) eine „Krise" in Form des Vorliegens eines Insolvenzeröffnungstatbestandes (Überschuldung, Zahlungsunfähigkeit oder drohende Zahlungsunfähigkeit) voraus und als objektive Bedingung der Strafbarkeit ferner, dass die Zahlungen eingestellt, das Insolvenzverfahren eröffnet oder mangels Masse die Eröffnung abgewiesen wird.

(3) Im Insolvenzanfechtungsrecht wird mit „Krise“ insbesondere der anfechtungsbelastete Zeitraum bis zu drei Monaten vor Stellung des Insolvenzeröffnungsantrages bezeichnet (§§ 130, 131 InsO).

6.2 Krisenbelastete Rechtsgeschäfte

6.2.1 Unwirksamkeit

Rechtsgeschäfte eines Schuldners in der Krise mit einem Gläubiger belasten wirtschaftlich häufig einzelne oder auch sämtliche anderen Gläubiger. Gläubigerbenachteiligende Rechtsgeschäfte sind nicht per se nichtig. Nur wenn besondere Umstände zu der Gläubigerbenachteiligung hinzutreten, kann eine Unwirksamkeit des Rechtsgeschäfts vorliegen (§ 138 Abs. 1 BGB).

Praxishinweis:

Die Rechtsprechung behält sich eine Einzelfallprüfung vor, ob vorliegende besondere Umstände zur Nichtigkeit führen.

Beispiel

Schädigungsvorsatz bei Aneignung nahezu sämtlicher Werte eines fast insolventen Unternehmens durch Großgläubiger oder Alleingesellschafter unter Ausnutzung der wirtschaftlichen Machtstellung; leichtfertiges Hinwegsetzen eines Kreditinstituts über die Belange der Geschäftspartner des Schuldners bei Hereinnahme von Sicherheiten; Sicherungsübertragung des letzten pfändbaren Vermögens eines nahezu insolventen Unternehmens ohne Zuführung neuer Mittel (anders möglicherweise bei Annahme der Sanierungsfähigkeit); Schaffung der Möglichkeit der Täuschung anderer Personen über die Kreditwürdigkeit des Schuldners.

6.2.2 Anfechtbarkeit

Rechtsgeschäfte mit einem Schuldner in der Krise können anfechtbar sein.

Gläubiger sind außerhalb des Insolvenzverfahrens berechtigt, sie benachteiligende Rechtshandlungen anzufechten (§§ 1 ff. AnfG).

Praxishinweis:

Jeder Gläubiger ist anfechtungsberechtigt, der
- eine fällige Forderung und
- einen vollstreckbaren Schuldtitel gegen den Schuldner hat
- und dessen Zwangsvollstreckung nicht zu einer vollständigen Befriedigung geführt hat, bzw. wenn anzunehmen ist, dass sie nicht dazu führen wird.

Anfechtbar sind insbesondere

- unentgeltliche Leistungen des Schuldners, es sei denn, sie sind früher als vier Jahre vor der Anfechtung vorgenommen worden (§ 4 Abs. 1 AnfG; erfasst wird insbesondere die schenkungsweise Vermögensverschiebung auf nahe Angehörige);
- die vorsätzlich gläubigerbenachteiligende Rechtshandlung in den letzten zehn Jahren vor der Anfechtung in Kenntnis des anderen Teils von dem Vorsatz, wobei die Kenntnis vermutet wird, wenn die drohende Zahlungsunfähigkeit bei dem anderen Teil bekannt war und dieser wusste, dass durch die Handlung die Gläubiger benachteiligt werden (§ 3 Abs. 1 AnfG; schwer zu beweisen);
- unmittelbar gläubigerbenachteiligende entgeltliche Verträge des Schuldners mit nahen Angehörigen bis zwei Jahre vor der Anfechtung (§ 3 Abs. 2 AnfG).

Wird das Insolvenzverfahren über das Vermögen eines Schuldners eröffnet, ist nur noch der Insolvenzverwalter anfechtungsbefugt (§§ 129 ff. InsO). Dies gilt nicht im vereinfachten Insolvenzverfahren nach erfolgloser Durchführung eines Schuldenbereinigungsversuchs. Anfechtungsberechtigt ist dann jeder Gläubiger (§ 313 Abs. 2 InsO).

6.2.3 Haftungstatbestände

Krisenbelastete Rechtsgeschäfte können Haftungstatbestände hervorrufen.

Unternehmensorgane, die schuldhaft Krisen nicht erkennen, nicht ausreichend auf eingetretene Krisen reagieren, die Pflicht zur Sanierung des Unternehmens verletzen oder sogar noch nach Eintritt der Zahlungsunfähigkeit oder Feststellung der Überschuldung Zahlungen leisten, ohne dass dies mit der Sorgfalt eines ordentlichen Geschäftsmannes vereinbar ist, haften der Gesellschaft auf Schadensersatz (§§ 43 Abs. 2, 64 Abs. 2 GmbHG für den Geschäftsführer; §§ 93 Abs. 2 S. 1, 93 Abs. 3 Nr. 6 AktG für den Vorstand).

Die Gesetzgebung und die Rechtsprechung haben die Haftung der Unternehmensleitung einer GmbH oder einer AG für Verbindlichkeiten des Unternehmens gegenüber außenstehenden Gläubigern nicht unerheblich ausgeweitet.

Beispiele (nicht abschließend)

- Haftung des Geschäftsführers der GmbH für Steuerschulden der Gesellschaft gegenüber den Abgabengläubigern (§§ 34, 35, 69, 71, 191 AO);
- Haftung des Geschäftsführers der GmbH auf Schadensersatz nach § 823 Abs. 2 BGB bei der Verletzung eines Schutzgesetzes (Hauptfälle eines Schutzgesetzes i.S.d. § 823 Abs. 2 BGB: Verletzung der Insolvenzantragspflicht nach § 64 Abs. 2 GmbHG; Nichtabführung der Arbeitnehmeranteile der Sozialversicherungsbeiträge nach § 266a StGB; Gründungsschwindel nach § 82 Abs. 1 Nr. 1 GmbHG);
- Haftung des Geschäftsführers der GmbH auf Schadensersatz nach § 826 BGB wegen vorsätzlicher, sittenwidriger Schädigung (z. B. durch wider besseren Wissens oder auch nur leichtfertig aufgestellte Behauptung, die Gesellschaft sei leistungsfähig; Abschluss von Rechtsgeschäften trotz Zahlungsunfähigkeit – insofern liegt auch ein Fall des Betruges nach § 263 StGB nahe, der zu einem eigenen zivilrechtlichen Haftungstatbestand über § 823 Abs. 2 BGB führt).

6.3 Sanierungsbeiträge

Sanierungen erfordern unternehmensinterne Restrukturierungen. Weitere Sanierungsmaßnahmen sind die Zufuhr von Eigen- und Fremdkapital (z. B. durch Gesellschaftermittel, Investoren, Kreditinstitute). Schließlich werden in der Krise auch die Gläubiger vom Schuldner regelmäßig aufgefordert, Beiträge zur Liquiditätshilfe oder zur Vermeidung einer Insolvenz zu leisten.

6.3.1 Stundung

Die Stundung ist das Hinausschieben der Fälligkeit einer Forderung, ohne dass die Erfüllbarkeit tangiert wird.

Praxishinweis:

Die Stundung kann auf einer ausdrücklichen vertraglichen Abrede beruhen. Sie kann sich auch aus einer (ergänzenden) Auslegung einer bestehenden Vereinbarung ergeben.

Beispiel

> Ob bei Skonto, d. h. der vereinbarten Einräumung eines Nachlasses bei Zahlung innerhalb einer bestimmten Frist, die Fälligkeit bis zum Ende der Skontofrist hinausgeschoben wird, ist durch Auslegung der Skontoabrede zu bestimmen; jedenfalls ist dies nicht selbstverständlich.

In Krisensituationen wird für die Stundung auch der Begriff „Moratorium“ verwendet. Ein Moratorium ist eine Übereinkunft, eine bestimmte Handlung vorläufig zu unterlassen. Einem Schuldner, der sich vorübergehend in Zahlungsschwierigkeiten befindet, kann durch ein Moratorium bezüglich einer fälligen Zahlung ein Zahlungsaufschub gewährt werden.

Stundet der Gläubiger dem Schuldner die Forderung auf unbestimmte Zeit, kann der Gläubiger die Leistungszeit nach billigem Ermessen einseitig festsetzen (§§ 315, 316 BGB). Bestreitet der Schuldner den Anspruch, verschlechtern sich die Vermögensverhältnisse des Schuldners wesentlich oder gefährdet der Schuldner den Anspruch in sonstiger Weise erheblich, ist der Gläubiger zum sofortigen Widerruf der Stundung berechtigt.

Praxishinweis:

(1) Gewährt ein Unternehmer einem Verbraucher einen entgeltlichen Zahlungsaufschub von mehr als 3 Monaten oder eine sonstige Finanzierungshilfe, kann dies zur Anwendung zahlreicher Vorschriften des Verbraucherdarlehensrechts führen (§ 499 Abs. 1 BGB).

(2) Bei Vereinbarung einer so genannten „Besserungsklausel“, d. h. einer Stundung bis zur Verbesserung der wirtschaftlichen Verhältnisse, hat der Schuldner grundsätzlich ohne Aufforderung (von sich aus) zu leisten, notfalls Ratenzahlung anzubieten.

(3) Bei so genannten „Verfallklauseln“, die an die nicht rechtzeitige Zahlung von einzelnen Raten die sofortige Fälligkeit oder Kündbarkeit der gesamten Restforderung knüpfen, ist darauf zu achten, dass es nicht auf ein Verschulden des Schuldners ankommen darf. Im Zweifel ist die Regelung nämlich dahin auszulegen, dass Fälligkeit/Kündbarkeit nicht eintreten sollen, wenn die Nichteinhaltung der Ratenzahlung unverschuldet ist.

Formulierungsvorschlag:

- „Sollte der Schuldner mit der Zahlung auch nur einer Rate in Zahlungsrückstand geraten, ist die gesamte dann noch offene Restforderung in einer Summe zur Zahlung fällig, ohne dass es einer Mahnung bedarf und ohne dass es auf ein Verschulden des Schuldners ankommt, und mit … % ab … (z. B. Fälligkeit) zu verzinsen.“

6.3.2 Pactum de non petendo

Gläubiger und Schuldner können vereinbaren, dass eine Forderung gegen den Schuldner befristet nicht geltend gemacht werden darf. Der Schuldner erhält durch die Vereinbarung eine Einrede. Die Vereinbarung kann auslegungsbedürftig sein, je nachdem, ob der Schuldner die Nichtfälligkeit oder die fehlende prozessuale Geltendmachung reklamieren kann.

Wird die prozessuale Geltendmachung zeitweilig ausgeschlossen, handelt es sich um ein so genanntes Stillhalteabkommen – ein Unterfall des pactum de non petendo. Eine trotzdem erhobene Klage wäre unzulässig.

Praxishinweis:

(1) Ein Stillhalteabkommen sollte immer befristet werden.
(2) Die Vereinbarung eines Stillhalteabkommens führt zur Hemmung der Verjährung.

6.3.3 Forderungsverzicht

Einen einseitigen Verzicht auf eine Forderung sieht das Gesetz nicht vor. Auf eine Forderung wird per Erlassvertrag „verzichtet" (§ 397 Abs. 1 BGB). Erforderlich ist ein formfreier Vertrag zwischen Gläubiger und Schuldner. Der Gläubiger muss den Willen haben, auf die Forderung zu verzichten.

Praxishinweis:

An die Feststellung des Verzichtswillens des Gläubigers stellt die Rechtsprechung hohe Anforderungen.

Beispiele

(1) „Erlassfalle": Die Einlösung eines Schecks über einen Teilbetrag der Forderung, der unter Vorschlag eines Erlasses übersandt worden ist, kann die Annahme des Angebots auf Abschluss eines Erlassvertrages darstellen. Das Angebot ist unwirksam, wenn der gezahlte Teilbetrag in einem Missverhältnis zur Forderung steht, z. B. nur 10 % oder weniger der Forderung beträgt. Ausdrücklich sollte klargestellt werden, dass bei Annahme einer Teilzahlung kein Erlassvertrag zustande kommt.

(2) Abgeltungsklausel: Grundsätzlich erstreckt sich ein Erlassvertrag nicht auf unbekannte Forderungen. Dies kann im Einzelfall anders sein, wenn der Gläubiger mit dem Bestehen weiterer Forderungen rechnen muss und/oder vergleichsweise die Abgeltung sämtlicher wechselseitiger Ansprüche (gegen Zahlung eines Betrags) vereinbart.

(3) Wenn Zinsforderungen nur Teilforderungen sind, sollte dies ausdrücklich klargestellt werden.

(4) Durch die widerspruchslose Hinnahme einer Abrechnung kommt kein Erlassvertrag zustande.

Vom Erlassvertrag ist das negative vertragliche Schuldanerkenntnis zu unterscheiden, mit welchem der Gläubiger gegenüber dem Schuldner anerkennt, dass das Schuldverhältnis nicht besteht (§ 397 Abs. 2 BGB).

Beispiele

Ausgleichsquittung bei Beendigung des Arbeitsverhältnisses; Generalquittung bei Beendigung des Mietvertrages über den Zustand der Räume.

Der Forderungsverzicht ist der weitestgehende Sanierungsbeitrag eines Gläubigers. Bei einem Forderungsverzicht entfällt die Verbindlichkeit in der Bilanz und dem Überschuldungsstatus des Schuldners.

Steuerlich hat der mit einem Dritten vereinbarte Forderungsverzicht bei einer begünstigten Kapitalgesellschaft das Entstehen eines steuerpflichtigen Ertrags zur Folge. Sind keine verrechenbaren Verluste vorhanden, führt dies zu Belastungen mit Gewerbesteuer und Körperschaftssteuer. Eine gesetzliche Steuerbegünstigung gibt es für Sanierungsgewinne nach Abschaffung des § 3 Nr. 66 EStG nicht mehr.

Praxishinweis:

Nach dem Erlass des Bundesfinanzministeriums vom 27. März 2003 (BStBl. I 2003, 240) kann unter bestimmten Voraussetzungen ein Steuererlass oder eine Steuerstundung gewährt werden.

Für den Gläubiger hat der Forderungsverzicht ebenfalls steuerliche – möglicherweise sogar erhebliche – Auswirkungen. Zu differenzieren ist im Wesentlichen danach, ob der Gläubiger Außenstehender oder Gesellschafter ist und ob die Forderung zum Privat- oder Betriebsvermögen gehört. Ferner kann für den verzichtenden Gläubiger umsatzsteuerlich ein Erstattungsanspruch entstehen.

Der Verzicht einzelner Gläubiger verbessert nur die Situation der anderen Gläubiger und ist wirtschaftlich in der Regel nicht attraktiv. Einen Anreiz schaffen, wenn überhaupt, nur alle Gläubiger quotal gleich belastende Verzichte.

6.3.4 Besserungsschein

Der isolierte Forderungsverzicht wirkt endgültig und verhindert, dass der Gläubiger an einer eventuellen Gesundung des Schuldners partizipieren kann. Mit dem Besserungsschein wird dem Rechnung getragen. Der Besserungsschein ist ein Forderungsverzicht, der unter einer auflösenden Bedingung steht: Mit dem Eintritt der vertraglich konkret definierten Besserung des Schuldners fällt der Forderungsverzicht weg, die Forderung lebt wieder auf.

> **Praxishinweis:**
>
> Trotz des Besserungsscheins entfallen die einmal bestellten Sicherheiten, auch wenn sich die wirtschaftliche Situation verbessert.

6.3.5 Sanierungsprivileg in der GmbH/ Kleinbeteiligungen

In der GmbH gibt es ein gesetzliches und durch die Rechtsprechung ergänztes strenges Eigenkapitalersatzrecht (§§ 32a ff. GmbHG; Rechtsprechungsregeln). In der Krise einer Gesellschaft gewährte Darlehen des Gesellschafters oder eines gleichwertigen Kreditgebers bzw. wirtschaftlich zu einem Darlehen gleichwertige Leistungen werden wie Eigenkapital behandelt. Sie unterliegen in der Krise der Gesellschaft einem Rückzahlungsverbot, trotzdem zurückgewährte Darlehen etc. müssen erstattet werden (§§ 30, 31 GmbHG), und im Insolvenzfall werden Rückzahlungsforderungen nur nachrangig bedient (§ 32a Abs. 1 GmbHG). Subsidiär trifft die anderen Gesellschafter eine Ausfallhaftung, wenn die Erstattung von dem Empfänger nicht zu erlangen ist (§ 31 Abs. 3 GmbHG). Kommt es zur Eröffnung des Insolvenzverfahrens über das Vermögen der GmbH und hat der Gesellschafter eine Sicherung (während der letzten zehn Jahre vor dem Eröffnungsantrag) oder eine Befriedigung (im letzten Jahr vor dem Eröffnungsantrag) für einen kapitalersetzenden Darlehensanspruch oder eine gleichwertige Handlung erhalten, ist dies anfechtbar (§ 135 InsO).

Der Gesetzgeber hat im Jahr 1998 Ausnahmeregelungen geschaffen:

Die Regeln des Eigenkapitalersatzes gelten nicht für nicht geschäftsführende Gesellschafter, die mit 10 % oder weniger am Stammkapital beteiligt sind (§ 32a Abs. 3 S. 2 GmbHG).

Erwirbt ein Darlehensgeber in der Krise der Gesellschaft Geschäftsanteile zum Zweck der Überwindung der Krise, führt dies für seine bestehenden oder neu gewährten Kredite nicht zur Anwendung der Eigenkapitalersatzregeln (§ 32a Abs. 3 S. 3 GmbHG). Die Geltung des Sanierungsprivilegs erfordert dabei, neben einem zu vermutenden Sanierungswillen, die nach der pflichtgemäßen Einschätzung eines objektiven Dritten im Augenblick des Anteilserwerbs objektive Sanierungsfähigkeit und die objektive Eignung der konkret in Angriff genommenen Sanierungsmaßnahmen zur Sanierung der Gesellschaft in überschaubarer Zeit.

6.3.6 Rangrücktritt

Der Rangrücktritt ist ein Vertrag über eine dem Gläubiger gegen die Gesellschaft zustehende Forderung (z. B. Darlehen, Miete). Vereinbaren die Gläubiger untereinander den Rücktritt der Forderung eines Gläubigers hinter die Forderungen der anderen Gläubiger, dient dies den begünstigten Gläubigern als Sicherungsmittel (relativer Rangrücktritt). Dagegen verfolgt die Vereinbarung zwischen Gesellschaft und Gläubiger, regelmäßig ein Gesellschafter oder ein Kreditinstitut, einen Sanierungszweck: Die Forderung des Gesellschafters wird in der Krise der Gesellschaft wie Eigenkapital gebunden (qualifizierter Rangrücktritt). Der qualifizierte Rangrücktritt hat den Vorteil für die Gesellschaft, dass in einem Überschuldungsstatus die Forderung nicht als Verbindlichkeit passiviert werden muss. Der Rangrücktritt dient somit der Vermeidung der bilanziellen Überschuldung und der Beseitigung der Insolvenzantragspflicht. Ein Forderungsverzicht muss mit dem Rangrücktritt nicht verbunden werden.

Praxishinweis:

(1) Bei der Formulierung der Rangrücktrittsvereinbarung sind die (umstrittenen) Anforderungen des Schreibens des Bundesfinanzministeriums vom 18. August 2004 (abgedruckt u.a. in der Zeitschrift Deutsches Steuerrecht 2004, S. 1525 ff.) zu beachten. Wird den Anforderungen nicht genügt, kann zwar die Überschuldung aus insolvenzrechtlicher Sicht überwunden werden. Aus steuerlicher Sicht kann dies aber dazu führen, dass die Verbindlichkeit in der Steuerbilanz nicht angesetzt werden darf (§ 5 Abs. 2 a EStG). Durch die Ausbuchung der Verbindlichkeit entsteht bei der Gesellschaft in Höhe des nicht werthaltigen Teils der Verbindlichkeit ein steuerlicher Ertrag, der in voller Höhe zu versteuern ist, wenn ein Erlass der Steuer oder eine Stundung (vgl. o.) nicht in Frage kommt.

(2) Äußerst umstritten ist, ob eine mit einer Befristung versehene qualifizierte Rangrücktrittserklärung geeignet ist, die Überschuldung zu verhindern oder zu beseitigen. Aus Vorsichtsgründen ist dies nicht zu empfehlen.

6.3.7 Sanierungskredit

Ein Sanierungskredit liegt vor, wenn einem Schuldner zur Abwendung eines drohenden oder bereits eingetretenen Insolvenztatbestandes ein zusätzliches Darlehen zur Überwindung der Krise gewährt wird.

Beispiele

Duldung der Überziehung einer Kreditlinie; Vereinbarung einer neuen Kreditlinie; Beteiligung an einem Konsortialkredit.

Ein Sanierungskredit wird nur dann bewilligt werden, wenn eine objektive und fachgerechte Sanierungsprüfung eines branchenkundigen Fachmanns, dem die vorgeschriebenen/üblichen

Buchhaltungsunterlagen zeitnah vorlagen, eine positive Sanierungsprognose ergibt, d. h. es dürfen keine ernsthaften Zweifel am Gelingen der Sanierung bestehen.

> **Praxishinweis:**
>
> Während der Sanierungsprüfung werden häufig Überbrückungskredite gewährt, die kurzfristig einen bestimmten Finanzbedarf decken, befristet sind und tatsächlich zurückgewährt bzw. umgeschuldet werden müssen.

Die Erfolgsaussichten für eine Sanierung sind sorgfältig zu prüfen und zu dokumentieren. Die Sanierungswürdigkeit und die Sanierungsfähigkeit sind in einem Sanierungsplan mit einem vollständigen Sanierungskonzept niederzulegen.

> **Praxishinweis:**
>
> Das Institut der deutschen Wirtschaftsprüfer hat sehr ausführliche Hinweise für die Sanierungsprüfung herausgegeben (IDW FAR 1/1991, abgedruckt im Wirtschaftsprüfer Handbuch 2002, Abschnitt F, S. 325 ff.).

Die Besicherung des neu gewährten Sanierungskredits aus dem Vermögen des Schuldners – soweit möglich – ist zulässig, soweit die Sicherheiten genau bestimmt werden, die Bestellung der Sicherheit zeitnah erfolgt und keine Übersicherung vorliegt (in der Regel nicht mehr als 10 % über dem realisierbaren Wert).

> **Praxishinweis:**
>
> Die Absicherung von Alt-Krediten kann zur Unwirksamkeit/Anfechtbarkeit der Sicherheit im Ganzen führen.

Solange die Sanierung planmäßig läuft, ist ein Sanierungskredit nicht kündbar. Nur bei wesentlicher Verschlechterung der wirtschaftlichen Verhältnisse ist eine Kündigung des Sanierungskredits möglich.

Durch einen Sanierungskredit darf der „Todeskampf" eines Unternehmens nicht künstlich verlängert werden. Dritte können durch die Sanierungskreditgewährung über die Kreditwürdigkeit des Unternehmens getäuscht werden und selbst dadurch Schäden erleiden. Dies wäre vom Kreditgeber eine sittenwidrige und zum Schadensersatz verpflichtende Insolvenzverschleppung bzw. eine eigensüchtige, auf die Erzielung von Sondervorteilen angelegte Kreditgewährung (§ 826 BGB).

6.3.8 Außergerichtlicher Vergleich

Die Vorteile des außergerichtlichen Vergleichs liegen in der flexiblen Handhabung (Gläubigerautonomie), der Schnelligkeit des Verfahrens, der fehlenden Publizität (z. B. zur Vorbereitung einer „stillen“ Liquidation) und der regelmäßig günstigeren Kostenstruktur im Verhältnis zum Insolvenzverfahren.

Die Nachteile des außergerichtlichen Vergleichs liegen darin, dass es kaum möglich ist, die unterschiedlichen Interessen (Banken, Lieferanten, Arbeitnehmer, Träger der sozialen Sicherung, Finanzamt) „unter einen Hut“ zu bringen. Ferner sind nur die Gläubiger, die dem Vergleich zustimmen, gebunden. Querulatorische Gläubiger („Akkordstörer“) können ihre Interessen rücksichtslos durchsetzen.

Abschluss und Durchführung des außergerichtlichen Vergleichs stehen unter der grundsätzlichen Maxime der Gläubigergleichbehandlung: Kein Gläubiger darf heimlich bevorzugt werden, kein Gläubiger ohne seine Zustimmung zurückgesetzt werden.

7. Grundzüge der Zwangsvollstreckung

Die Zwangsvollstreckung dient der Durchsetzung eines Anspruchs mittels staatlicher Gewalt (staatliches Zwangsmonopol). Die private Selbsthilfe ist nur in ganz engen Grenzen erlaubt.

Die Einzelzwangsvollstreckung hat eine einseitige Aufgabe: Die rechtsstaatlich geschützten Interessen des einzelnen Gläubigers sollen verwirklicht werden (Gläubigerbefriedigung). Dies ist in der Gesamtvollstreckung im Insolvenzverfahren anders (vgl. 10. Kapitel).

Nicht zur Zwangsvollstreckung im hier verstandenen Sinne gehört die „private" Vollstreckung durch Ausübung sozialen und/oder ökonomischen (Inkasso-) Drucks auf säumige Schuldner unter Umgehung der rechtlich vorgesehenen Wege. Soweit Gläubiger hiermit eine Befriedigung erreichen, erfolgt dies auf (mehr oder weniger) freiwilliger Leistung des Schuldners. Gläubiger sollten sich davor hüten, durch Beauftragung unseriöser „Eintreiber" mit dem Gesetz in Konflikt zu geraten.

Die Einzelzwangsvollstreckung bürgerlich-rechtlicher Ansprüche ist im 8. Buch der ZPO (Zivilprozessordnung) geregelt (§§ 704). Zu beachten ist: Die Zwangsversteigerung und die Zwangsverwaltung von Immobilien erfolgen nach dem Gesetz über Zwangsversteigerung und Zwangsverwaltung (ZVG; vgl. § 869 ZPO).

Für das Zwangsvollstreckungsrecht gilt eine (sogar relativ strenge) juristische, nicht aber eine wirtschaftliche Betrachtungsweise. Die Vollstreckungsorgane sind nicht gehalten, für eine möglichst günstige Verwertung zu sorgen. Das Zwangsvollstreckungsrecht trägt daher den Makel des unwirtschaftlichen Güterumsatzes. Jede Zwangsverwertung führt mit ziemlicher Sicherheit zu einem Wertverlust.

7.1 Voraussetzungen jeder Zwangsvollstreckung

Die Zwangsvollstreckungsvoraussetzungen und das Vollstreckungsverfahren sind zur Wahrung von Rechtssicherheit und Rechtsstaatlichkeit (relativ streng) formalisiert.

Für die Vollstreckung ist ein Titel notwendig (Vollstreckungstitel). Der Vollstreckungstitel ist Grundlage der Tätigkeit des Vollstreckungsorgans. Allerdings prüft das Vollstreckungsorgan nicht den Anspruch und stellt ihn auch nicht fest. Es hat auch nicht Einwendungen des Schuldners gegen den festgestellten Anspruch zu berücksichtigen. Erkenntnisverfahren und Vollstreckungsverfahren sind streng getrennt. Wichtige Titel sind unter anderem:

- Rechtskräftige Endurteile (§§ 704 Abs. 1, 705 ZPO)
- Vorläufig vollstreckbar erklärte Endurteile (§ 704 Abs. 1 ZPO)

- Prozessvergleiche (§ 794 Abs. 1 Nr. 1 ZPO)
- Kostenfestsetzungsbeschlüsse (§ 794 Abs. 1 Nr. 2 ZPO)
- Beschwerdefähige Entscheidungen (§ 794 Abs. 1 Nr. 3 ZPO)
- Vollstreckungsbescheide (§ 794 Abs. 1 Nr. 4 ZPO)
- Für vollstreckbar erklärte Schiedssprüche (§ 794 Abs. 1 Nr. 4a ZPO)
- Vollstreckbare (Gerichts- oder Notar-) Urkunden (§ 794 Abs. 1 Nr. 5 ZPO)
- Duldungstitel (§ 794 Abs. 2 ZPO)
- Insolvenztabellen (§ 178 Abs. 3 InsO)
- Zuschlagsbeschlüsse in der Zwangsversteigerung (§§ 93, 132 ZVG)[1]

Das Gesetz bestimmt mit der so genannten Klausel und dem Zustellungserfordernis zwei weitere grundlegende Voraussetzungen für den Beginn der Zwangsvollstreckung aus Urteilen. Bezüglich der anderen in der ZPO geregelten Titel wird sich der Verweisungstechnik bedient: Klausel und Zustellung müssen vorliegen, soweit nicht anderes gilt (§ 795 ZPO).[2]

Der Vollstreckungstitel muss vollstreckbar ausgefertigt sein (Klausel). Die Zwangsvollstreckung aus Endurteilen wird auf der Grundlage einer mit der Vollstreckungsklausel versehenen Ausfertigung des Urteils (vollstreckbare Ausfertigung) durchgeführt (§ 724 Abs. 1 ZPO).

Praxishinweis:

Das Gesetz sieht für den Wortlaut der Klausel am Schluss der Urteilsausfertigung vor: „Vorstehende Ausfertigung wird dem ... (Bezeichnung der Partei) zum Zwecke der Zwangsvollstreckung erteilt." Es kann auch heißen: „Vorstehende mit der Urschrift übereinstimmende Ausfertigung wird dem ... (Bezeichnung der Partei) zum Zwecke der Zwangsvollstreckung erteilt." Der zuständige Urkundsbeamte der Geschäftsstelle hat zu unterschreiben und das Gerichtssiegel (Stempel genügt) aufzudrücken. Die Klausel kann auf eine vollständige oder abgekürzte Urteilsausfertigung gesetzt werden. Die Klausel kann auf einem gesonderten Blatt stehen, welches fest mit der Urteilsausfertigung zu verbinden ist.

Die vollstreckbare Ausfertigung notarieller Urkunden wird von dem die Urkunde verwahrenden Notar erteilt (§ 797 Abs. 2 ZPO).

In bestimmten Fällen ist die Klausel grundsätzlich entbehrlich (z. B. bei Vollstreckungsbescheiden, § 796 Abs. 1 ZPO, und bei vereinfachten Kostenfestsetzungsbeschlüssen, §§ 105, 795 a ZPO).

---

[1] Zusammenstellungen finden sich regelmäßig bei den Kommentaren zu § 794 ZPO.

[2] Die folgenden Ausführungen beziehen sich auf die Vollstreckung aus Endurteilen.

Besonderheiten gelten für Rechtsnachfolger des in dem Urteil bezeichneten Gläubigers und/oder Schuldners sowie für Dritte, gegen die das Urteil kraft Gesetzes wirkt (z. B. Besitzer der streitbefangenen Sache). Für bzw. gegen sie kann eine vollstreckbare Ausfertigung erteilt werden, wenn die Rechtsnachfolge (oder das Besitzverhältnis) bei Gericht offenkundig ist (eher selten) oder durch öffentliche oder öffentlich beglaubigte Urkunden nachgewiesen ist (so genannte Umschreibung). Dies ist gerechtfertigt, da die Zwangsvollstreckung nur für und gegen namentlich benannte Personen (Gläubiger, Schuldner, ggf. Dritte) stattfinden kann. Soll für oder gegen andere Personen vollstreckt werden, ist die Berechtigung von dem für die Klauselerteilung zuständigen Organ zu prüfen und für das Vollstreckungsorgan zu bescheinigen.

Klauselumschreibungen kommen weiterhin u.a. bei Firmenübernahmen (§ 729 Abs. 2 ZPO, § 25 HGB) und bei Eintritt des Nacherbfalles (§ 728 Abs. 1 ZPO) in Frage.

Letztlich darf die Zwangsvollstreckung nur beginnen, wenn das Urteil vor Beginn der Zwangsvollstreckung oder gleichzeitig mit ihr zugestellt wird, wobei eine Zustellung durch den Gläubiger ausreicht (§ 750 Abs. 1 ZPO). Eine (wichtige) Ausnahme vom Zustellungserfordernis gilt für die so genannte Vorpfändung (§ 845 Abs. 1 S. 3 ZPO). Eine weitere Ausnahme gilt für (normale) Kostenfestsetzungsbeschlüsse und für gerichtlich oder von einem Notar aufgenommene Urkunden, in denen sich der Schuldner der sofortigen Zwangsvollstreckung unterworfen hat. Für diese gilt eine Wartezeit für den Beginn der Zwangsvollstreckung von zwei Wochen ab Zustellung an den Schuldner (§ 798 ZPO).

Praxishinweis:

Bei Kostenfestsetzungsbeschlüssen befindet sich üblicherweise ein Stempelaufdruck oder eine formularmäßige Rubrik auf dem Titel, auf dem/in der die entsprechenden Daten vom Gericht eingesetzt werden, da das Zustellungsdatum an die Partei/den Prozessbevollmächtigten bekannt ist. Ferner wird der Gegner bei Kostenfestsetzungsbeschlüssen in der Regel aufgefordert, binnen einer Frist, die zweckmäßigerweise nach dem Ablauf der zweiwöchigen Wartezeit für den Beginn der Zwangsvollstreckung endet, zu zahlen.

Im Einzelfall können besondere Voraussetzungen für die Zwangsvollstreckung und deren Beginn zu beachten sein.

Beispiele

- bei Urteilen, die bedingte Leistungen vorsehen und bei Umschreibungsfällen muss auch die Vollstreckungsklausel und ggf. Abschriften der öffentlichen oder öffentlich beglaubigten Urkunden, auf Grund derer die Klausel erteilt wurde, mit zugestellt werden, damit sich der Schuldner anhand der ausgehändigten Unterlagen ein Bild über die Rechtmäßigkeit der Zwangsvollstreckung machen kann (§ 750 Abs. 2 ZPO);

- bei der so genannten Sicherungsvollstreckung (§ 720a ZPO; Zwangsvollstreckung aus nur gegen Sicherheit vorläufig vollstreckbaren Urteilen, mit denen der Schuldner zur Geldleistung verurteilt wurde) darf die Vollstreckung erst nach einer Wartefrist von zwei Wochen ab Zustellung des Urteils mit Klausel an den Schuldner beginnen;
- der Ablauf eines Kalendertages, wenn die Geltendmachung eines Anspruchs von dem Eintritt eines Kalendertages abhängig ist (§ 751 Abs. 1 ZPO);
- wenn eine durch den Gläubiger zu erbringende Sicherheitsleistung durch eine öffentliche oder öffentlich beglaubigte Urkunde nachgewiesen und eine Abschrift dieser Urkunde schon zugestellt worden ist oder gleichzeitig zugestellt wird (§ 751 Abs. 2 ZPO);
- bei einer Zug um Zug zu bewirkenden Leistung des Gläubigers muss dem Schuldner die ihm gebührende Leistung in einer den Annahmeverzug begründenden Weise angeboten worden sein, sofern nicht der Beweis, dass der Schuldner befriedigt worden oder im Annahmeverzug ist, durch öffentliche oder öffentlich beglaubigte Urkunden geführt wird und dem Schuldner eine Abschrift der Urkunde bereits zugestellt worden ist oder gleichzeitig zugestellt wird (§ 756 Abs. 1 ZPO). Mit der Vollstreckung kann begonnen werden, wenn der Gerichtsvollzieher wörtlich ein Angebot abgibt und der Schuldner die Leistung ablehnt (§ 756 Abs. 2 ZPO).

Die Zwangsvollstreckung wird eingeleitet mit einem Antrag des Gläubigers an das zuständige Vollstreckungsorgan (Antragsgrundsatz). Mit dem Antrag bestimmt der Gläubiger den Beginn, die Art und den Umfang des Zugriffs. Der Gläubiger kann den Antrag jederzeit zurücknehmen. Der Zwangsvollstreckungsantrag und jede Vollstreckungshandlung führen zu einem Neubeginn der Verjährung. Dies gilt nicht, wenn dem Vollstreckungsantrag nicht stattgegeben, der Antrag vor der Vollstreckungshandlung zurückgenommen oder die Vollstreckungshandlung später aufgehoben wird (§ 212 BGB).

7.2 Vollstreckungshindernisse

Für eine erfolgreiche Zwangsvollstreckung dürfen keine Hinderungsgründe vorliegen. Bei den Hinderungsgründen kann zwischen den gewillkürten und den gesetzlichen Vollstreckungshindernissen differenziert werden. Zu den gewillkürten Vollstreckungshindernissen gehören die Vollstreckungsverträge. Gesetzliche Vollstreckungseinstellungs- oder Vollstreckungsbeschränkungsgründe finden sich in § 775 ZPO.

7.2.1 Vollstreckungsverträge

Vollstreckungsverträge haben nichts mit dem materiell-rechtlichen Anspruch zu tun. Vollstreckungsverträge sind nicht mit einer Stundung zu verwechseln. Sie können zwischen Gläubiger und Schuldner wirksam unter bestimmten Voraussetzungen zum „ob" und zum „wie" der Zwangsvollstreckung abgeschlossen werden. Der Abschluss eines Vollstreckungsvertrages bietet sich an, wenn gegen die Titulierung eines Anspruchs vom Schuldner nichts eingewendet werden kann, der Gläubiger aber – aus welchen Gründen auch immer – dem Schuldner insbesondere Zeit einräumt, z. B. durch Verwertung von Sachen (Immobilien) zu Geld zu kommen, um daraus befriedigt zu werden. Die Frage ist allerdings für den jeweiligen Gläubiger: Gibt es noch mehr Gläubiger dieses Schuldners, die ebenso zuwarten oder handele ich mir durch Abschluss eines Vollstreckungsvertrages einen Rechtsnachteil ein?

Praxishinweis:

Aus Beweissicherungsgründen sollten Vollstreckungsverträge immer schriftlich abgeschlossen werden.

Die Zwangsvollstreckung lediglich in zeitlicher und/oder sachlicher Hinsicht beschränkende Verträge sind zulässig.

Praxishinweis:

Vereinbart werden kann, dass von einem Titel erst nach Eintritt eines bestimmten Ereignisses, nach einem bestimmten Zeitablauf Gebrauch gemacht werden kann oder dass nicht in bestimmte Vermögensmassen vollstreckt werden darf. Bei Teilzahlungsvergleichen/Ratenzahlungsvereinbarungen wird häufig dahingehend formuliert, dass der Gläubiger nicht vollstrecken darf, solange der Schuldner seine Raten zahlt. Große Vorsicht ist geboten, wenn Schuldner gegenüber dem Vollstreckungsorgan Teilzahlungen anbieten. Insoweit ist Sachaufklärung geboten (Profischuldner? „Alter Bekannter" des Gerichtsvollziehers?) und ggf. ein schriftlicher Ratenzahlungsvorschlag zu unterbreiten. Denn: Nimmt der Gläubiger die Ratenzahlung formlos hin, läuft er große Gefahr, dass er infolge dieses Abkommens mit weiteren Vollstreckungsmaßnahmen ausgeschlossen ist, der Schuldner mithin andere Vermögensgegenstände verwertet.

Unzulässig sind vollstreckungserweiternde Verträge. Darunter fallen Vereinbarungen, mit denen vom Vorliegen eines Titels oder einer Klausel abgesehen wird, der Schuldner auf Schutzbestimmungen verzichtet oder in denen einem unzuständigen Organ der Zugriff auf bestimmte Vermögensmassen gestattet wird. Dies findet seine Begründung darin, dass die Regelungen zu den Voraussetzungen und Grenzen der Zwangsvollstreckung der Parteidisposition entzogen sind.

7.2.2 Gesetzliche Vollstreckungsbeschränkungen

Gesetzliche Vollstreckungshindernisse ergeben sich u.a. aus der wichtigen Vorschrift § 775 ZPO. Die Zwangsvollstreckung ist danach einzustellen oder zu beschränken bei Vorlage

- Nr. 1: Der Ausfertigung einer vollstreckbaren Entscheidung, aus der sich wiederum die Aufhebung des zu vollstreckenden Urteils oder seiner vorläufigen Vollstreckbarkeit ergibt bzw. erklärt wird, dass die Zwangsvollstreckung unzulässig ist oder ihre Einstellung angeordnet ist;
- Nr. 2: Der Ausfertigung einer gerichtlichen Entscheidung, aus der sich die einstweilige Einstellung der Vollstreckung oder die Fortsetzung der Vollstreckung nur gegen Sicherheitsleistung ergibt;
- Nr. 3: Einer öffentlichen Urkunde, aus der sich ergibt, dass die Sicherheitsleistung oder Hinterlegung erfolgt ist, die zur Abwehr der Vollstreckung notwendig ist;
- Nr. 4: Einer öffentlichen Urkunde/vom Gläubiger ausgestellten Privaturkunde, aus der sich die Befriedigung nach Erlass des Urteils oder die Bewilligung der Stundung ergibt;
- Nr. 5: Eines Einzahlungs- oder Überweisungsnachweises einer Bank/Sparkasse, aus dem sich ergibt, dass der zur Befriedigung des Gläubigers erforderliche Betrag zur Auszahlung an den Gläubiger oder auf dessen Konto eingezahlt oder überwiesen worden ist.

Praxishinweis:

Während die nach Nr. 1-3 vorzulegenden Urkunden hoheitlicher Natur sind, kann es bei den auch privaten Urkunden gemäß Nr. 4-5 zu Problemen kommen. Bei der Abfassung von Schriftstücken nach Nr. 4 durch den Gläubiger muss erhebliche Sorgfalt ausgeübt werden, damit es nicht zu inhaltlichen Unsicherheiten kommt. Bei den Nachweisen nach Nr. 5 muss das Vollstreckungsorgan aufpassen. Kopien oder Durchschläge eines unbestätigten Überweisungsauftrages sind unzureichend. Auch bloße Eingangsbestätigungen der Bank sind unerheblich. Dagegen kann der Kontoauszug bei aussagekräftigen Überweisungsvermerken ausreichen.

7.3 Arten der Zwangsvollstreckung

Die Art der Zwangsvollstreckung richtet sich danach, welche Verpflichtung dem Titel zugrunde liegt.

Liegt dem Titel eine Forderung nach Geld zugrunde (Zahlungstitel), so kann der Gläubiger nach folgenden Maßgaben in das gesamte Schuldnervermögen vollstrecken:

Der Gläubiger kann die *Mobiliarvollstreckung* betreiben. Die Mobiliarvollstreckung findet statt in (körperliche) Sachen (§§ 803-827 ZPO) und in Forderungen und sonstige Rechte (§§ 828-863 ZPO). Die Mobiliarvollstreckung wird durch Pfändung und Verwertung durchgeführt (Sachpfändung und Forderungspfändung).

Dagegen richtet sich die *Immobiliarvollstreckung* gegen Grundstücke. Ein Akt der Zwangsvollstreckung in Grundstücke ist die Eintragung einer Zwangssicherungshypothek (§§ 866-868 ZPO). Die in das Grundbuch einzutragende Zwangssicherungshypothek gibt dem Gläubiger eine Sicherheit am Grundstück. Die Zwangssicherungshypothek ist rangwahrend, d. h. sie geht allen späteren Zwangsvollstreckungsmaßnahmen vor.

Praxishinweis:

Die mit relativ wenigen Kosten verbundene Zwangssicherungshypothek ist ein wirkungsvolles Mittel. Ist der Gläubiger erst einmal gesichert, kann er zuwarten, ob nicht der Schuldner oder z. B. der Käufer eines Grundstücks aktiv wird. Wird nämlich der Grundstückskauf finanziert, ist das finanzierende Institut regelmäßig nicht bereit, sich mit einem Sicherungsrecht im Rang hinter einer Zwangssicherungshypothek zufrieden zu geben. Gehen der Zwangssicherungshypothek andere Belastungen im Grundbuch im Rang vor, sollte der Gläubiger durchaus hinterfragen, ob diese Rechte wirksam bestellt worden sind und ob und in welchem Umfang sie noch valutieren.

Weitere Arten der Zwangsvollstreckung in ein Grundstück sind die Zwangsversteigerung (§§ 864-866 ZPO; 1-145 ZVG) und die Zwangsverwaltung (§§ 864-866 ZPO; 146-161 ZPO). Die Zwangsversteigerung dient der „Versilberung" des Grundstücks. Bei der Zwangsverwaltung will sich der Gläubiger aus den Nutzungen des Grundstücks befriedigen.

Praxishinweis:

Der Gläubiger sollte prüfen, ob nicht statt einer Zwangsverwaltung eine Pfändung der Mieten/Pachten in Frage kommt. Allerdings werden diese häufig abgetreten sein.

Weitere Arten der Zwangsvollstreckung sind:[3]

- Herausgabevollstreckung (§§ 883-886 ZPO):

  Der Titel ist gerichtet auf Herausgabe einer beweglichen Sache oder eines Grundstücks (z. B. Räumung);

- Handlungs- oder Unterlassungsvollstreckung (§§ 887-893 ZPO):

  Der Titel ist gerichtet auf Erwirkung einer Handlung, einer Duldung oder einer Unterlassung (z. B. in Wettbewerbsangelegenheiten oder im Nachbarrecht);

[3] Die weiteren Arten der Zwangsvollstreckung müssen im Folgenden vernachlässigt werden.

- Abgabe einer Willenserklärung (§ 894 ZPO):

  Die Abgabe der geforderten Willenserklärung gilt mit Eintritt des rechtskräftigen Urteils als erteilt.

7.4 Vollstreckungsorgane

Der *Gerichtsvollzieher* ist u.a. mit Zustellungen und Vollstreckungen betraut (§ 154 Gerichtsverfassungsgesetz – GVG). Einzelheiten ergeben sich aus der Geschäftsanweisung für Gerichtsvollzieher (GVGA). Der Gerichtsvollzieher ist zuständig für die Zwangsvollstreckung in körperliche Sachen (Fahrnis- oder Sachvollstreckung) und für die Herausgabevollstreckung.

Praxishinweis:

Nicht eilbedürftige Vollstreckungsaufträge können an die zentrale Gerichtsvollzieher-Verteilungsstelle des Amtsgerichts gesendet werden, in dessen Bezirk der Schuldner seinen Wohnsitz hat. Für eilbedürftige Angelegenheiten sind in manchen Gerichtsbezirken so genannte Eilgerichtsvollzieher eingeteilt. Zweckmäßig ist, sich vom Gericht Name und Telefonnummer des zuständigen Gerichtsvollziehers geben zu lassen, diesem die Eilbedürftigkeit (notfalls schriftlich) zu erläutern und, soweit möglich, den sofortigen Transport zum Schuldner anzubieten.

Das *Vollstreckungsgericht* ist eine Abteilung des Amtsgerichts und sachlich ausschließlich zuständig für die Zwangsvollstreckung in Forderungen und sonstige Rechte und für die Zwangsversteigerung und Zwangsverwaltung. Örtlich zuständig ist das Amtsgericht, bei dem der Schuldner im Inland seinen allgemeinen Gerichtsstand hat. In einigen Ausnahmefällen (u.a. bei der Handlungs-, Duldungs- und Unterlassungsvollstreckung) ist ausnahmsweise das Prozessgericht der ersten Instanz zuständiges Vollstreckungsgericht.

Das *Grundbuchamt* ist für die Eintragung der Zwangssicherungshypothek zuständig.

7.5 Zwangsvollstreckung wegen Geldforderungen in Sachen

Der Ablauf der Zwangsvollstreckung in bewegliche Sachen ist vom Gesetz her zunächst relativ einfach: Geld, Kostbarkeiten (z. B. Gegenstände aus Gold oder Silber, Edelsteine, Kunstwerke) und Wertpapiere des Schuldners werden vom Gerichtsvollzieher vereinnahmt. Andere Sachen werden mit einem Pfandsiegel versehen. Das Geld wird dem Gläubiger übergeben, die Kostbarkeiten und die anderen Sachen werden versteigert und der Gläubiger wird aus dem Erlös nach Abzug der Kosten befriedigt.

Die Zwangsvollstreckung in bewegliche Sachen führt heute nur noch in wenigen Fällen zu einem für den Gläubiger wirtschaftlich akzeptablen Ergebnis. Dies liegt an folgenden Gründen:

7.5.1 Verhalten des Schuldners

Der (Profi-) Schuldner ist nicht greifbar! Man kann ihn nicht ausfindig und dingfest machen, da er nicht bzw. nicht richtig gemeldet ist, irgendwo untergeschlüpft ist, sich (zeitweilig) ins Ausland abgesetzt hat, an seiner Behausung einen falschen Namen angebracht hat oder letztlich immer verreist ist, wie andere Hausgenossen treuherzig versichern. Die Durchsuchung der Wohnung/Betriebsstätte des Schuldners bedarf der gerichtlichen Durchsuchungsanordnung (§§ 758a ZPO, Art. 13 GG), wenn sich der Schuldner nicht einverstanden erklärt. Pfändbares Vermögen ist bis zum Erlass der Anordnung verschwunden. Ohne entsprechende richterliche Anordnung darf nur bei „Gefahr im Verzug" vorgegangen werden. Hierfür müssen aber konkrete Anhaltspunkte vorliegen. Wirkungsvoll ist die Durchsuchung zur Nachtzeit, wenn die Vollstreckung zur Tageszeit erfolglos war. Hierfür ist allerdings wiederum eine besondere richterliche Anordnung – neben dem Durchsuchungsbeschluss – erforderlich. Wenn durchsucht wird, muss dies richtig und gründlich geschehen und insbesondere Garagen, Kellerräume oder auch andere angemietete Räume untersucht werden. Die Taschenpfändung, mithin die vom Gerichtsvollzieher vorgenommene Pfändung von Sachen, die der Schuldner in Taschen und Behältnissen mit sich führt, (außerhalb der Wohnung auch ohne richterliche Anordnung) sollte nicht fehlen, dürfte aber häufig nicht zum Erfolg führen.

7.5.2 Schutzvorschriften

Den persönlichen Gebrauch betreffende oder dem Haushalt dienende Sachen sind ebenso unpfändbar wie höchst persönliche Gegenstände und Sachen, die der Schuldner zur Erzielung seines Lebensunterhalts gewerblich benötigt. Geringwertige Sachen dürfen nicht gepfändet werden. Geringwertigkeit liegt auch dann vor, wenn bei der Verwertung nur ein Wert erzielt wird, der außer Verhältnis steht. Die grundsätzlich bestehende Möglichkeit der (vorläufigen) Austauschpfändung (§§ 811a, 811b ZPO) hat einen nicht zu unterschätzenden Effekt. Praktisch gesehen kommt die Austauschpfändung wohl nur in seltenen Fällen bei in gewissem dinglichen Wohlstand lebenden Schuldnern in Frage; hier sollte sie aber konsequent angewendet werden, denn nichts ist solchen Leuten unerträglicher, als wenn z. B. die teure Rolex-Uhr „vom Handgelenk" verschwindet. Die Austauschpfändung ist allerdings an bestimmte Formalien gebunden, die allen Beteiligten (auch dem Gerichtsvollzieher) lästig sein können. Der Schuldner wird zu erklären versuchen, warum die Sache nicht pfändbar ist bzw. warum bei deren Versteigerung kein entsprechender Erlös zu erzielen ist.

Ferner unterliegen werthaltige Gegenstände nicht selten dem Grundstücksbeschlag, d. h. wesentliche Bestandteile (§ 93 BGB) oder Zubehör eines Grundstücks (§§ 97, 98 BGB) dürfen nicht im Wege der Sachvollstreckung, sondern nur durch Immobiliarvollstreckung verwertet werden.

Beispiel

Maschinen auf einem Fabrikgrundstück, sofern sie nicht ausschließlich auf Baustellen eingesetzt werden.

7.5.3 Rechte Dritter

Mit unglaublicher Frechheit stellen Schuldner Behauptungen zu angeblichen Rechten Dritter auf (angebliches Eigentum des/der Lebensgefährten/in; Sicherungsübertragungen). An der Rechtswirksamkeit bestehen häufig erhebliche Zweifel. Der Gerichtsvollzieher hat sich grundsätzlich um solche Behauptungen nicht zu kümmern. Allerdings hat der Gläubiger das Risiko, dass Dritte Rechtsbehelfe einlegen (z. B. Drittwiderspruchsklage). Der Gläubiger sollte gut abwägen, ob er dieses Kosten-/Haftungsrisiko eingehen will, d. h. ob der zu pfändende Gegenstand diese Risiken lohnt. Angebrachter ist es möglicherweise, auf die Pfändung zu verzichten, damit die Fruchtlosigkeitsbescheinigung zur Vorbereitung der Offenbarungsversicherung (vgl. unten, Ziffer 7.9) erteilt werden kann.

7.5.4 Verhalten des Gläubigers

Vor Ungeschicklichkeiten im Umgang mit dem Gerichtsvollzieher kann nur gewarnt werden. Gerichtsvollzieher sind Profis und kennen zum Teil „ihre" Schuldner. Es ist nichts dagegen einzuwenden, wenn ein Gläubiger eine „konsequente Vollstreckung" wünscht und dies durch Hinweise auf die Gerichtsvollzieher-Geschäftsanweisung (GVGA) bezüglich einzelner Maßnahmen unterlegt. Solche „Anweisungen" sollten aber mit dem Gerichtsvollzieher abgestimmt werden, immer höflich formuliert sein und gezielt den Einzelfall betreffen.

Der Gläubiger und sein Rechtsanwalt können bei der Vollstreckung anwesend sein (§ 62 Abs. 5 GVGA). Dies kann im Einzelfall aus unterschiedlichen Gründen sehr wirkungsvoll sein, nicht zuletzt wegen der Protokollierung.

7.5.5 Wirtschaftlichkeit

Die Erlösaussichten bei der Versteigerung gebrauchter Sachen sind gering. Möglicherweise ist ein freihändiger Verkauf oder sogar ein Ersteigern durch den Gläubiger sinnvoll.

Die Zwangsvollstreckung in bewegliche Sachen hat ihre eigentliche Bedeutung heute wahrscheinlich in der Mehrzahl der Fälle darin, dass ihre Fruchtlosigkeit die Voraussetzung für den Antrag auf Abgabe der eidesstattlichen Versicherung über die Vermögensverhältnisse des Schuldners ist.

7.6 Zwangsvollstreckung wegen Geldforderungen in Forderungen

Verwertbares Vermögen ist beim Schuldner häufig nur in Form von Forderungen gegen andere Personen vorhanden (so genannte Drittschuldner, d. h. Schuldner des Schuldners).

Beispiele

Arbeitgeber, Bank/Sparkasse, Versicherungen, Bausparkassen, Versorgungseinrichtungen, gesellschaftsrechtliche Beteiligungen, Vermieter, Fiskus

Praxishinweis:

Die Forderungspfändung verspricht eher Erfolg als die Sachpfändung.

Dem Gläubiger ist regelmäßig ein genauer Forderungsbestand nicht bekannt. Daher lässt er die angebliche Forderung des Schuldners gegen den Drittschuldner pfänden. Besteht die Forderung nicht, geht die Pfändung „ins Leere“.

Praxishinweis:

Ist eine gepfändete Forderung zeitlich früher und wirksam abgetreten, geht diese Abtretung der Pfändung vor. Aber: Die Abtretung von Einkommensforderungen im weitesten Sinne ist häufig genug unwirksam, insbesondere wenn sie formularmäßig vorgenommen wird.

Forderungen können in jedem Stadium gepfändet werden. Es spielt keine Rolle, ob die Forderung noch nicht fällig, ob sie bedingt, ob sie von einer Gegenleistung abhängig ist oder ob sie erst künftig entsteht – solange sie hinreichend bestimmbar ist.

Mit Zustellung des Pfändungs- und Überweisungsbeschlusses (kurz auch: PfÜb) an den Drittschuldner wird die Forderung beschlagnahmt und dem Gläubiger zur Einziehung überwiesen (Verwertungsakt). Dies hat zur Konsequenz, dass der Gläubiger direkt vom Drittschuldner die Zahlung fordern und der Drittschuldner mit schuldbefreiender Wirkung nur an den Gläubiger zahlen kann. Wenn der Drittschuldner aus welchen Gründen auch immer trotz der Zustellung an den Schuldner zahlt, muss er noch einmal an den Gläubiger zahlen. Gehen dem Drittschuldner mehrere Forderungspfändungen zu, ist ihm bei Zweifeln, an wen er mit befreiender Wirkung zahlen kann, nur zu raten, den Geldbetrag beim Amtsgericht zu hinterlegen (§ 853 ZPO). Der Schuldner wird natürlich vor Erlass des PfÜB nicht gehört/informiert (Überraschungseffekt). Ansonsten würde er versuchen, die Forderung beim Drittschuldner selbst einzutreiben.

Praxishinweis:

Auf die Rechte aus dem Pfändungsbeschluss sollte ein Gläubiger nie verzichten! Einer Bitte des Schuldners/Drittschuldners auf Beschränkungen (u. U. verbunden mit einem Teilzahlungsangebot) kann entgegenkommenderweise zugestimmt werden, aber nur mit der Maßgabe, dass die Zustimmung sofort außer Kraft tritt, wenn andere Gläubiger pfänden bzw. Rechte geltend machen.

In der Praxis hat der Gläubiger zum einen das Problem, nicht zu wissen, wer überhaupt Drittschuldner seines Schuldners ist, zum anderen hat er das Problem, dass die angebliche Forderung so genau wie möglich bezeichnet werden muss. Schließlich stellt sich die Frage, wie mit aussageschwachen Drittschuldnern umgegangen werden sollte.

Wer Drittschuldner sein kann, ergibt sich möglicherweise aus eigener Kenntnis des Gläubigers (Arbeitgeber des Schuldners), der Korrespondenz mit dem Schuldner (Bankverbindung, Finanzamt), Auskünften zu dem Schuldner (Auskunfteien, Detekteien), der Einsichtnahme von Registern (Handelsregister, Grundbuch) und der Kontaktaufnahme zu dem Umfeld des Schuldners.

Praxishinweis:

(1) Es kann nur empfohlen werden, sorgfältig von Anfang an Informationen im weitesten Sinne zu (potenziellen) Schuldnern zu sammeln. Hierbei sind auch die genauen Zustelladressen der denkbaren Drittschuldner zu erfassen.

(2) Es muss darauf geachtet werden, dass aus einem im Einzelnen bezeichneten Sachverhalt konkrete Ansprüche gepfändet werden. Mit dem Antrag sind der Originaltitel, die eigene Forderungszusammenstellung und die vorliegenden Vollstreckungsunterlagen im Original einzureichen.[4]

Der Drittschuldner muss einzelne, im Gesetz abschließend aufgezählte Angaben gegenüber dem Gläubiger machen (§ 840 ZPO). Es handelt sich dabei um reine Wissenserklärungen dazu, ob und in welcher Höhe die Forderung besteht, ob sie fällig, bedingt, betagt, von einer

4 Es gibt Antragsformulare und Formulierungshilfen in einschlägigen Formularbüchern zu den gängigsten Forderungspfändungen.

Gegenleistung abhängig ist oder bestritten wird, ob der Drittschuldner aufrechnen kann und ob andere Gläubiger gepfändet haben und wenn dies der Fall ist, in welcher Höhe. Es stellt sich die Frage, was der Gläubiger unternehmen kann, wenn die Auskunft des Drittschuldners nicht bzw. unvollständig oder unverständlich erteilt wird. Grundsätzlich hat der Gläubiger nicht die Möglichkeit, den Drittschuldner auf Abgabe der Erklärung zu verklagen. Ausnahmsweise hat der Schuldner gegenüber dem Drittschuldner Auskunftsansprüche, die von der Forderungspfändung mit erfasst werden (z. B. gegenüber Banken, Versicherungen, aus seiner Stellung als Gesellschafter, als Erbe oder auch aus Treu und Glauben). Diese Ansprüche kann der Gläubiger für sich nutzen. Letztendlich hat der Gläubiger gegen den Drittschuldner nur einen Anspruch auf Ersatz des Schadens, der aus der Nichterfüllung der Verpflichtung zur ordnungsgemäßen Auskunftserteilung resultiert (§ 840 Abs. 2 S. 2 ZPO).

7.7 Vorpfändung

Im Zusammenhang mit dem PfÜB steht das der Beschleunigung und rechtzeitigen Rangbesetzung dienende Institut der Vorpfändung, dessen wirksame Ausübung allein in der Hand des Gläubigers liegt (§ 845 ZPO).[5] Denn wann der Antrag auf PfÜB bei Gericht bearbeitet und letztlich zugestellt wird, liegt nicht in der Hand des Gläubigers. Es kann vorkommen, dass sein früherer Antrag durch einen zeitlich später eingehenden „überholt" wird, und sei es bei der Zustellung.

Praxishinweis:

Die Vorpfändung ist das effektivste Mittel zur Besetzung eines günstigen Ranges.

Der Gläubiger muss für die Vorpfändung nur einen Titel auf Geldzahlung haben. Nicht erforderlich ist das körperliche Vorliegen des Titels in Form einer vollstreckbaren Ausfertigung. Wenn der Titel eine Bedingung enthält, muss die Bedingung erfüllt sein. Bei einer Zug-um-Zug-Verurteilung muss die Gegenleistung angeboten sein.

Die Vorpfändung ist wirksam, wenn der Gerichtsvollzieher sie zugestellt hat.

Praxishinweis:

Mit der Zustellung der Vorpfändung sollte möglichst der Gerichtsvollzieher „des Vertrauens" am eigenen Wohnsitz beauftragt werden!

---

5 Für die Vorpfändung gibt es Formulare, die üblicherweise mit „Vorläufigem Zahlungsverbot gemäß § 845 ZPO" überschrieben sind.

Allerdings berechtigt die Vorpfändung den Gläubiger nicht zur Einziehung der Forderung. Sie soll nur den Rang des Gläubigers sichern.

Der Drittschuldner darf nicht mehr an den Schuldner zahlen, bis die Frist von einem Monat nach Zustellung abgelaufen ist (§ 845 Abs. 2 ZPO). Eine Auskunftspflicht trifft den Drittschuldner nicht.

Praxishinweis:

Allerdings ist genau darauf zu achten, dass der PfÜB innerhalb eines Monats zugestellt wird (§ 845 Abs. 2 ZPO). Nur dann entfaltet die Vorpfändung ihre Sperrwirkung. Gelingt dies nicht, kann eine erneute Vorpfändung vorgenommen werden. Gleichwohl wirkt diese nicht rangwahrend, wenn vorher ein anderer Gläubiger schon tatsächlich einen PfÜB hat zustellen lassen. Man muss sich daher als Gläubiger bei der Vorpfändung und danach beeilen, auf die Eilbedürftigkeit hinweisen und die Fristen unter Kontrolle halten. Kommt die Zustellnachricht nicht zurück, ist eine zweite Vorpfändung zu erwägen.

7.8 Vollstreckung aus Arrest

Der Arrest dient der Sicherung der Zwangsvollstreckung wegen einer Geldforderung oder wegen eines Anspruchs, der in eine Geldforderung übergehen kann (§ 916 Abs. 1 ZPO). Die einstweilige Verfügung dient dagegen grundsätzlich nur der Sicherung von Individualansprüchen, d. h. anderen als Geldforderungen. Der Gläubiger kann mit dem Arresttitel der Gefahr entgegenwirken, dass sein Recht wegen der Dauer des Erkenntnisverfahrens zur Erlangung eines endgültig vollstreckbaren Titels vereitelt oder erschwert wird. Der Arrest ist ein Mittel des vorläufigen Rechtsschutzes. Neben dem vorläufigen Rechtsschutzverfahren kann das Hauptsacheverfahren durchgeführt werden.

Die Besonderheit des vorläufigen Rechtsschutzverfahrens bringt es mit sich, dass auch nur vorläufig vollstreckt werden kann. Der Gläubiger sichert sich den Rang vor anderen Gläubigern. Eine endgültige Zufuhr des Wertes in das Gläubigervermögen findet in der Vollstreckung des Arresttitels nicht statt. Dies bedeutet, dass der Gläubiger bewegliches Vermögen oder Forderungen nur pfänden, nicht aber verwerten bzw. sich überweisen lassen darf.

Der Gläubiger muss unbedingt die so genannte Vollziehungsfrist beachten. Die Vollziehung des Arresttitels ist nicht mehr statthaft, wenn ein Monat vergangen ist.

> **Praxishinweis:**
>
> Dies bedeutet, dass der Gläubiger grundsätzlich nur einen Monat Zeit hat, aus dem Arresttitel zu vollstrecken.

Im Unterschied zur allgemeinen Zwangsvollstreckung muss der (Arrest-) Titel nicht vor der Vollstreckung zugestellt worden sein. Allerdings muss die Zustellung spätestens eine Woche nach Vollziehung nachgeholt werden, da sonst Unwirksamkeit eintritt (§ 929 Abs. 3 S. 1 und S. 2 ZPO). Ferner bedarf der Titel grundsätzlich keiner Vollstreckungsklausel.

> **Praxishinweis:**
>
> Die Überwachung der kurzen Fristen (1 Monat Vollziehungsfrist; 1 Woche Zustellungsfrist) ist sehr wichtig.

Zuständiges Gericht ist das Amtsgericht am Wohnsitz des Schuldners. Bei Forderungspfändungen ist das Gericht zuständig, welches auch den Arrest erlassen hat (§ 930 Abs. 1 S. 2 ZPO).

Hinzuweisen ist darauf, dass sich der Gläubiger schadensersatzpflichtig machen kann, wenn sich die Anordnung eines Arrests als von Anfang an ungerechtfertigt erweist oder er nicht binnen zu bestimmender Frist Klage erhebt (§ 945 ZPO).

> **Praxishinweis:**
>
> Der Schuldner wird bei dem Arrest und seiner Vollziehung nicht vorgewarnt. Wichtig ist daher, den Überraschungseffekt optimal auszunutzen. Z. B. kann zusammen mit dem Antrag auf Anordnung des Arrests ein Pfändungsantrag verbunden werden, z. B. auf Eintragung einer Zwangssicherungshypothek.

7.9 Eidesstattliche Versicherung/Offenbarungsversicherung

Mit der eidesstattlichen Versicherung wird der Schuldner gezwungen, Auskunft zu erteilen. Will der Schuldner die Auskunft nicht erteilen, kann er in Haft genommen werden. Die Abgabe einer falschen Versicherung an Eides Statt ist strafbar (§ 156 StGB).

Neben der eidesstattlichen Versicherung des Schuldners, nicht im Besitz einer Sache zu sein (bei der Herausgabevollstreckung), und der eidesstattlichen Versicherung des Schuldners, dem Gläubiger zur Durchsetzung einer gepfändeten Forderung alle notwendigen Auskünfte und Unterlagen gegeben zu haben (zur Unterstützung der Forderungspfändung), ist natürlich die eidesstattliche Versicherung über die Vermögensverhältnisse (Offenbarungsversicherung, § 807 ZPO) der wichtigste Fall der Versicherung an Eides Statt.

Die Offenbarungsversicherung wird im Auftrag des Gläubigers vom Gerichtsvollzieher abgenommen (§§ 899, 900 ZPO). Voraussetzung für die Offenbarungsversicherung ist eine erfolglos durchgeführte bzw. aussichtslos erscheinende Zwangsvollstreckung beim Schuldner. Der Nachweis dafür kann geführt werden durch eine so genannte „Fruchtlosigkeitsbescheinigung" des Gerichtsvollziehers, durch ein so genanntes Unpfändbarkeitsattest des Gerichtsvollziehers, wenn der Schuldner bekannterweise „kahlgepfändet" ist, ggf. durch erfolgslose Lohnpfändung beim Arbeitgeber und/oder durch das Vorliegen unerledigter Haftbefehle.

Bevor der Auftrag an den Gerichtsvollzieher auf Abnahme der Offenbarungsversicherung erteilt wird, ist dringend zu raten, beim Vollstreckungsgericht eine Auskunft zum Schuldner darüber einzuholen, ob die Offenbarungsversicherung in den letzten drei Jahren bereits abgegeben worden ist oder ein Haftbefehl erlassen wurde. Für den Fall, dass die Offenbarungsversicherung abgegeben worden ist, sollte sich der Gläubiger das Vermögensverzeichnis in Kopie zusenden lassen.

Praxishinweis:

Personenbezogene Informationen aus dem Schuldnerverzeichnis dürfen u.a. zum Zwecke der Zwangsvollstreckung und zur Bonitätsprüfung angefordert werden. Der Verwendungszweck ist darzulegen. Der Titel ist zumindest in beglaubigter Abschrift beizufügen. Kostenpflichtig ist die Auskunft nur, wenn eine Eintragung vorliegt.

Bei der Offenbarungsversicherung ist denkbar, dass der Schuldner nachzubessern hat (z. B. wenn er bestimmte Angaben „nicht zur Hand hat"; Nachbesserungsantrag).

Eine erneute Offenbarungsversicherung kann normalerweise erst nach drei Jahren verlangt werden, außer es ist neues Vermögen erworben worden oder das Arbeitsverhältnis des Schuldners ist aufgelöst worden (§ 903 ZPO).

Die Offenbarungsversicherung bzw. die grundlose Verweigerung der Abgabe der Offenbarungsversicherung (auch schon die Haftanordnung) hat für den Schuldner schwerwiegende Folgen: Er wird in das Schuldnerverzeichnis aufgenommen („schwarze Liste"), verliert seine Kreditwürdigkeit und ist regelmäßig bei den einschlägigen Auskunfteien gespeichert. Daher versuchen Schuldner, mit allen Möglichkeiten die Abgabe der Offenbarungsversicherung zu umgehen. Dies reicht von der einfachen Behauptung, der Gläubiger habe bereits alle Informationen, über den (nicht weiter begründeten) Vertagungsantrag bis hin zum (qualifizierten) ärztlichen Attest.

Praxishinweis:

Der Gläubiger kann trotz der Behauptung des Schuldners, er habe alle Angaben gemacht, auf der Abgabe der Offenbarungsversicherung bestehen, da diese bei fälschlichen Angaben strafbewehrt ist.

Der Schuldner kann eine Vertagung des Termins zur Abgabe der Offenbarungsversicherung erreichen, wenn er glaubhaft macht, dass er die Forderung des Gläubigers innerhalb von sechs Monaten tilgen kann (§ 900 Abs. 3 ZPO). Glaubhaft zu machen sind die tatsächlichen Verhältnisse, aus denen sich Zahlungswille und Zahlungsvermögen des Schuldners ergeben. Reine Zahlungsversprechen genügen nicht. So können bereits das Angebot eines Geldbetrages und die Glaubhaftmachung, dass gezahlt wird, für einen Zeitaufschub ausreichen.

Der Schuldner kann auch Widerspruch gegen die Anordnung der Offenbarungsversicherung erheben (§ 900 Abs. 4 ZPO). Dieser Widerspruch ist in der Regel unbegründet. Allerdings muss zunächst das Vollstreckungsgericht tätig werden. Hierdurch erreicht der Schuldner einen zeitlichen Aufschub.

Praxishinweis:

Viele Schuldner machen unzureichende Angaben und füllen die Vordrucke für die Offenbarungsversicherung nachlässig aus. Der Gläubiger hat ein Anwesenheitsrecht im Termin und kann auf vollständige Angaben drängen bzw. auf Widersprüche aufmerksam machen.

Die (schnelle) Auswertung der Offenbarungsversicherung ist für Gläubiger letztlich die einzige Möglichkeit zu prüfen, ob verwertbares Vermögen vorhanden ist, wenn die Pfändung fruchtlos verlaufen ist.

8. Grundzüge des Insolvenzrechts

Das Insolvenzrecht ist im Wesentlichen in der Insolvenzordnung (InsO) geregelt.

8.1 Zielsetzungen des Insolvenzverfahrens

Die grundlegende Zielsetzung des Insolvenzverfahrens unterscheidet sich von der Zielsetzung der Einzelzwangsvollstreckung. In der Einzelzwangsvollstreckung verfolgt jeder Gläubiger selbst seine individuelle Befriedigung („Windhundrennen"). Im eröffneten Insolvenzverfahren nimmt dagegen gebündelt der Insolvenzverwalter die Interessen der Insolvenzgläubiger wahr.

§ 1 InsO fasst die Zielsetzungen des Insolvenzverfahrens wie folgt zusammen:

- Verwertung des Schuldnervermögens und Verteilung des Erlöses unter den Gläubigern (Zerschlagung),
- davon abweichende Regelungen in einem Insolvenzplanverfahren zur Fortsetzung und zum Erhalt des Schuldnerunternehmens (Sanierung)
- und Befreiung des redlichen Schuldners von seinen Restverbindlichkeiten (Restschuldbefreiung).

Das Wichtigste:

- ➢ Das Insolvenzverfahren dient der gemeinschaftlichen und gleichmäßigen Befriedigung der Gläubiger des Schuldners (par condicio creditorum). Kein Gläubiger soll sich in der Insolvenz eines Schuldners einen Vorteil vor anderen Gläubigern verschaffen können.

8.2 Arten des Insolvenzverfahrens

Das Gesetz unterscheidet verschiedene Arten von Insolvenzverfahren: Regelinsolvenzverfahren (z.T. auch Unternehmensinsolvenzverfahren genannt), Verbraucherinsolvenzverfahren und besondere Insolvenzverfahren über bestimmte Vermögensmassen (Nachlassinsolvenzverfahren, Insolvenzverfahren über das Gesamtgut einer fortgesetzten Gütergemeinschaft und

Insolvenzverfahren über das gemeinschaftlich verwaltete Gesamtgut einer Gütergemeinschaft). Daneben gibt es besondere Verfahrensarten, z. B. die Eigenverwaltung, das Insolvenzplanverfahren oder das Restschuldbefreiungsverfahren.

Das Wichtigste:

- Zu unterscheiden sind das Regelinsolvenzverfahren und das Verbraucherinsolvenzverfahren.

8.3 Schematischer Ablauf eines Regelinsolvenzverfahrens

Das Insolvenzverfahren setzt einen Antrag auf Eröffnung beim zuständigen Amtsgericht als Insolvenzgericht voraus.

Regelmäßig wird vom Gericht per Beschluss ein vorläufiger Insolvenzverwalter ernannt. Der Auftrag des Gerichts an den vorläufigen Insolvenzverwalter lautet zumeist, zu prüfen, ob ein Insolvenzeröffnungsgrund vorliegt und ob genügend Masse beim Schuldner vorhanden ist, um die Kosten zu decken. In bestimmten Fällen ernennen Gerichte zunächst einen Sachverständigen – nicht zu verwechseln mit einem vorläufigen Insolvenzverwalter – mit ähnlichem Prüfungsauftrag. Gleichzeitig mit der Ernennung eines vorläufigen Insolvenzverwalters ordnet das Gericht durch Beschluss Sicherungsmaßnahmen an. Die Sicherungsmaßnahmen dienen dazu, eine nachteilige Änderung der Vermögenslage des Schuldners zu verhindern. Insbesondere wird das Schuldnervermögen vor dem Zugriff von einzelnen Gläubigern geschützt. Die Phase des vorläufigen Insolvenzverfahrens (Eröffnungsverfahren) schließt normalerweise mit dem Bericht/Gutachten des vorläufigen Insolvenzverwalters ab. In dem Bericht/Gutachten wird entweder die Eröffnung des Insolvenzverfahrens durch das Gericht oder die Abweisung des Eröffnungsantrages empfohlen, wenn das Schuldnervermögen voraussichtlich nicht zur Verfahrenskostendeckung ausreicht („Abweisung mangels Masse“). Beschäftigt der Schuldner Arbeitnehmer, dauert das Eröffnungsverfahren aus Gründen der zeitlich begrenzten Zahlung von Insolvenzgeld selten länger als drei Monate. Liegen keine Verpflichtungen des Schuldners vor, ist insbesondere der Geschäftsbetrieb eingestellt, kann die Eröffnungsphase länger dauern.

Folgt das Gericht der Empfehlung des vorläufigen Insolvenzverwalters auf Eröffnung des Insolvenzverfahrens, wird ein entsprechender Beschluss (Eröffnungs-Beschluss) erlassen und – so gut wie immer – mit eben demselben Beschluss der vorläufige Insolvenzverwalter zum Insolvenzverwalter ernannt. Die Gläubiger werden unter Fristbestimmung im Eröffnungs-Beschluss aufgefordert, ihre Forderungen beim Insolvenzverwalter anzumelden und dem Insolvenzverwalter (nicht dem Gericht!) ihre Sicherungsrechte an beweglichen Sachen oder an Rechten mitzuteilen. Das Gericht bestimmt schließlich im Eröffnungs-Beschluss Termine für Gläubigerversammlungen zur Beschlussfassung über den Fortgang des Verfahrens auf der Grundlage eines Verwalterberichts (Berichtstermin) und zur Prüfung der angemeldeten Forderungen (Prüfungstermin). Beide Termine können und werden üblicherweise miteinander verbunden.

Im Berichtstermin (häufig ist dieser Termin auch die 1. Gläubigerversammlung) unterrichtet der Insolvenzverwalter über die wirtschaftliche Lage des Schuldnerunternehmens. Er muss darlegen, ob Erhaltungsaussichten für das Schuldnerunternehmen insgesamt oder in Teilen bestehen, ob ein Insolvenzplan sinnvoll ist und welche Auswirkungen jeweils für die Befriedigung der Gläubiger eintreten würden. Da der Berichtstermin nicht später als drei Monate nach Eröffnung des Insolvenzverfahrens angesetzt werden darf, bleibt dem Insolvenzverwalter häufig nicht genug Zeit, sämtliche wirtschaftlich relevanten Vorgänge zu ermitteln. Nicht selten bestimmen die wirtschaftlichen Gegebenheiten den Berichtsinhalt. Ist ein Geschäftsbetrieb bereits eingestellt, macht es keinen Sinn, über Erhaltungsaussichten zu referieren. Die Gläubigerversammlung beschließt den weiteren Fortgang des Verfahrens: Stillegung des Unternehmens, vorläufige Fortführung oder auch Ausarbeitung eines Insolvenzplans durch den Insolvenzverwalter mit Zielvorgabe. Die 1. Gläubigerversammlung/der Berichtstermin verläuft zumeist ohne eine gesteigerte Gläubigerpräsenz. Ob dies an einem Desinteresse, an vielleicht längeren Anreisezeiten zum Ort des Insolvenzgerichts, verbunden mit zum Teil höheren Kosten und Abwesenheitszeiten, oder an Unwissenheit über die Rechte der Gläubiger liegt, kann nicht gesagt werden. Möglicherweise meinen Gläubiger, sie könnten nichts bewirken; eine Fehlvorstellung.

Praxishinweis:

Wenn, dann sollten Gläubiger an der 1. Gläubigerversammlung teilnehmen. In der 1. Gläubigerversammlung muss der Insolvenzverwalter persönlich anwesend sein. Dies ist somit die Gelegenheit für Gläubiger, in der unter Leitung des Insolvenzgerichts stehenden Gläubigerversammlung ihre Anliegen/Beschwerden vorzutragen. Nicht selten kommt es in der Phase bis zur 1. Gläubigerversammlung nämlich zu Unstimmigkeiten und Ärger über den Insolvenzverwalter. Nur in der ersten auf die Bestellung des Insolvenzverwalters folgenden Gläubigerversammlung können die Gläubiger mit im Gesetz beschriebenen Mehrheiten eine andere Person als Insolvenzverwalter wählen!

Wurde im Berichtstermin nichts anderes beschlossen, beginnt der Insolvenzverwalter sofort im Anschluss unverzüglich mit der Verwertung des Schuldnervermögens. Die Dauer der Abwicklungsphase kann kaum vorhergesagt werden. Dies hängt mit der Verfahrensgröße und den unterschiedlichen Tätigkeiten zusammen, die der Insolvenzverwalter durchführen muss. Nicht zuletzt die Dauer von Rechtsstreitigkeiten, die der Insolvenzverwalter führt oder die gegen ihn geführt werden, verlängert die Verfahrensdauer. Insolvenzverfahren dauern häufig länger als zwei Jahre ab Verfahrenseröffnung. Nicht selten beträgt die Verfahrensdauer auch vier Jahre oder sogar mehr.

Abschlagsverteilungen an die Gläubiger können im Anschluss an den Prüfungstermin stattfinden, wenn hinreichende Barmittel in der Insolvenzmasse vorhanden sind. Gläubiger sollten sich aber keine allzu großen Hoffnungen auf Abschlagsverteilungen machen.

Im „Idealfall" läuft das Insolvenzverfahren bis zur abschließenden Gläubigerversammlung (Schlusstermin). Ist die Verwertung der Insolvenzmasse abgeschlossen, erfolgt die Schlussverteilung mit Zustimmung des Insolvenzgerichts. Im Schlusstermin können Einwendungen gegen das Schlussverzeichnis erhoben werden. Ist die Schlussverteilung vollzogen, wird die Aufhebung des Insolvenzverfahrens vom Gericht beschlossen.

Praxishinweis:

Nach Aufhebung des Insolvenzverfahrens können die Gläubiger grundsätzlich – vorbehaltlich der Regeln über die Restschuldbefreiung – ihre restlichen Forderungen gegen den Schuldner unbeschränkt geltend machen. Wurde die Forderung in die Insolvenztabelle eingetragen, festgestellt und nicht bestritten, kann aus der Insolvenztabelle wie aus einem Urteil die Zwangsvollstreckung betrieben werden.

Stellt sich während des Verfahrens heraus, dass die Insolvenzmasse nicht ausreicht, um die Verfahrenskosten zu decken, stellt das Gericht das Verfahren ein (Einstellung mangels Masse). Sind zwar die Verfahrenskosten gedeckt, reicht aber die Insolvenzmasse nicht aus, um die fälligen sonstigen Masseverbindlichkeiten – das sind insbesondere die Verbindlichkeiten, die durch Handlungen des Insolvenzverwalters begründet worden sind oder aus der Erfüllung von gegenseitigen Verträgen herrühren, deren Erfüllung zur Insolvenzmasse gefordert wird – zu erfüllen, so hat der Insolvenzverwalter die Masseunzulänglichkeit anzuzeigen. Nach Befriedigung der Massegläubiger aus der vorhandenen Masse nach einer bestimmten Reihenfolge wird das Insolvenzverfahren eingestellt.

Praxishinweis:

Der Insolvenzverwalter haftet den Massegläubigern für die Nichterfüllung von Masseverbindlichkeiten persönlich auf Schadensersatz. Er kann sich zwar exculpieren. Dafür muss er aber darlegen und beweisen, dass er bei Begründung der Verbindlichkeit nicht erkennen konnte, dass die Masse voraussichtlich zur Erfüllung nicht ausreichen würde.

Die Beschlüsse des Insolvenzgerichts werden öffentlich bekannt gemacht (vgl. auch www.insolvenzbekanntmachungen.de).

Praxishinweis:

Unbedingt den Beschluss zum Insolvenzeröffnungsverfahren beim vorläufigen Verwalter anfordern. Aus diesem Beschluss ergeben sich die genauen Befugnisse des vorläufigen Insolvenzverwalters. Die Adresse des vorläufigen Verwalters gibt das Insolvenzgericht bekannt.

Das Wichtigste:

- Es muss zwischen dem vorläufigen Insolvenzverfahren (Eröffnungsverfahren) und dem eröffneten Insolvenzverfahren differenziert werden.
- Die Befugnisse des vorläufigen Insolvenzverwalters unterscheiden sich häufig grundlegend von der Rechtsmacht des (endgültigen) Insolvenzverwalters. Der Beschluss, aus dem sich die Befugnisse des vorläufigen Insolvenzverwalters ergeben, muss eingesehen werden.
- Forderungen und Sicherungsrechte sind beim Insolvenzverwalter anzumelden, nicht beim Gericht. Eine „verfrühte“ Anmeldung, d. h. vor Eröffnung des Insolvenzverfahrens, ist zwar sinnvoll, aber rechtlich nicht vorgesehen und sollte daher nach Verfahrenseröffnung wiederholt werden, außer der Insolvenzverwalter bestätigt die Ordnungsmäßigkeit und Berücksichtigung.
- Die 1. Gläubigerversammlung (zumeist der Berichtstermin) ist für den Verfahrensablauf entscheidend. Hier können die Gläubiger auf die Person des Insolvenzverwalters Einfluss nehmen (Neuwahl) und den Verfahrensablauf bestimmen.

8.4 Einleitung des Insolvenzverfahrens

Das Insolvenzverfahren wird nie von Amts wegen eingeleitet. Die Eröffnung eines Insolvenzverfahrens setzt den Antrag eines Antragsberechtigten beim zuständigen Amtsgericht mit dem Inhalt voraus, es möge das Insolvenzverfahren über das Vermögen einer insolvenzfähigen Person eröffnet werden (Antragsgrundsatz).

8.4.1 Insolvenzfähigkeit

Jede natürliche und juristische Person des Zivilrechts (Aktiengesellschaft, Gesellschaft mit beschränkter Haftung, Kommanditgesellschaft auf Aktien, eingetragene Genossenschaft, rechtsfähiger Verein – Idealverein und wirtschaftlicher Verein – und aufgrund gesetzlicher

Gleichstellung auch der nichtrechtsfähige Verein, Versicherungsverein auf Gegenseitigkeit, rechtsfähige Stiftung) ist insolvenzfähig.

Körperschaften, Stiftungen und Anstalten des öffentlichen Rechts sind grundsätzlich ebenfalls insolvenzfähig, es sei denn, sie sind gesetzlich (Bundes- oder auch Landesrecht) für insolvenzunfähig erklärt worden. Über das Vermögen beispielsweise des Bundes und eines Landes kann kein Insolvenzverfahren eröffnet werden. Sie sind insolvenzunfähig.

Insolvenzfähig sind weiter Gesellschaften – wie es der Gesetzgeber ausdrückt – „ohne Rechtspersönlichkeit". Dazu zählen: Offene Handelsgesellschaft, Kommanditgesellschaft, Partnerschaftsgesellschaft, Gesellschaft bürgerlichen Rechts, Partenreederei, Europäische wirtschaftliche Interessenvereinigung.

Wie durch die Einführung der besonderen Arten von Insolvenzverfahren vorgegeben, sind auch ein Nachlass, das Gesamtgut einer fortgesetzten Gütergemeinschaft und das Gesamtgut einer von den Ehegatten gemeinschaftlich verwalteten Gütergemeinschaft insolvenzfähig.

Umstritten ist die Insolvenzfähigkeit von Wohnungseigentümergemeinschaften und von Grundvermögen haltenden Bruchteilsgemeinschaften.

Es gibt – trotz anhaltender Forderungen – noch kein Insolvenzrecht für verbundene Unternehmen (Konzerninsolvenzrecht). Es gelten die Grundsätze: „Eine Person, ein Vermögen, ein Insolvenzverfahren".

Die Insolvenzfähigkeit endet nicht mit Auflösung der juristischen Person oder der Gesellschaft ohne Rechtspersönlichkeit. Die Eröffnung eines Insolvenzverfahrens ist möglich, solange die Verteilung des Vermögens nicht vollzogen ist.

8.4.2 Form des Insolvenzantrages

Der Antrag auf Eröffnung des Insolvenzverfahrens (Insolvenzantrag) ist im Regelinsolvenzverfahren an keine Form gebunden. Üblicherweise wird der Insolvenzantrag schriftlich gestellt. Er kann auch zu Protokoll der Geschäftsstelle des Insolvenzgerichts erklärt werden. Im Verbraucherinsolvenzverfahren muss der Insolvenzantrag dagegen schriftlich gestellt werden.

8.4.3 Zuständiges Gericht

Der Insolvenzantrag ist bei dem ausschließlich sachlich zuständigen Amtsgericht, in dessen Bezirk ein Landgericht seinen Sitz hat, zu stellen (Amtsgericht als Insolvenzgericht). Nicht jedes Amtsgericht ist Insolvenzgericht mit einer Insolvenzabteilung. Mit der Insolvenzordnung wurde eine Konzentration auf bestimmte Amtsgerichte als Insolvenzgerichte vorgenommen. Das Verzeichnis der Insolvenzgerichte ist in der Zeitschrift ZInsO, Jahrgang 1998, S. 270 ff. abgedruckt.

Örtlich ausschließlich zuständig ist das Insolvenzgericht, in dessen Bezirk der Schuldner seinen allgemeinen Gerichtsstand hat. Der allgemeine Gerichtsstand natürlicher Personen ist an ihrem Wohnsitz. Juristische Personen haben ihren allgemeinen Gerichtsstand üblicherweise an ihrem Verwaltungssitz. Ausnahmsweise verlagert sich die örtliche Zuständigkeit, wenn der Mittelpunkt einer selbstständigen wirtschaftlichen Tätigkeit des Schuldners an einem anderen Ort liegt als dem, der seinen allgemeinen Gerichtsstand begründet.

8.4.4 Antragsberechtigung

Antragsberechtigt ist der Schuldner. Bei juristischen Personen und Gesellschaften ohne Rechtspersönlichkeit ist grundsätzlich jedes Mitglied des Vertretungsorgans (bei juristischen Personen) und jeder persönlich haftende Gesellschafter (bei Gesellschaften ohne Rechtspersönlichkeit und Kommanditgesellschaften auf Aktien) sowie jeder Abwickler befugt, den Antrag zu stellen. Wird der Antrag auf Eröffnung des Insolvenzverfahrens nicht von allen Mitgliedern des Vertretungsorgans bzw. persönlich haftenden Gesellschaftern oder Abwicklern gestellt, ist für seine Zulässigkeit die Glaubhaftmachung des Eröffnungsgrundes notwendig.

Antragsberechtigt sind auch die Gläubiger. Der Antrag eines Gläubigers auf Eröffnung des Insolvenzverfahrens ist allerdings nur zulässig, wenn der Gläubiger ein rechtliches Interesse an der Eröffnung des Insolvenzverfahrens hat. Ferner muss der Gläubiger seine Forderung(en) und den Eröffnungsgrund glaubhaft machen.

Praxishinweis:

Jeder Gläubiger muss sorgfältig prüfen, ob es für ihn wirtschaftlich sinnvoll ist, einen Insolvenzantrag zu stellen, denn üblicherweise haben Gläubiger bezüglich ihrer Forderungen nur einen Anspruch auf quotenmäßige Befriedigung. Die Quote ist regelmäßig nicht besonders hoch. Dagegen muss der Gläubiger bedenken, dass er Kostenschuldner ist, wenn der Insolvenzantrag z. B. mangels Masse abgewiesen wird. Nach den Gepflogenheiten nicht weniger Insolvenzgerichte werden von antragstellenden Gläubigern Vorschüsse zur Deckung der Auslagen erhoben.

Zur Glaubhaftmachung der Forderung(en) hat der Gläubiger den Bestand der Forderung schlüssig darzulegen, z. B. durch die Vorlage eines Titels oder durch die Spezifizierung der Forderung(en) in Form von Auftragserteilungen, Auftragsbestätigungen, Lieferscheinen, Rechnungen, Buchungsbelegen, Wechseln etc. Eine schlichte schriftliche Aufstellung der Forderung(en) genügt dagegen nicht.

Schwieriger ist es für den Gläubiger, einen Eröffnungsgrund glaubhaft zu machen. Da der Gläubiger seinen Antrag nicht auf den Eröffnungsgrund „drohende Zahlungsunfähigkeit“ stützen darf, wird er in der Regel nur den Eröffnungsgrund der Zahlungsunfähigkeit glaubhaft machen können, da ihm für die Überschuldung – die auch nur bei juristischen Personen

Eröffnungsgrund ist – keine ausreichenden Kenntnisse und Nachweise vorliegen werden. Als geeigneter Nachweis zur Glaubhaftmachung der Zahlungsunfähigkeit kommt beispielsweise die Vorlage des Protokolls des Gerichtsvollziehers über einen erfolglosen Zwangsvollstreckungsversuch (Fruchtlosigkeitsbescheinigung) in Frage.

Rechtsmissbräuchlich und daher ablehnungswürdig ist ein Gläubigerantrag, wenn Zahlungen von einem solventen, aber zahlungsunwilligen Schuldner erzwungen oder wenn die Anerkennung einer rechtlich zweifelhaften Forderung erreicht werden soll. Es gilt ferner der Grundsatz, dass das rechtliche Interesse für einen Insolvenzantrag nicht von der Forderungshöhe abhängig ist. Nicht unumstritten ist, ob ein Gläubiger vor Insolvenzantragstellung alle Möglichkeiten der Einzelzwangsvollstreckung ausgeschöpft haben muss. Eine Schadensersatzpflicht des Gläubigers bei fahrlässig unberechtigter Insolvenzantragstellung dürfte allerdings grundsätzlich nicht in Frage kommen, sondern nur dann gegeben sein, wenn die Grenze zur vorsätzlichen und sittenwidrigen Schädigung überschritten worden ist. Die Grenze dürfte wohl überschritten sein, wenn der Gläubiger den Schuldner mit dem Insolvenzantrag unter Druck setzen und eine rechtlich zweifelhafte Forderung durchsetzen will und überdies Dritten auch noch mitteilt, der Schuldner sei zahlungsunfähig.

Von der Antragsberechtigung ist die Pflicht zur Stellung des Insolvenzantrages zu unterscheiden. Die Pflicht zur Stellung des Insolvenzantrags besteht für juristische Personen, für die offene Handelsgesellschaft und die Kommanditgesellschaft, bei der kein persönlich haftender Gesellschafter eine natürliche Person ist, für Erben und Nachlassverwalter und für die fortgesetzte Gütergemeinschaft. Der Insolvenzantrag ist ohne schuldhaftes Verzögern, spätestens aber drei Wochen nach Eintritt der Zahlungsunfähigkeit oder nachdem sich eine Überschuldung ergeben hat, zu stellen. Die schuldhafte Verletzung der Antragspflicht kann für den/die organschaftlichen Vertreter zu einer Strafbarkeit und zu einer persönlichen Schadensersatzverpflichtung führen (Insolvenzverschleppung).

8.4.5 Antragsinhalt

Für den Insolvenzantrag gibt es keinen festgelegten Inhalt. Denkbar ist ein sehr kurzer Antrag („Ich bin Geschäftsführer der X-GmbH. Ich stelle Insolvenzantrag wegen Zahlungsunfähigkeit/Überschuldung der X-GmbH.“). Das Gericht wird bei einem solchen Antrag fast gezwungen, zunächst einen Sachverständigen einzusetzen, der die Verhältnisse der Gesellschaft festzustellen und zu prüfen hat, ob ein Insolvenzgrund vorliegt und eine die Verfahrenskosten deckende Masse vorhanden ist.

In einem gut vorbereiteten Schuldnerantrag einer juristischen Person sollte die Legitimation zur Stellung des Antrages dargelegt werden. Üblicherweise wird ein aktueller Handelsregisterauszug dem Antrag beigefügt, aus welchem sich die Vertretungsberechtigung und die weiteren Daten (Sitz der Gesellschaft, Gründungsdatum, Registergericht, Handelsregisternummer) ergeben. Zur Darlegung des Insolvenzgrundes sollte eine aussagekräftige Vermögensübersicht der Gesellschaft vorgelegt werden. Nicht notwendig, aber sinnvoll ist die Beifügung eines Gläubiger- und Schuldnerverzeichnisses.

Der Gläubigerantrag kann beispielsweise vom Gläubiger selbst oder von dem vertretungsberechtigten Geschäftsführer einer GmbH gestellt werden. Es ist auf eine genaue Bezeichnung der Schuldnerin (Adresse/Sitz, gesetzliche Vertreter) zu achten, nicht zuletzt, um Verwechslungen zu vermeiden. Wird die Stellung eines Insolvenzantrages einem Bevollmächtigten überlassen, sollte eine spezielle Insolvenzvollmacht ausgestellt werden. Zur Glaubhaftmachung der Forderung und des Insolvenzgrundes sollten die entsprechenden Dokumente (Titel in vollstreckbarer Ausfertigung, Protokoll der ergebnislosen Zwangsvollstreckung) im Original vorgelegt werden.

Der Insolvenzantrag darf nicht von einer Bedingung abhängig gemacht werden oder befristet sein. Der Insolvenzantrag kann – allerdings kostenpflichtig – so lange zurückgenommen werden, bis das Insolvenzverfahren eröffnet oder der Insolvenzantrag rechtskräftig abgewiesen worden ist.

8.5 Insolvenzgründe

Für die Eröffnung des Insolvenzverfahrens muss ein Insolvenzgrund (Eröffnungsgrund) vorliegen. Das Vorliegen eines Eröffnungsgrundes wird in der Phase des vorläufigen Insolvenzverfahrens geprüft. Es gibt drei Eröffnungsgründe, wobei danach differenziert werden muss, welchen Personen welche Eröffnungsgründe zur Verfügung stehen. Allgemeiner, für alle Personen geltender Insolvenzgrund ist die Zahlungsunfähigkeit. Nur der Schuldner kann seinen Insolvenzantrag zusätzlich auf eine drohende Zahlungsunfähigkeit stützen. Nur juristische Personen können die Insolvenz auch wegen Überschuldung beantragen.

8.5.1 Zahlungsunfähigkeit

Der allgemeine, für alle insolvenzfähigen Personen geltende Eröffnungsgrund ist die Zahlungsunfähigkeit. Zahlungsunfähig ist nach der gesetzlichen Definition, wer nicht in der Lage ist, die fälligen Zahlungsverpflichtungen zu erfüllen. Die Zahlungsunfähigkeit ist in der Regel anzunehmen, d. h. sie wird widerleglich vermutet, wenn der Schuldner seine Zahlungen eingestellt hat. Eine Zahlungseinstellung liegt auch dann vor, wenn der Schuldner vereinzelt und verhältnismäßig geringfügige Zahlungen leistet. Dagegen liegt nur eine (vorübergehende) Zahlungsstockung vor, wenn sich der Schuldner binnen kurzer Zeit liquide Mittel verschaffen kann. Diese Spanne der Zeitraumilliquidität dürfte 2-3 Wochen nicht überschreiten, höchstens aber wohl 1 Monat andauern. Geringfügige Liquiditätslücken erfüllen nicht den Tatbestand der Zahlungsunfähigkeit. Diese Lücke dürfte aber nicht mehr als 5 %, maximal 10 % der fälligen Verpflichtungen betragen. Gläubiger brauchen bei ihrer Antragstellung nicht darauf einzugehen, ob eine Liquiditätslücke geringfügig ist. Die Nichtzahlung auch einer geringfügigen Forderung indiziert grundsätzlich die Zahlungsunfähigkeit.

Indizien für die Zahlungseinstellung können sein: eine Mehrzahl von ungedeckten Schecks oder zu Protest gegangenen Wechseln, die Nichtzahlung von Löhnen und Gehältern, Pfändungen, Schließung von Geschäftsstellen, Ladenlokalen, dauernde Unerreichbarkeit, Übertragung des Restvermögens auf einen Treuhänder mit außergerichtlicher Liquidation und Vermögensverteilung, Erklärungen des Schuldners, „nicht zahlen zu können", Angebot eines Moratoriums oder eines außergerichtlichen Vergleichs.

8.5.2 Drohende Zahlungsunfähigkeit

Der Schuldner – und nur er! – kann die Eröffnung des Insolvenzverfahrens beantragen, wenn die Zahlungsunfähigkeit droht. Der Schuldner droht nach der gesetzlichen Definition zahlungsunfähig zu werden, wenn er voraussichtlich nicht in der Lage sein wird, die bestehenden Zahlungsverpflichtungen im Zeitpunkt der Fälligkeit zu erfüllen. Genauso wie bei dem Insolvenzgrund „Zahlungsunfähigkeit" bleiben geringfügige Liquiditätslücken und/oder eine vorübergehende Zahlungsstockung außer Betracht.

Praxishinweis:

Gläubiger können nach dem eindeutigen Gesetzeswortlaut keinen Insolvenzantrag mit drohender Zahlungsunfähigkeit begründen. Der Schuldner soll so nicht unter Druck gesetzt werden.

Der Gesetzgeber versprach sich mit Einführung des Insolvenzgrundes „drohende Zahlungsunfähigkeit" eine frühzeitige Antragstellung und rechtzeitige Verfahrenseröffnung. Je schneller die „Krankheit Insolvenz" erkannt und behandelt wird, desto eher sollen Gläubigerinteressen durch Erreichung einer optimalen Befriedigungsquote oder einer Sanierung verwirklicht werden. Die „freiwillige" Auslösung des Insolvenzverfahrens kann insbesondere in Verbindung mit einer seriösen Eigenverwaltung und einem Sanierungskonzept/Insolvenzplan gute Chancen für eine Reorganisation eines Unternehmens bieten. Andererseits besteht die Missbrauchsgefahr insoweit, dass die drohende Insolvenz als Druckmittel benutzt wird, um sich von missliebigen Verträgen zu lösen und günstige Vergleiche abzuschließen.

8.5.3 Überschuldung

Die Überschuldung ist nur für juristische Personen ein Insolvenzgrund. Überschuldung liegt vor, wenn das Vermögen des Schuldners die bestehenden Verbindlichkeiten nicht mehr deckt. Zeigt die Handelsbilanz einer juristischen Person einen nicht durch Eigenkapital gedeckten Fehlbetrag (rechnerische oder bilanzielle Überschuldung), bedeutet dies nicht automatisch eine insolvenzrechtlich relevante Überschuldung. Ob eine insolvenzrechtlich relevante Überschuldung vorliegt, kann nur durch die Aufstellung einer Überschuldungsbilanz festgestellt werden. Bei der Aufstellung der Überschuldungsbilanz ist mitentscheidend, ob die Vermögensgegenstände des Unternehmens zu Fortführungs- oder zu Zerschlagungswerten angesetzt werden. Nach dem Gesetz ist bei der Bewertung des Vermögens die Fortführung des Unternehmens zugrunde zu legen, wenn diese überwiegend wahrscheinlich ist. Es ist somit eine Fortführungsprognose aufzustellen.

Praxishinweis:

Die Fortführungsprognose ist von den gesetzlichen Vertretern der juristischen Person mit der Sorgfalt eines ordentlichen Geschäftsleiters aufzustellen. Wird diese Sorgfalt nicht eingehalten, kann trotz positivem Ergebnis bei der Fortführungsprognose eine zivilrechtliche persönliche Haftung und eine Strafbarkeit wegen Insolvenzverschleppung in Frage kommen.

Bei positiver Fortführungsprognose ist die Überschuldungsbilanz unter Zugrundelegung von Fortführungswerten aufzustellen. Zeigt die Überschuldungsbilanz trotzdem eine Unterdeckung auf, liegt eine insolvenzrechtlich relevante Überschuldung vor. Die Insolvenzantragspflicht der gesetzlichen Vertreter wird ausgelöst.

Sollte die Fortführungsprognose negativ sein, ist die Überschuldungsbilanz auf Liquidationswerten basierend aufzustellen. Ist das Vermögen kleiner als die bestehenden Verbindlichkeiten, besteht natürlich auch in diesem Fall die Insolvenzantragspflicht wegen Überschuldung.

Praxishinweis:

In einem Rechtsstreit liegt die Darlegungs- und Beweislast dafür, dass keine Überschuldung vorgelegen hat oder dafür, dass eine Fortführungsprognose aufgestellt und positiv ausgefallen ist, bei der Geschäftsleitung. Daher ist insbesondere die Aufstellung der Fortführungsprognose eingehend zu dokumentieren.

8.6 Insolvenzeröffnungsverfahren

Während geprüft wird, ob der Insolvenzantrag zulässig ist, ein Eröffnungsgrund vorliegt und das Vermögen des Schuldners voraussichtlich ausreicht, die Kosten des Verfahrens zu decken, müssen im Regelfall vom Gericht Maßnahmen ergriffen werden, u.a. um eine für die Gläubiger nachteilige Veränderung in der Vermögenslage des Schuldners zu verhindern (Sicherungsmaßnahmen). Das Gesetz sieht keinen starren und abschließenden Kanon von Sicherungsmaßnahmen vor.

Praxishinweis:

Lassen Sie sich unbedingt den Beschluss oder die Beschlüsse des Insolvenzgerichts im Eröffnungsverfahren geben, damit Sie beurteilen (lassen) können, welche Maßnahmen angeordnet worden sind.

Für die Gläubiger ist die Phase des Insolvenzeröffnungsverfahrens besonders wichtig, da gerade in den ersten Wochen entscheidende Weichenstellungen erfolgen.

Praxishinweis:

Die Insolvenzgerichte geben auf höfliche telefonische Nachfrage Auskunft darüber, ob ein Insolvenzantrag gegen einen Schuldner vorliegt. Üblicherweise wird auch die Person des vorläufigen Insolvenzverwalters mit Adresse und Telefonnummer/Faxnummer bekannt gegeben. Auf die öffentliche Bekanntmachung zu warten, kann kostbaren Zeitverlust bedeuten.

8.6.1 Gutachterbestellung

Enthält der Schuldnerantrag nur „Minimalangaben" (der „Zweizeiler", mit dem die Eröffnung des Insolvenzverfahrens wegen Zahlungsunfähigkeit/Überschuldung beantragt wird), so kann das Insolvenzgericht zunächst einen Gutachter bestellen, dem es aufgibt zu prüfen, ob ein Eröffnungsgrund vorliegt und ob die Kosten gedeckt sind. Je nach Einzelfall können weitere Sicherungsmaßnahmen angeordnet werden.

8.6.2 „Starker" vorläufiger Insolvenzverwalter

Bestellt das Gericht einen vorläufigen Insolvenzverwalter und erlegt es dem Schuldner ein allgemeines Verfügungsverbot auf, so hat der vorläufige Insolvenzverwalter die Verwaltungs- und Verfügungsbefugnis über das Vermögen des Schuldners als so genannter „starker" vorläufiger Insolvenzverwalter. Die Kompetenzen des „starken" vorläufigen Insolvenzverwalters ergeben sich aus dem Gesetz, in erster Linie aber aus den Anordnungen des Insolvenzgerichts. Neben der Vermögenssicherung hat der „starke" vorläufige Insolvenzverwalter auch das Schuldnerunternehmen bis zur Entscheidung über die Eröffnung des Insolvenzverfahrens fortzuführen, soweit nicht das Gericht einer Betriebsstilllegung zustimmt.

Praxishinweis:

Der „starke" vorläufige Insolvenzverwalter „ersetzt" praktisch den Schuldner/den Geschäftsführer der Gesellschaft mit beschränkter Haftung/den Vorstand einer Aktiengesellschaft. Dies hat Folgen für die Haftung: Verbindlichkeiten, die von einem „starken" vorläufigen Insolvenzverwalter begründet worden sind, gelten nach der Eröffnung des Insolvenzverfahrens als Masseverbindlichkeiten. Die Nichterfüllung von Masseverbindlichkeiten verpflichtet den Insolvenzverwalter grundsätzlich zum Schadenersatz.

8.6.3 „Schwacher" vorläufiger Insolvenzverwalter

Ordnet das Insolvenzgericht an, dass Verfügungen des Schuldners nur mit Zustimmung des vorläufigen Insolvenzverwalters wirksam sind, ist der vorläufige Insolvenzverwalter „schwach". Dies bedeutet, dass das Gericht seine Rechte und Pflichten im Einzelnen bestimmen muss.

Praxishinweis:

Der „schwache" vorläufige Insolvenzverwalter kann keine Verbindlichkeiten begründen, die nach Verfahrenseröffnung zu Masseverbindlichkeiten werden, für deren Nichterfüllung er auf Schadensersatz haften würde.

Das Wichtigste:

- Verwechseln Sie bitte nicht den Zustimmungsvorbehalt („schwacher" vorläufiger Insolvenzverwalter) mit dem allgemeinen Verfügungsverbot („starker" vorläufiger Insolvenzverwalter). Deshalb ist es wichtig, dass Sie den Beschluss des Insolvenzgerichts zur Anordnung der vorläufigen Insolvenzverwaltung kennen.
- Die erforderliche Zustimmungserklärung des „schwachen" vorläufigen Insolvenzverwalters bedeutet keine automatische Zahlungsgarantie oder eine persönliche Haftungsübernahme. Deshalb muss bei Warenbestellungen im vorläufigen Insolvenzverfahren die Zahlungssicherung geklärt werden. Am Sichersten ist die Bestellung gegen Vorkasse oder zumindest „Ware gegen Geld" (Zug um Zug). Sollte dies nicht darstellbar sein, sollten Gläubiger versuchen, eine Einstandserklärung des vorläufigen Insolvenzverwalters zu erhalten, dass er persönlich für die Zahlung garantiert und haftet.

8.6.4 Einstellung der Zwangsvollstreckung

Regelmäßig wird das Insolvenzgericht anordnen, dass Maßnahmen der Zwangsvollstreckung gegen den Schuldner im vorläufigen Insolvenzverfahren untersagt oder einstweilen eingestellt werden. Dies hat den Zweck, das Schuldnervermögen zusammenzuhalten. Das Schuldnervermögen soll nicht durch Individualvollstreckungen vor Verfahrenseröffnung geschmälert werden.

> **Praxishinweis:**
>
> Gläubiger können gegen Anordnungen von Sicherungsmaßnahmen oder gegen die Ablehnung von Anregungen auf Erlass bestimmter Maßnahmen nichts unternehmen. Entscheidungen des Insolvenzgerichts unterliegen nur dann der sofortigen Beschwerde, wenn das Gesetz dies ausdrücklich vorsieht.

8.6.5 Forderungseinzug

Das Insolvenzgericht kann dem Schuldner im vorläufigen Insolvenzverfahren untersagen, Forderungen einzuziehen. Umgekehrt stellt sich für Drittschuldner die Frage, an wen sie mit befreiender Wirkung zahlen können. Das Gesetz ist hart: Die Entgegennahme einer Leistung von Drittschuldnern durch den Schuldner zum Zwecke der Erfüllung ist eine Verfügung. Eine solche Verfügung wäre absolut unwirksam. Der Drittschuldner wird jedoch frei, wenn er zum Zeitpunkt der Leistung die Anordnung der Verfügungsbeschränkung nicht kannte. Die Unkenntnis wird vermutet, wenn der Drittschuldner vor der öffentlichen Bekanntmachung der Verfügungsbeschränkung leistet. Erfolgte die Leistung nach der öffentlichen Bekanntmachung, hat der Drittschuldner zu beweisen, dass er die Verfügungsbeschränkung nicht kannte.

> **Praxishinweis:**
>
> Bei Kenntnis von der Anordnung des vorläufigen Insolvenzverfahrens unbedingt mit dem vorläufigen Insolvenzverwalter abklären, wohin mit befreiender Wirkung gezahlt werden kann. Kennt man als Drittschuldner nicht die Anordnung des vorläufigen Insolvenzverfahrens, kann es z. B. darauf ankommen, ob der Drittschuldner außerhalb des Verbreitungsgebietes des jeweiligen Bekanntmachungsblattes geleistet hat.

Besonderheiten gelten für Forderungen, die der Schuldner sicherungshalber an seinen Gläubiger abgetreten hat. Grundsätzlich erhält der Schuldner vom Gläubiger die Ermächtigung im Sicherungsvertrag, die Forderungen im Rahmen einer ordnungsgemäßen Führung des Geschäftsbetriebs einzuziehen. Diese Einziehungsermächtigung endet, wenn der Sicherungsvertrag dies für die Beantragung der Eröffnung eines Insolvenzverfahrens so vorsieht oder wenn der Gläubiger die Einziehungsermächtigung ausdrücklich widerruft.

Praxishinweis:

Gläubiger sollten bei berechtigtem Anlass die Ermächtigung zur Einziehung von an sie abgetretenen Forderungen rechtzeitig und ausdrücklich widerrufen.

Eine andere Frage ist, ob nicht das Insolvenzgericht im Rahmen der Sicherungsmaßnahmen anordnen kann, dass es dem Gläubiger untersagt ist, die sicherungshalber abgetretenen Forderungen einzuziehen.

Praxishinweis:

Sollte eine solche Anordnung vom Gericht erlassen werden, dürfte es Gläubigern wahrscheinlich nichts bringen, sich darüber hinwegzusetzen: Der Forderungseinzug wäre anfechtungsbelastet.

8.6.6 Verwertung von Sicherungsgut im Insolvenzeröffnungsverfahren

Häufige Problemfälle betreffen die Verwertung von Gegenständen im vorläufigen Insolvenzverfahren, an denen Sicherungsrechte bestehen.

Beispiel

Der Lieferant L liefert seine Waren an den Abnehmer A unter verlängertem und erweitertem Eigentumsvorbehalt. Der A wird insolvent. Es wird ein „schwacher" vorläufiger Insolvenzverwalter V bestellt. Der L hat möglicherweise ein Interesse – aufgrund der Substanz der Waren oder wegen eines Saisongeschäfts oder schlicht aus organisatorischen/betrieblichen Gründen –, dass die Waren im Insolvenzeröffnungsverfahren verarbeitet und/oder weiterverkauft werden.

Sicherungsrechte in Form des verlängerten/erweiterten Eigentumsvorbehalts geben nur ein so genanntes Absonderungsrecht. Der Gläubiger kann aus der Verwertung des Sicherungsgutes abgesonderte Befriedigung verlangen. Zur Verwertung von Sicherungsgut, welches er in Besitz hat, ist grundsätzlich der Insolvenzverwalter befugt. Er kann dann bei Verwertung die Kostenbeiträge von pauschal 4 % für die Feststellung und von 5 % für die Verwertung verlangen. Diese Rechte gebühren ihm aber erst ab Eröffnung des Insolvenzverfahrens. Im Insolvenzeröffnungsverfahren gelten diese Regelungen nicht! Häufig kann und soll aber mit der Verwertung der Ware nicht gewartet werden. Die Phase des Insolvenzeröffnungsverfahrens kann bis zu drei Monaten dauern. Die Verwertung soll schon in der Phase des vorläufigen Insolvenzverfahrens durchgeführt und abgeschlossen werden. Geht man dabei von einer zumindest temporären Betriebsfortführung aus, werden Kosten beim Schuldner produziert (Miete, Energie, Personal, Werbung etc.), die gedeckt werden müssen. Folglich verlangen vorläufige Insolvenzverwalter nicht selten eine Kostenbeteiligung des L. Die gesetzlichen Regelungen schweigen zu diesem Punkt. Folgende Grundsätze dürften zu berücksichtigen sein: Der vorläufige Insolvenzverwalter hat kein Verwertungsrecht am Sicherungsgut (anders der Insolvenzverwalter nach Verfahrenseröffnung). Andererseits hat der vorläufige Insolvenzverwalter ein Nutzungsrecht: Der L kommt an seine Ware nur noch heran, wenn der vorläufige Insolvenzverwalter sie freigibt. An einer solchen Freigabe hat der L möglicherweise kein Interesse. Der L will aber natürlich auch nicht, dass seine Ware zu Schleuderpreisen „verramscht" wird. Das Interesse des vorläufigen Insolvenzverwalters an einer Kostenbeteiligung des Vorbehaltslieferanten und der Erzielung einer Marge ist legitim. Einen Rechtsanspruch auf eine Kostenbeteiligung hat der vorläufige Insolvenzverwalter aber nicht.

Praxishinweis:

Die Kostenbeteiligung des Lieferanten ist Verhandlungssache. Sie wird nach hier vertretener Auffassung (nur) über eine gesonderte vertragliche Vereinbarung begründet.

Das Wichtigste:

- Es muss Gläubigern dringend davon abgeraten werden, zu versuchen, nach Bekanntwerden der Stellung eines Insolvenzantrages Sicherungsgut beim Schuldner abzuholen („Wild-West"-Methode). Dies ist unzulässige Selbsthilfe und kann zivil- und strafrechtliche Folgen haben.
- Als Gläubiger sollte man sich wegen seiner Sicherungsrechte im vorläufigen Insolvenzverfahren frühzeitig beim vorläufigen Insolvenzverwalter melden und „registrieren" lassen. Dies sollte aber in jedem Fall nach Eröffnung des Verfahrens wiederholt werden.
- Die „Veredelung" von Vorbehaltsware im Insolvenzeröffnungsverfahren unter Kostenbeteiligung des Gläubigers ist vertraglich abzustimmen. Die gesetzlichen Vorschriften zu den Kostenbeiträgen der Gläubiger gelten erst ab Eröffnung des Verfahrens.

8.7 Eigenverwaltung

Neben den Insolvenzverfahren in Form des Regel-, des Verbraucherinsolvenzverfahrens oder eines besonderen Insolvenzverfahrens (z. B. über den Nachlass) stellt das Gesetz mit der Eigenverwaltung eine spezielle Verfahrensart zur Verfügung. Eigenverwaltung bedeutet: Der Schuldner bleibt verwaltungs- und verfügungsbefugt. Er wird nur unter Aufsicht eines so genannten Sachwalters gestellt.

Beispiel

Zum Organ eines krisengeschüttelten Unternehmens (z. B. Holzmann, Kirch Media, Babcock Borsig, Agfa Photo) wird – zum Teil relativ kurz vor Stellung des Insolvenzantrages – ein erfahrener Insolvenzfachmann bestellt. Zusammen mit dem Insolvenzantrag wird der Antrag auf Eigenverwaltung gestellt, der damit begründet wird, dass der Insolvenzfachmann die erforderliche Zuverlässigkeit und Sachkunde für eine Sanierung habe und auch unvorbelastet sei. Zusammen mit dem Insolvenzantrag und dem Antrag auf Eigenverwaltung wird möglicherweise auch noch direkt ein Insolvenzplan („prepackaged plan") eingereicht.

Die generelle Kritik gegen die Eigenverwaltung lautet, dass der „Bock zum Gärtner" gemacht würde, wenn der Schuldner/die entsprechenden Organe des Schuldnerunternehmens im Rahmen der Eigenverwaltung immer noch das „Heft in der Hand" behielten. Dieses Argument verliert an Wirkungskraft, wenn die Organe eines Schuldnerunternehmens kurz vor Antragstellung ausgetauscht werden. In einem solchen Fall stellt sich aber die Frage, ob die Anordnung der Eigenverwaltung nach dem Gesetzeszweck zulässig ist. Nach der Gesetzesbegründung sollen die besonderen Kenntnisse und Erfahrungen der Unternehmensleitung aus der bisherigen Geschäftsführung bei der Eigenverwaltung genutzt werden (personelle Kontinuität). Wird aber die Unternehmensführung ausgetauscht, liegt eigentlich eine Fremdverwaltung vor, insbesondere dann, wenn der „neue Mann" – der erfahrene Insolvenzspezialist – der eigentlich „starke Mann" im Unternehmen ist.

Voraussetzung für die Anordnung der Eigenverwaltung ist u.a., dass keine Verzögerung des Verfahrens oder keine sonstigen Nachteile für Gläubiger zu befürchten sein dürfen. Dies rechtfertigt sich vor dem Hintergrund, dass die Gläubigerautonomie die besondere Verfahrensart der Eigenverwaltung prägt. Es stellt sich allerdings die Frage, wie der Gläubigerwille beim Insolvenzgericht ankommt. Sind die Hauptgläubiger mit der Anordnung der Eigenverwaltung einverstanden, was vom Schuldnerunternehmen im Vorfeld abgeklärt wird, so werden die Hauptgläubiger bei Gericht eine entsprechende Stellungnahme einreichen.

Praxishinweis:

Gesetzlich nicht geregelt ist, was Gläubiger gegen eine beabsichtigte Eigenverwaltung unternehmen können. Eine „Schutzschrift" vor Antragstellung bei Gericht zu hinterlegen, dürfte nicht zweckmäßig sein. Es wird zum Teil sogar vertreten, Insolvenzgerichte seien nicht berechtigt oder verpflichtet, entsprechende „Schutzschriften" entgegenzunehmen und/oder zu berücksichtigen. Wird aber der Eigenverwaltungsantrag gestellt, können Gläubiger nach der hier vertretenen Auffassung im Rahmen einer Stellungnahme frei dem Gericht vortragen, aus welchen Gründen die Eigenverwaltung nicht gewünscht und/oder unzweckmäßig ist. Gibt es die Möglichkeit für eine die Eigenverwaltung unterstützende Stellungnahme, kann und darf für das Gegenteil nichts anderes gelten.

Die Gerichte sind mit der Anordnung der Eigenverwaltung vorsichtig. Die Eigenverwaltung soll die Ausnahme bilden. Die Kritik gegen die Eigenverwaltung ist zum Teil allerdings überzogen. Die Eigenverwaltung ist ein brauchbares Mittel in der Insolvenz von Freiberuflern, da das Geschäft von diesen Personen „lebt“ und sie nur einer gewissen Fürsorge durch den Sachwalter bedürfen. Trotz nicht von der Hand zu weisender Gefährdungsaspekte (gläubigerbenachteiligende Absichten des Schuldners, Verletzung des Gleichbehandlungsgrundsatzes, insolvenzzweckwidrige Verfügungen, Einwirkungsmöglichkeiten von Großgläubigern) ist die Eigenverwaltung in Insolvenzverfahren größerer Unternehmen eine strategische Möglichkeit, wenn es um deren Fortführung (Sanierung) geht.

Nachträglich kann die einmal angeordnete Eigenverwaltung aufgehoben werden, u.a. wenn dies von der Gläubigerversammlung oder vom Schuldner beantragt wird oder wenn ein absonderungsberechtigter Gläubiger/ein Insolvenzgläubiger dies unter bestimmten weiteren Voraussetzungen beantragt.

8.8 Eröffnung des Insolvenzverfahrens

8.8.1 Insolvenzeröffnungs-Beschluss

Das Insolvenzgericht erlässt einen Eröffnungs-Beschluss, wenn die Voraussetzungen für die Eröffnung des Insolvenzverfahrens bejaht werden. Das Insolvenzgericht ernennt mit dem Eröffnungs-Beschluss die Person des Insolvenzverwalters. Die Person des Insolvenzverwalters ist fast immer identisch mit der Person des vorläufigen Insolvenzverwalters. Das Insolvenzgericht bestimmt im Eröffnungs-Beschluss einen Termin für eine Gläubigerversammlung zur Beschlussfassung über den Fortgang des Verfahrens auf der Grundlage eines Verwalterberichts (Berichtstermin). Die Gläubiger werden im Eröffnungs-Beschluss aufgefordert, ihre Forderungen binnen bestimmter Frist schriftlich beim Insolvenzverwalter anzumelden. Dem Insolvenzverwalter ist ferner unverzüglich mitzuteilen, welche Sicherungsrechte an beweglichen Sachen bzw. Rechten konkret (Bezeichnung des Gegenstandes, der Art der Sicherung und des Entstehungsgrundes der gesicherten Forderung) in Anspruch genommen werden. Wer die Mitteilung der Sicherungsrechte schuldhaft unterlässt oder verzögert, haftet für einen daraus entstehenden Schaden

Praxishinweis:

Die Sicherungsrechte sind zweckmäßigerweise zwar schon im Insolvenzeröffnungsverfahren offen zu legen. Jedoch sollte die Mitteilung der Sicherungsrechte aufgrund des eindeutigen Gesetzeswortlauts nach Eröffnung des Verfahrens wiederholt werden. Eine bestimmte Form der Mitteilung der Sicherungsrechte ist nicht vorgesehen; zweckmäßigerweise sollte alles schriftlich erfolgen.

8.8.2 Forderungsanmeldung

Grundsätzlich ist der Eröffnungs-Beschluss genau hinsichtlich der Anforderungen zur Forderungsanmeldung zu prüfen. Anmeldungsberechtigt sind alle Insolvenzgläubiger mit Ausnahme der so genannten nachrangigen Insolvenzgläubiger. Dies sind solche, die z. B. Forderungen auf eine unentgeltliche Leistung des Schuldners haben, die Geldstrafen, Geldbußen oder Zwangsgelder beanspruchen oder die Forderungen auf Rückgewähr kapitalersetzender Darlehen eines Gesellschafters. Zu Einzelheiten muss auf § 39 InsO verwiesen werden. Die Insolvenzmasse haftet nur für Forderungen, die vor Verfahrenseröffnung entstanden sind. Es können nur vermögensrechtliche Ansprüche angemeldet werden. Das sind Geldforderungen oder in Geld umrechenbare Forderungen. Absonderungsberechtigte Gläubiger, die eine persönliche Forderung gegen den Schuldner haben, können ihre Forderung grundsätzlich in voller Höhe anmelden. Dagegen sind aussonderungsberechtigte Gläubiger von der Anmeldung ausgeschlossen. Kann ein Gläubiger aufrechnen, hat er die Aufrechnung vorzunehmen und nicht seine Forderung anzumelden.

Zwei Grundvoraussetzungen sind in jedem Fall zu beachten: Die Forderungen sind schriftlich und beim Insolvenzverwalter (bei der Eigenverwaltung beim Sachwalter und im „vereinfachten" Insolvenzverfahren – Verbraucherinsolvenzverfahren – beim Treuhänder) anzumelden, da der Insolvenzverwalter die Insolvenztabelle führt. Die schriftliche Anmeldung dürfte auch dann gewahrt sein, wenn die Forderungsanmeldung mit „modernen Kommunikationsmitteln" übermittelt wird (Telefax, E-Mail). Zur Sicherheit sollte dies aber mit dem Insolvenzverwalterbüro abgeklärt werden (vgl. Praxishinweis). Sollte eine Forderungsanmeldung irrtümlich einmal beim Insolvenzgericht gelandet sein, so wird in der juristischen Literatur die Auffassung vertreten, das Insolvenzgericht sei verpflichtet, die Forderungsanmeldung an den Insolvenzverwalter weiterzuleiten. Verlassen sollte man sich darauf nicht! Die Insolvenzgläubiger können ihre Forderungen selbst anmelden. Die Forderungsanmeldung kann natürlich auch einem Bevollmächtigten übertragen werden (z. B. Steuerberatern, Rechtsanwälten). Die Tätigkeit von Dienstleistern wird aber honorarpflichtig sein. Rechtsanwälte dürfen z. B. für die Forderungsanmeldung im Insolvenzverfahren Gebühren erheben. Besonders wichtig ist die Ausstellung einer speziellen Vollmacht (Insolvenzvollmacht) auf den gewillkürten Vertreter, die mit der Forderungsanmeldung einzureichen ist. Die Vollmacht muss sich insbesondere auf das Insolvenzverfahren und die damit zusammenhängenden Tätigkeiten beziehen. Die allgemeine Prozessvollmacht, die häufig formularmäßig vorliegt und nur noch mit Details ausgefüllt wird, genügt den Anforderungen nicht, wenn nicht speziell auf die Insolvenz verwiesen wird, da die in den Formularen erwähnte „Zwangsvollstreckung" nach richtiger Auffassung nicht die Insolvenz umfasst. Bei der Forderungsanmeldung juristischer Personen oder von Gesellschaften ohne Rechtspersönlichkeit sollte darauf geachtet werden, dass Vertretungsberechtigte (Organ, vertretungsberechtigter Gesellschafter, Prokuristen) in ausreichender Zahl (Achtung bei Gesamtvertretungsregelungen) beteiligt sind.

Praxishinweis:

Die Forderungsanmeldungen sind üblicherweise auf Formblättern vorzunehmen. Die Formblätter können in der Regel über den Insolvenzverwalter angefordert werden. Manchmal werden die Formblätter auch mit den Gläubigeranschreiben vom Insolvenzverwalter mitversandt – wenn die Kreditorenbuchhaltung des Schuldners in Ordnung ist. Häufig wird die Anmeldung in zweifacher Ausfertigung verlangt. So gut wie jeder Insolvenzverwalter verfügt über einen Stab sachbearbeitender und/oder anwaltlicher Mitarbeiter. Fragen sind zweckmäßigerweise nicht mit dem Insolvenzverwalter, sondern mit dem Sachbearbeiter abzuklären.

Die im Eröffnungs-Beschluss bestimmte Anmeldefrist sollte natürlich beachtet werden. Die Anmeldefrist ist aber keine Ausschlussfrist. Auch nach Ablauf der Anmeldefrist angemeldete Forderungen müssen berücksichtigt werden. Die später angemeldeten Forderungen sind zwar grundsätzlich im allgemeinen Prüfungstermin zu prüfen. Legt jedoch der Insolvenzverwalter oder ein anderer Gläubiger gegen die Prüfung Widerspruch ein – der nicht begründet werden muss –, oder geht eine Forderungsanmeldung erst nach Durchführung des allgemeinen Prüfungstermins ein, so hat das Insolvenzgericht kostenpflichtig für den säumigen Gläubiger einen besonderen nachträglichen Prüfungstermin festzusetzen. Nach umstrittener, aber richtiger Ansicht ist eine Forderungsanmeldung grundsätzlich auch noch bis zum Schlusstermin zulässig.

Praxishinweis:

Die Anmeldefrist sollte eingehalten werden. Jede verspätete Anmeldung trägt das Risiko in sich, mit Kosten belastet zu werden. Auch wenn die Insolvenzquoten zumeist nicht besonders hoch sind, sollten Gläubiger jedenfalls auf die Forderungsanmeldung nicht verzichten. Ein Verzicht ist wenig sinnvoll. Die allgemeinen verfahrensrechtlichen Wirkungen treffen auch den Gläubiger, der auf eine Teilnahme an der Forderungsanmeldung verzichtet.

Der Gläubiger hat bei der Anmeldung den Forderungsgrund und den Forderungsbetrag anzugeben. Die Angabe des Forderungsgrundes bedeutet die Angabe der Tatsachen, aus denen die Forderung resultiert. Der Forderungsgrund muss so präzisiert werden, dass Insolvenzverwalter, Schuldner und andere Gläubiger über die Berechtigung befinden können. Insbesondere sind die Tatsachen anzugeben, aus denen sich nach Einschätzung des Gläubigers ergibt, dass eine vorsätzlich begangene unerlaubte Handlung des Schuldners zugrunde liegt. Dies kann bewirken, dass der Schuldner für diese Forderung keine Restschuldbefreiung in Anspruch nehmen kann.

Praxishinweis:

Die Vorlage von Rechnungen ohne Darstellung des Grundes oder ohne jede Sachangabe kann ohne Rechtswirkung sein. In den Formblättern zur Anmeldung heißt es zum Teil: „Grund und nähere Erläuterung der Forderung". Zumindest Stichworte wie Warenlieferung, Werkleistung, Arbeitsentgelt, Miete, Darlehen, Wechsel, Schadenersatz etc. sollten fallen. Auf Anlageblättern können die Forderungen substantiiert werden.

Der Forderungsbetrag ist seit dem 01. Januar 2002 in Euro anzugeben. Eine Ausrechnung von Zinsen muss nur erfolgen, wenn die Zinsen als Hauptforderung geltend gemacht werden.

Praxishinweis:

In den Formblättern ist für jede Hauptforderung eine Rubrik vorgesehen. Zu jeder Hauptforderung ist der Zinssatz und der Beginn des Zinslaufs anzugeben. Einzelne Forderungen sollten grundsätzlich nicht einfach saldiert werden, sondern jede Forderung sollte einzeln angegeben werden, zur Not auf Ergänzungsblättern. Jede Forderung kann ein unterschiedliches „Schicksal" haben.

Der Anmeldung sollen die Urkunden, aus denen sich die Forderung ergibt, in Abdruck beigefügt werden. Die Urkundenbeifügung ist kein Wirksamkeitserfordernis für die Anmeldung. Der Gläubiger, der seiner Anmeldung keine Urkunden beifügt, setzt sich der Gefahr aus, dass die Forderung zunächst bestritten wird. Wird die Forderung dann im Feststellungsrechtsstreit verfolgt und wird die Forderung dann sofort anerkannt – nachdem die Urkunden im Rechtsstreit vorgelegt werden –, liegt die Kostenlast beim prozessierenden Gläubiger.

Praxishinweis:

Grundsätzlich reichen Kopien von Aufträgen, Auftragsbestätigungen, Lieferscheinen, Rechnungen, Verträgen, möglicherweise auch „offene Posten-Listen" aus. Vollstreckungstitel, Wechsel und sonstige Schuldurkunden sollten aber im Original eingereicht werden, da nur auf den Originalurkunden der Feststellungsvermerk angebracht wird.

Änderungen, Ergänzungen oder eine Rücknahme der Anmeldung sind bis zum Prüfungstermin zulässig. Eine unter wesentlichen Mängeln (Forderungsgrund oder Forderungsbetrag fehlt) leidende Forderungsanmeldung kann nicht berücksichtigt werden.

Die ordnungsgemäße Forderungsanmeldung bewirkt die Hemmung der Verjährung der Forderung. Nach Anmeldung zur Tabelle kann der Gläubiger am Prüfungstermin teilnehmen. Er hat ein Stimmrecht. Der Gläubiger kann die Forderungen anderer Gläubiger bestreiten. Die Forderungsanmeldung begründet jedoch keinen Verzug des Schuldners.

Der Insolvenzverwalter hat die angemeldeten Forderungen in eine Tabelle einzutragen. Die Insolvenztabelle liegt zur Einsichtnahme der Beteiligten im Insolvenzgericht aus. Das Einsichtsrecht ist grundsätzlich uneingeschränkt und kann nur in seltenen Ausnahmefällen (z. B. konkreter Missbrauchsverdacht) versagt werden.

Beim Prüfungstermin werden die angemeldeten Forderungen ihrem Betrag und Rang nach geprüft. Bestreitet einer der Beteiligten (Insolvenzverwalter, Schuldner oder Insolvenzgläubiger) eine Forderung, wird diese einzeln erörtert. Erfolgt kein Widerspruch vom Insolvenzverwalter oder von einem anderen Insolvenzgläubiger, gilt die Forderung als festgestellt.

Praxishinweis:

Der Widerspruch des Schuldners hindert die Feststellung zur Tabelle nicht. Der Widerspruch des Schuldners hat nur zur Folge, dass der Gläubiger nach Beendigung des Verfahrens aus dem Tabelleneintrag nicht gegen den Schuldner vollstrecken kann. Der Gläubiger kann gegen den bestreitenden Schuldner Klage auf Feststellung der Forderung erheben.

Bei Forderungen absonderungsberechtigter Gläubiger findet sich, soweit die Forderungen nicht bestritten werden, der Vermerk: „Für den Ausfall festgestellt.“ Dieser Vermerk schränkt die Feststellung der Forderung in voller Höhe nicht ein. Der absonderungsberechtigte Gläubiger muss jedoch dem Insolvenzverwalter für die Verteilung, insbesondere Schlussverteilung, nachweisen, dass er bei der abgesonderten Befriedigung ausgefallen ist, sofern er nicht auf sie verzichtet. Für diesen Nachweis läuft eine zweiwöchige Ausschlussfrist nach öffentlicher Bekanntmachung der Verteilung. Etwas anderes gilt, wenn der Insolvenzverwalter zur Verwertung des Gegenstandes berechtigt war. Dann muss der Nachweis des Ausfalls nicht geführt werden, da der Verwalter den Überblick hat und notfalls den Ausfall auch schätzen kann.

Praxishinweis:

Soweit der Verwalter dem absonderungsberechtigten Gläubiger die Verwertung der Sicherungsgegenstände überlassen hat, ist sorgfältig auf den Nachweis und die Fristen zu achten, da der Verwalter üblicherweise keine Benachrichtigungen übersendet.

Die Zulässigkeit des „vorläufigen“ Bestreitens von Forderungen durch den Verwalter ist vielfach üblich, rechtlich aber sehr umstritten.

Praxishinweis:

Der Gläubiger, der mit einer Feststellungsklage die Feststellung der Forderung zur Tabelle erreichen will, sollte bei vorläufigem Bestreiten den Insolvenzverwalter schriftlich unter Klageandrohung auffordern, sich dazu zu erklären, ob er die Forderung anerkennt oder an dem Bestreiten festhält.

Die Tabelleneintragung wirkt für die festgestellten Forderungen wie ein rechtskräftiges Urteil gegenüber dem Insolvenzverwalter und allen Insolvenzgläubigern. Das Gesetz sieht vor, dass den Gläubigern, deren Forderungen festgestellt worden sind, keine Benachrichtigung zugesandt wird. Nur die Gläubiger, deren Forderungen bestritten worden sind, erhalten einen beglaubigten Tabellenauszug.

Wird vom Insolvenzverwalter oder von einem anderen Gläubiger eine Forderung bestritten, so kann vom anmeldenden Gläubiger Feststellungsklage gegen den Bestreitenden erhoben werden. Eine Ausnahme gilt für solche Forderungen, die zwar bestritten worden sind, für die aber ein vollstreckbarer Schuldtitel bzw. ein Endurteil vorliegt. In diesem Fall muss der Bestreitende den Widerspruch verfolgen.

Zur Gerichtszuständigkeit für die Feststellungsklage im ordentlichen Verfahren, zum Umfang der Feststellung und zum Streitwert muss auf die gesetzlichen Regelungen (§§ 180-183 InsO) verwiesen werden.

8.8.3 Übergang des Verwaltungs- und Verfügungsrechts

Der Schuldner verliert (spätestens) mit der Eröffnung des Insolvenzverfahrens das Recht, sein zur Insolvenzmasse gehörendes Vermögen zu verwalten und über dieses Vermögen zu verfügen. Mit Insolvenzverfahrenseröffnung ist der Insolvenzverwalter verwaltungs- und verfügungsbefugt.

Praxishinweis:

Es gibt also im eröffneten Insolvenzverfahren beim Verwalter keine Zweiteilung „stark“ und „schwach“. Der Insolvenzverwalter wird üblicherweise angeschrieben: „Frau/Herr ... als/oder: in seiner Eigenschaft als Insolvenzverwalter über das Vermögen der/des ...“.

Verfügungen, die der Schuldner über einen zur Insolvenzmasse gehörenden Gegenstand nach Verfahrenseröffnung trifft, sind unwirksam.

> **Praxishinweis:**
>
> Darum ist der im Eröffnungs-Beschluss angegebene stunden- manchmal auch minutengenaue Zeitpunkt der Eröffnung u. U. wichtig.

Die Insolvenzmasse ist gesetzlich definiert. Das gesamte Vermögen, welches dem Schuldner zur Zeit der Eröffnung des Verfahrens gehört und welches er während des Verfahrens erlangt, wird vom Insolvenzverfahren umfasst.

> **Praxishinweis:**
>
> Es ist höchst umstritten, ob und inwieweit der Insolvenzverwalter berechtigt ist, einen Gegenstand aus der Masse freizugeben, mit der Folge, dass er in das freie Schuldnervermögen gelangt (so genannte „echte" Freigabe). Von der „echten" Freigabe sind verschiedene Formen der „unechten" Freigabe – teils durch den Verwalter, teils durch Gläubiger (Freigabe von Sicherheiten) – mit verschiedensten Folgen und Rechtsproblemen zu unterscheiden.

Die Drittschuldner können nach Verfahrenseröffnung mit befreiender Wirkung nur noch an die Insolvenzmasse leisten. Leistet ein Drittschuldner nach Verfahrenseröffnung an den Schuldner selbst, obwohl die Verbindlichkeit zur Insolvenzmasse zu erfüllen war, wird er nur dann befreit, wenn er im Zeitpunkt der Leistung die Verfahrenseröffnung nicht kannte. Seine fehlende Kenntnis muss der Drittschuldner beweisen. Die Gutgläubigkeit des Drittschuldners wird vermutet, wenn die Leistung vor der öffentlichen Bekanntmachung der Verfahrenseröffnung erbracht wurde.

> **Praxishinweis:**
>
> Zahlungsaufforderungen von Seiten des Schuldners sollten mit höchster Vorsicht behandelt werden; es besteht die Gefahr der Doppelzahlung bei fehlender Erfüllungswirkung. Mit dem Insolvenzverwalter sind unklare Zahlungsaufforderungen abzustimmen.

8.8.4 Rechtsstreitigkeiten

Rechtsstreitigkeiten die Insolvenzmasse betreffend werden (spätestens) bei Eröffnung des Insolvenzverfahrens über das Vermögen einer Partei unterbrochen (§ 240 ZPO). Unterbrochen werden Rechtsstreitigkeiten auch dann, wenn im Eröffnungsverfahren ein vorläufiger „starker" Insolvenzverwalter bestellt wird. Die Aufnahme von Prozessen für die Insolvenzmasse durch den Insolvenzverwalter (Aktivprozesse) und die Aufnahme von Rechtsstreitigkeiten gegen die Insolvenzmasse (Passivprozesse) ist gesondert geregelt (§§ 85, 86 InsO).

Insolvenzgläubiger können ihre Forderungen gegen die Insolvenzmasse nur nach den Vorschriften über das Insolvenzverfahren verfolgen.

Praxishinweis:

Dies bedeutet nichts anderes, als dass Insolvenzgläubiger ihr Forderungen anmelden müssen. Erst nach dem Ergebnis des Prüfungstermins kann der Rechtsstreit fortgesetzt werden, möglicherweise mit geändertem Klageantrag.

Zum Zeitpunkt der Eröffnung des Insolvenzverfahrens schon anhängige Passivprozesse (gegen den Schuldner) können insbesondere auch vom Gegner aufgenommen werden, wenn sie die Aussonderung eines Gegenstandes aus der Insolvenzmasse, die abgesonderte Befriedigung oder eine Masseverbindlichkeit betreffen.

8.8.5 Zwangsvollstreckung

Erlangt ein Insolvenzgläubiger durch eine Zwangsvollstreckung eine Sicherung im letzten Monat vor dem Eröffnungsantrag oder danach, so wird die Sicherung mit Eröffnung des Insolvenzverfahrens unwirksam (Rückschlagsperre). Einzelne Gläubiger sollen nicht durch Zugriff in der kritischen Phase eine bessere Rechtsstellung erlangen. Dies würde dem Grundsatz der Gläubigergleichbehandlung widersprechen. Zwangsvollstreckungen einzelner Gläubiger während des Insolvenzverfahrens sind gesetzlich unzulässig.

Praxishinweis:

Die Zwangsvollstreckung wird üblicherweise auch schon im Insolvenzeröffnungsverfahren für unzulässig erklärt.

8.8.6 Aufrechnung

Die Eröffnung des Insolvenzverfahrens ändert nichts an einer bestehenden Aufrechnungslage.

Praxishinweis:

Dies ist positiv für Gläubiger, die gleichzeitig Schuldner des Insolvenzschuldners sind. Die Aufrechnungsmöglichkeit sollte nicht übersehen werden.

Die Voraussetzungen der Aufrechnung im Insolvenzverfahren richten sich grundsätzlich nach den Vorschriften des BGB (§§ 387 ff. BGB). Neben der Aufrechnungserklärung sind insbesondere die Gegenseitigkeit, die Gleichartigkeit, die Fälligkeit und die Erfüllbarkeit Voraussetzungen für eine wirksame Aufrechnung. Ferner dürfen keine gesetzlichen oder vertraglichen Aufrechnungsverbote bestehen.

Der Grundsatz lautet, dass die Aufrechnung bei Bestehen der Aufrechnungslage vor Eröffnung des Insolvenzverfahrens auch nach der Eröffnung jederzeit möglich ist. Entsteht die Aufrechnungslage erst nach Verfahrenseröffnung, gelten Sonderregelungen. Eine Sonderregelung spricht z. B. die Unzulässigkeit der Aufrechnung aus: Wird die Hauptforderung des Schuldners fällig und unbedingt, bevor die Aufrechnungslage mit der Gegenforderung des Gläubigers entstanden ist, ist die Aufrechnung unzulässig.

Ferner ist die Aufrechnung unzulässig, wenn z. B. die Forderung des Gläubigers in anfechtbarer Weise oder erst nach Eröffnung des Insolvenzverfahrens z. B. durch Abtretung erworben wurde.

Besonderheiten bestehen für die Aufrechnung gegen Miet- oder Pachtforderungen in der Insolvenz des Vermieters.

Praxishinweis:

Insbesondere bei Abtretungen/Gesamtnachfolgerechtsverhältnissen sollte man aufpassen, da insoweit die Aufrechnung unzulässig werden kann.

8.9 Gläubiger im Insolvenzverfahren

Keine Berücksichtigung finden in der folgenden Darstellung die so genannten nachrangigen Insolvenzgläubiger (§ 39 InsO) und die Unterhaltsgläubiger (§ 40 InsO).

8.9.1 Insolvenzgläubiger

Insolvenzgläubiger sind Gläubiger, die zur Zeit der Eröffnung des Insolvenzverfahrens einen begründeten Vermögensanspruch gegen den Schuldner haben (Insolvenzforderung), der nicht als Masseverbindlichkeit zu qualifizieren ist. Die Insolvenzgläubiger sind in dem Umfang zu befriedigen, in dem nach der vollständigen Befriedigung der Masseverbindlichkeiten noch freie Masse verbleibt.

Praxishinweis:

Die berühmte „Quote" ergibt sich – vereinfacht dargestellt – wie folgt: Teilungsmasse abzüglich Forderungen der Massegläubiger. Danach Bildung des Quotienten aus verbleibender Teilungsmasse und Gesamtsumme der um Drittrechte bereinigten Insolvenzforderungen.

8.9.2 Massegläubiger

Die Ansprüche von Gläubigern gegen die Masse gliedern sich auf in die Kosten des Insolvenzverfahrens und die sonstigen Masseverbindlichkeiten. Die Kosten des Insolvenzverfahrens sind die Gerichtskosten sowie die Vergütungen und die Auslagen des Insolvenzverwalters (auch des vorläufigen Verwalters) und der Mitglieder des Gläubigerausschusses. Zu den sonstigen Masseverbindlichkeiten zählen die Verbindlichkeiten aus der Verwaltung, Verwertung und Verteilung der Masse, soweit sie nicht zu den Kosten des Insolvenzverfahrens gehören, Verbindlichkeiten aus gegenseitigen Verträgen, sofern der Verwalter die Erfüllung zur Masse verlangt oder diese erfolgen muss, und die Verbindlichkeiten aus einer ungerechtfertigten Bereicherung der Masse.

8.9.3 Aussonderungsberechtigte Gläubiger

Die aussonderungsberechtigten Gläubiger sind keine Insolvenzgläubiger. Die aussonderungsberechtigten Gläubiger können geltend machen, dass ein Gegenstand oder Recht nicht zur Insolvenzmasse gehört, weil sie ein dingliches oder persönliches Recht an ihm haben. Die aussonderungsberechtigten Gläubiger müssen ihren Aussonderungsanspruch unabhängig vom Insolvenzverfahren geltend machen. Sie können verlangen, dass der Gegenstand oder das Recht aus der Insolvenzmasse ausgesondert und an sie zurückgegeben wird. Unter die Aussonderung fallen insbesondere Ansprüche aus dinglichen Rechten, wie z. B. das Eigentum (der Herausgabeanspruch ergibt sich aus § 985 BGB). Die unter einem einfachen Eigentumsvorbehalt gelieferte Ware unterfällt grundsätzlich der Aussonderung.

Das Wichtigste:

- Der einfache Eigentumsvorbehalt ist „insolvenzfest". Das ist bei allen anderen Eigentumsvorbehaltsformen anders.

Praxishinweis:

Allerdings hat der Insolvenzverwalter bei noch nicht vollständiger Kaufpreiszahlung das so genannte Wahlrecht nach § 103 InsO. Wählt der Insolvenzverwalter die Erfüllung, muss er den Kaufpreis zahlen. Der Insolvenzverwalter kann mit der Ausübung des Wahlrechts bis nach dem Berichtstermin waren. Insofern kann sich die Durchsetzung des Aussonderungsrechts zeitlich erheblich verschieben.

8.9.4 Absonderungsberechtigte Gläubiger

Als Absonderung wird das Recht bezeichnet, Forderungen von Insolvenzgläubigern aus dem Verwertungserlös einzelner massezugehöriger Gegenstände zu befriedigen. Der absonderungsberechtigte Gläubiger kann sich nicht mehr außerhalb des Insolvenzverfahrens aus dem Sicherungsgut befriedigen. Die zur Absonderung berechtigenden Rechte sind zum Teil unmittelbar in der Insolvenzordnung geregelt (§§ 49-51 InsO), zum Teil ergeben sie sich aus anderen gesetzlichen Bestimmungen. Die abgesonderte Befriedigung aus unbeweglichem Vermögen erfasst u.a. Grundstücke und Miteigentumsanteile an Grundstücken, grundstücksgleiche Rechte und das mithaftende bewegliche Vermögen. Der abgesonderten Befriedigung aus beweglichem Vermögen unterliegen die gesetzlichen (Werkunternehmer, Kommissionär, Spediteur, Lagerhalter, Vermieter) und vertraglichen Pfandrechte, Pfändungspfandrechte, Zurückbehaltungsrechte und Sicherungsübertragungen.

Das Wichtigste:

- Insbesondere die Sicherungsübereignung und die Sonderformen des Eigentumsvorbehalts in Form des verlängerten und erweiterten Eigentumsvorbehalts geben ein Recht auf abgesonderte Befriedigung.

Praxishinweis:

Natürlich meldet man die Forderung gegen den Schuldner persönlich als Insolvenzforderung an und beansprucht abgesonderte Befriedigung aus der Verwertung des Sicherungsgegenstandes. Allerdings wird diese Forderung in der Regel nur „für den Ausfall" festgestellt. Für den Nachweis des Ausfalls greift am Ende des Verfahrens möglicherweise eine Ausschlussfrist, auf die vom Gläubiger zu achten ist. Der Insolvenzverwalter weist in der Regel nicht auf die Ausschlussfrist hin.

Die Verwertungsregeln für die Gegenstände, an denen ein Absonderungsrecht besteht, sehen vor, dass der Insolvenzverwalter, der die bewegliche Sache in Besitz hat, diese freihändig verwerten kann. Forderungen, die der Schuldner zur Sicherung eines Anspruchs abgetreten hat, darf der Insolvenzverwalter einziehen oder in anderer Weise verwerten.

Den Gläubigern, deren Sicherungsgut der Verwalter verwerten darf, stehen Auskunftsrechte zu. Statt einer Auskunft kann der Insolvenzverwalter dem Gläubiger gestatten, die Sache zu besichtigen bzw. Einsichtnahme in die Bücher und Geschäftspapiere des Schuldners zu nehmen.

Vor der Verwertung durch Veräußerung hat der Insolvenzverwalter dem absonderungsberechtigten Gläubiger die Art und Weise der Veräußerung mitzuteilen und ihm Gelegenheit zu geben, innerhalb eine Woche auf eine günstigere Möglichkeit der Verwertung hinzuweisen. Benennt der Gläubiger eine günstigere Verwertungsmöglichkeit, muss der Verwalter diese wahrnehmen oder den Gläubiger so stellen, wie wenn er sie wahrgenommen hätte. Der Gläubiger kann den Gegenstand auch selbst übernehmen und ihn dadurch verwerten.

Der Gläubiger kann vom Berichtstermin an laufend die geschuldeten Zinsen aus der Insolvenzmasse fordern. Zusätzlich wird dem Gläubiger ein Ausgleichsanspruch zugebilligt, wenn der Verwalter den Gegenstand für die Masse benutzt und dadurch ein Wertverlust eintritt, der die Sicherung des Gläubigers beeinträchtigt.

Wird der Sicherungsgegenstand verwertet, so wird der absonderungsberechtigte Gläubiger aus dem Erlös befriedigt. Vorher sind allerdings die durch die Verwertung entstandenen Kosten zu berücksichtigen (Kostenbeteiligung der Gläubiger). Hat der Verwalter den Gegenstand verwertet, so sind aus dem Verwertungserlös 4 % Feststellungskosten und 5 % Verwertungskosten pauschal zu entnehmen. Es besteht aber die Möglichkeit, die Pauschale für die Verwertungskosten durch die tatsächlich entstandenen Kosten abzulösen, falls diese erheblich niedriger oder höher lagen. Ferner ist Umsatzsteuer in gesetzlich geltender Höhe aus dem Erlös zu entnehmen, sofern durch die Verwertung die Umsatzsteuer zu Lasten der Masse ausgelöst worden ist.

Praxishinweis:

Nach richtiger Ansicht sind die Feststellungs- und Verwertungskosten aus dem Brutto-Erlös zu berechnen, nicht aus dem Netto-Erlös.

Übernimmt der Gläubiger die Verwertung, gelten die dargestellten Beiträge entsprechend, mit Ausnahme der Verwertungskostenpauschale.

Praxishinweis:

Die gesetzlichen Regeln zu der Kostenbeteiligung der Gläubiger gelten erst ab Eröffnung des Insolvenzverfahrens. Verwertungen im vorläufigen Insolvenzverfahren und die dabei entstehenden Kostenbelastungen sind abzuklären.

8.10 Vertragsverhältnisse

Die Insolvenzordnung trifft besondere Regelungen zur Wirkung der Verfahrenseröffnung auf Rechtsgeschäfte, die vor der Verfahrenseröffnung begründet, die aber noch nicht vollständig abgewickelt worden sind. Vereinbarungen, durch die im Voraus diese Regelungen ausgeschlossen oder beschränkt werden (insolvenzabhängige Lösungsklauseln), sind nach hier vertretener Auffassung unwirksam. Folgende Ausgangsposition muss vergegenwärtigt werden: Im Regelfall wird die Forderung des Gläubigers gegen den Schuldner zu einer einfachen Insolvenzforderung, die mit einer (zumeist relativ geringen) Quote bedient wird. Dies lässt es unbillig erscheinen, den Gläubiger zur vollen Leistungserbringung in die Masse zu zwingen.

8.10.1 Wahlrecht des Verwalters

Die Grundnorm des § 103 InsO regelt ausschließlich die Fälle, in denen zum Zeitpunkt der Verfahrenseröffnung aus einem „gegenseitigen Vertrag" die jeweils geschuldeten Leistungen von beiden Seiten noch nicht oder noch nicht vollständig erbracht worden sind.

Praxishinweis:

Hat der Gläubiger vorgeleistet, greift das Wahlrecht des Verwalters nicht ein. Der Gläubiger ist mit seiner Forderung Insolvenzgläubiger. Das Geleistete kann er nicht mehr zurückfordern. Bei Übergabe und Übereignung einer mangelhaften Sache, deren Kaufpreis noch nicht vollständig bezahlt ist, liegt ein beiderseits nicht vollständig erfüllter Vertrag vor.

Das gesetzliche Modell des Verwalterwahlrechts verfolgt folgende Zwecke: Dem Vertragspartner soll die Erbringung ausstehender Leistungen nur dann eine Verpflichtung sein, wenn ihm der Verwalter eine vollwertige Gegenleistung anbieten kann. Dem Verwalter wird die Möglichkeit eingeräumt, beiderseitig noch nicht erfüllte Verträge zu erfüllen, wenn dies für die Masse vorteilhaft ist. Besonderheiten gelten für die Erfüllungswahl des Verwalters bei „teilbaren" Leistungen.

Das Wichtigste:

- Es wird immer auf den Einzelfall ankommen, ob überhaupt eine Konstellation vorliegt, die das Wahlrecht des Verwalters begründet.
- Erklärungen des Verwalters sind sehr sorgfältig daraufhin zu prüfen, ob mit ihnen überhaupt das Wahlrecht ausgeübt wurde.

8.10.2 Arbeitsverhältnisse

Der Eintritt der Insolvenz und die Eröffnung des Insolvenzverfahrens berühren grundsätzlich nicht den Bestand des Arbeitsverhältnisses. Ebenso werden die Grundsätze des Arbeitsrechts, insbesondere das allgemeine und das besondere Kündigungsrecht, durch die Verfahrenseröffnung nicht abgeändert. Der Insolvenzverwalter hat alle Möglichkeiten, die das Arbeitsrecht bietet, zur Verfügung, um Arbeitsverhältnisse zu beendigen. So kann der Verwalter die ordentliche Kündigung mit einer Frist von drei Monaten zum Monatsende aussprechen, wenn nicht eine kürzere Frist gilt.

8.10.3 Miet- und Pachtverhältnisse

Miet- und Pachtverhältnisse über Immobilien oder Räume bestehen trotz Eröffnung des Insolvenzverfahrens mit Wirkung für die Insolvenzmasse fort. Der Insolvenzverwalter kann Miet- und Pachtverhältnisse, die der Schuldner als Mieter/Pächter eingegangen ist, ohne Rücksicht auf die vereinbarte Vertragsdauer unter Einhaltung der gesetzlichen Frist kündigen (Sonderkündigungsrecht des Verwalters). Bei Wohnräumen kann der Verwalter die Freigabe erklären.

Der Vertragspartner des Schuldners kann jedoch ein Miet- oder Pachtverhältnis nach Stellung des Antrags auf Eröffnung des Insolvenzverfahrens nicht mehr wegen Verzugs mit der Miete oder wegen Verschlechterung der Vermögensverhältnisse kündigen (Kündigungssperre für Vermieter).

Praxishinweis:

Der Vermieter/Verpächter hat in der Insolvenz seines Mieters/Pächters an dessen – nicht an fremden – eingebrachten Sachen ein gesetzliches Pfandrecht, soweit die Sachen nicht unpfändbar sind, aus dem er abgesonderte Befriedigung verlangen kann. Gesicherte Forderungen sind grundsätzlich alle, die aus dem Miet- bzw. Pachtverhältnis herrühren. Jedoch kann das Sicherungsrecht nicht geltend gemacht werden für die Ansprüche auf Miet-/Pachtzins, die länger als 12 Monate vor Verfahrenseröffnung zurückliegen. Nach nicht unbestrittener Auffassung in der Rechtsprechung genießt das gesetzliche Vermieterpfandrecht den Vorrang vor der Sicherungsübereignung zugunsten eines Kreditgebers des Mieters/Pächters. Der Vermieter hat keine Möglichkeit, der Entfernung der Sachen, die dem Pfandrecht unterliegen, zwecks Verwertung durch den Verwalter zu widersprechen. Jedoch setzt sich das Pfandrecht am Erlös fort.

8.11 Anfechtungsrecht

Die Insolvenzanfechtung, §§ 129 ff. InsO, soll verhindern, dass Vermögenswerte in nicht billigenswerter Weise der Masse entzogen werden, letztlich also der Grundsatz der Gläubigergleichbehandlung verletzt wird. Unangenehm für Anfechtungsgegner ist, dass sie das durch die Anfechtung Erlangte zur Insolvenzmasse zurückgewähren müssen.

Praxishinweis:

Das Anfechtungsrecht ist das „Damoklesschwert" für Gläubiger, die in der Krise des Schuldners Vorteile ziehen wollen.

Das Insolvenzanfechtungsrecht ist nicht mit dem Anfechtungsrecht nach dem Bürgerlichen Gesetzbuch (§§ 119 ff., 142, 143 BGB) oder der Gläubigeranfechtung nach dem Anfechtungsgesetz (AnfG) außerhalb der Insolvenz zu verwechseln.

Das Anfechtungsrecht nach der InsO kann erst nach Eröffnung des Insolvenzverfahrens und nur durch den Insolvenzverwalter ausgeübt werden. Der Insolvenzverwalter muss die Anfechtung innerhalb der – neu seit dem 15. Dezember 2004 geltenden – Verjährungsfrist von 3 Jahren ausüben. Über den Beginn und den Lauf der Verjährungsfrist sind die Regeln des BGB, z. B. über die Hemmung, anzuwenden.

Beispiel

Wird am 01. April 2005 das Insolvenzverfahren eröffnet, beginnt der Lauf der Verjährungsfrist normalerweise mit Ablauf des 31. Dezember 2005. Verjährung tritt ein mit Ablauf des 31. Dezember 2008. Nach altem Recht wäre Verjährung am 01. April 2007 eingetreten. Erfährt der Insolvenzverwalter (Verfahrenseröffnung am 01. April 2005), ohne grob fahrlässig zu handeln, die näheren Umstände, die zur Anfechtung nötig sind, erst im Laufe des Jahres 2006, beginnt die Verjährung sogar erst mit Ablauf des 31. Dezember 2006. Verjährung tritt dann mit Ablauf des 31. Dezember 2009 ein.

Es muss bei jedem Anfechtungsgrund geprüft werden, welcher objektive Tatbestand zur Anfechtung berechtigt, welche zeitlichen Grenzen bestehen, welche subjektiven Voraussetzungen auf Seiten des Schuldners und des Anfechtungsgegners erfüllt sein müssen und wer die Darlegungs- und letztlich die Beweislast trägt.

8.11.1 Bargeschäfte

Bargeschäfte sind grundsätzlich unanfechtbar. Ein Bargeschäft liegt vor, wenn eine gleichwertige Gegenleistung unmittelbar, d. h. in engem zeitlichen Zusammenhang mit der Leistung, in das Vermögen des Schuldners gelangt. Ausnahmsweise ist auch ein Bargeschäft anfechtbar, wenn der Schuldner mit Gläubigerbenachteiligungsvorsatz handelt und der andere Teil zum Zeitpunkt der Vornahme der Handlung den Gläubigerbenachteiligungsvorsatz kannte. Es ist umstritten, ob der Anfechtungsgegner darlegen und beweisen muss, ob eine gleichwertige Gegenleistung zeitnah erbracht worden ist (Positivbeweis) oder ob der Verwalter das Fehlen eines Bargeschäfts nachzuweisen hat (Negativbeweis).

Praxishinweis:

Das Hauptproblem liegt in der Bewertung der „Gleichwertigkeit" von Leistung/Gegenleistung im Dienstleistungssektor im Rahmen einer Honorarbemessung. Ferner hat das Bargeschäft bei Sanierungskrediten eine Bedeutung.

8.11.2 Gläubigerbenachteiligende Rechtshandlungen

Anfechtbar sind Rechtshandlungen, wenn das Gesetz nicht andere Voraussetzungen schafft, z. B. dass ein Rechtsgeschäft vorliegen muss. Eine Rechtshandlung ist jedes Verhalten, auch Unterlassen, welches eine rechtliche Wirkung auslöst. Sieht das Gesetz nicht ausdrücklich die Vornahme einer Rechtshandlung durch den Schuldner vor, können auch Rechtshandlungen Dritter, z. B. eines Gläubigers, anfechtbar sein.

Praxishinweis:

Der Begriff der Rechtshandlung ist extrem weit zu verstehen, z. B. Willenserklärungen, rechtsgeschäftsähnliche Handlungen, Realakte. Keine Rechtshandlungen sind rein tatsächlich wirkende Maßnahmen.

Die Insolvenzgläubiger müssen in ihrer Gesamtheit durch die Rechtshandlung kausal objektiv benachteiligt werden. Dies ist der Fall, wenn sich die Befriedigungsmöglichkeit der Insolvenzgläubiger ohne die Rechtshandlung günstiger gestaltet hätte.

Praxishinweis:

Entscheidend ist, ob die Aktivmasse durch belastende Verfügungen geschmälert wurde.

Eine Rechtshandlung ist anfechtbar, weil sie innerhalb einer zeitlich gesetzlich definierten Krise (muss in jedem Tatbestand speziell untersucht werden) vor dem Antrag auf Eröffnung des Insolvenzverfahrens vorgenommen wurde. Somit kann der Zeitpunkt der Vornahme der Rechtshandlung entscheidend sein. Kraft gesetzlicher Definition gilt eine Rechtshandlung in dem Zeitpunkt als vorgenommen, in dem ihre rechtlichen Wirkungen eintreten.

Das Wichtigste:

- Jeder Anfechtungstatbestand hat vier Grundvoraussetzungen, die der Gesetzgeber vor die „Klammer“ gezogen hat (§ 129 InsO):
    1. Es muss sich um eine Rechtshandlung (gleichgestellt sind Unterlassungen) handeln (der Verwalter muss eine konkrete Rechtshandlung anfechten),
    2. die vor Eröffnung des Insolvenzverfahrens vorgenommen worden ist (Vornahme),
    3. die kausal (Zurechnungszusammenhang)
    4. die Gläubiger objektiv benachteiligt hat (Gläubigerbenachteiligung).

8.11.3 Anfechtungsgründe

Die wichtigsten Anfechtungsgründe werden im Folgenden kurz dargestellt. Im Übrigen wird auf die hier nicht näher dargestellten Anfechtungstatbestände zu „kapitalersetzenden Darlehen“ (§ 135 InsO) und zur „stillen Gesellschaft“ (§ 136 InsO) sowie zu Spezialregelungen zu Wechsel- und Scheckzahlungen (§ 137 InsO) verwiesen.

8.11.3.1 Kongruente Deckung

Eine zur Anfechtung berechtigende so genannte kongruente Deckung liegt vor, wenn ein Insolvenzgläubiger durch eine Rechtshandlung eine Sicherung oder Befriedigung erhalten hat oder sie ihm ermöglicht wurde. Anfechtbar ist die Rechtshandlung, wenn sie in den letzten drei Monaten vor dem Eröffnungsantrag vorgenommen wurde. Der Schuldner muss zur Zeit der Rechtshandlung zahlungsunfähig gewesen sein. Der Gläubiger muss die Zahlungsunfähigkeit selbst gekannt haben oder er hätte sie kennen müssen, da er Umstände kannte, die zwingend auf die Zahlungsunfähigkeit schließen ließen. Wenn Rechtshandlungen nach dem Eröffnungsantrag vorgenommen worden sind, genügt die Kenntnis des Gläubigers vom Eröffnungsantrag, die Kenntnis der Zahlungsunfähigkeit bzw. der entsprechenden Umstände.

8.11.3.2 Inkongruente Deckung

Eine so genannte inkongruente Deckung liegt vor, wenn ein Insolvenzgläubiger durch eine Rechtshandlung eine Sicherung oder Befriedigung erhalten hat, die er (gar) nicht, nicht in der Art oder nicht zu der Zeit zu beanspruchen hatte. Wurde die Rechtshandlung im letzten Monat vor Stellung des Insolvenzantrages vorgenommen oder danach, ist sie ohne weitere subjektive Voraussetzungen anfechtbar. Wurde die Rechtshandlung innerhalb des zweiten oder dritten Monats vor dem Eröffnungsantrag vorgenommen, ist sie anfechtbar, wenn der Schuldner bereits zahlungsunfähig war. Der Insolvenzverwalter muss die materielle Insolvenz darlegen. In diesen Zeiträumen (zweiter bzw. dritter Monat vor Insolvenzantragstellung) ist die Rechtshandlung auch dann anfechtbar, wenn der Gläubiger wusste oder hätte wissen müssen, dass die Rechtshandlung die Insolvenzgläubiger benachteiligt. Dies muss der Insolvenzverwalter nachweisen.

8.11.3.3 Unmittelbar benachteiligende Rechtsgeschäfte

Rechtsgeschäfte (hier wird nicht nur eine Rechtshandlung vorausgesetzt), welche die Insolvenzgläubiger unmittelbar (hier wird nicht nur eine mittelbare Gläubigerbenachteiligung vorausgesetzt) benachteiligen, sind ebenfalls anfechtbar. Zeitlich wirkt dieser Anfechtungstatbestand bis drei Monate vor den Eröffnungsantrag zurück. Der Schuldner muss zahlungsunfähig gewesen sein. Der Anfechtungsgegner muss die Zahlungsunfähigkeit gekannt haben, zumindest die Umstände, die zwingend auf die Zahlungsunfähigkeit schließen lassen. Für nach dem Eröffnungsantrag vorgenommene Rechtsgeschäfte gelten die gleichen Anfechtungsbedingungen wie bei der kongruenten Deckung.

8.11.3.4 Vorsätzliche Gläubigerbenachteiligung

Für den Anfechtungsgrund der vorsätzlichen Gläubigerbenachteiligung ist objektiv erforderlich, dass die Rechtshandlung innerhalb der letzten zehn Jahre vor dem Eröffnungsantrag oder nach diesem vorgenommen wurde. Subjektiv ist erforderlich, dass der Schuldner den Vorsatz hatte, seine Gläubiger zu benachteiligen.

Praxishinweis:

Es ist keine „Absicht“, seine Gläubiger schädigen zu wollen, erforderlich.

Der Anfechtungsgegner muss den Gläubigerbenachteiligungsvorsatz des Schuldners zur Zeit der Vornahme der Rechtshandlung kennen. Diese Kenntnis wird aber vermutet, wenn der Anfechtungsgegner wusste, dass die Zahlungsunfähigkeit des Schuldners drohte und die Handlung die Gläubiger benachteiligt.

Praxishinweis:

Grundsätzlich muss der Insolvenzverwalter den vollen Beweis für den Gläubigerbenachteiligungsvorsatz des Schuldners und die Kenntnis des anderen Teils führen. Es gelten aber beim Vorliegen bestimmter Tatbestände (z. B. bei inkongruenten Deckungen) Beweiserleichterungen für den Verwalter in Form so genannter Beweisanzeichen.

Die Insolvenzgläubiger unmittelbar benachteiligende entgeltliche Verträge des Schuldners mit einer nahestehenden Person sind ohne weitere Voraussetzungen anfechtbar. Die Anfechtung ist nur ausgeschlossen, wenn der Anfechtungsgegner beweist, dass der Vertrag früher als zwei Jahre vor dem Insolvenzantrag geschlossen wurde oder dass er zum Zeitpunkt des Vertragsschlusses einen Vorsatz des Schuldners, die Gläubiger zu benachteiligen, nicht kannte.

8.11.3.5 Unentgeltliche Leistung

Eine unentgeltliche Leistung des Schuldners, die nicht früher als vier Jahre vor dem Eröffnungsantrag vorgenommen wurde, ist ohne weiteres anfechtbar. Der Anfechtungsgegner trägt die Beweislast dafür, dass die Rechtshandlung früher als vier Jahre vor dem Eröffnungsantrag vorgenommen wurde.

Das Wichtigste:

- ➢ Neben den Grundvoraussetzungen für jede Anfechtung (§ 129 InsO; vgl.o.) sind allgemein zu beachten und für jeden Anfechtungsgrund zu prüfen:
  - zeitliche Einschränkungen (bis 1-3 Monate, 1 Jahr, 4 Jahre, 10 Jahre vor Antragstellung)
  - bestimmte wirtschaftliche Lage des Schuldners (z. B. Zahlungsunfähigkeit)
  - subjektive Tatbestandsmerkmale beim Schuldner (z. B. Vorsatz der Gläubigerbenachteiligung)
  - bestimmte Kenntnisse beim Anfechtungsgegner, die z.T. vermutet werden (z. B. Kenntnis der Zahlungsunfähigkeit oder Kenntnis zwingender dafür sprechender Umstände).

8.12 Gläubigerversammlung

Die Gläubigerversammlung ist die Möglichkeit für Gläubiger, ihre Interessen zu artikulieren und gegebenenfalls durchzusetzen. Die Gläubigerversammlung ist vom Insolvenzgericht, vom Verwalter und von Einzelinteressen unabhängig.

Die Gläubigerversammlung kann entscheidenden Einfluss auf die Person des Verwalters ausüben. Nur in der ersten auf die Bestellung des Insolvenzverwalters folgenden Gläubigerversammlung können die Gläubiger mit den entsprechenden Mehrheiten (Kopf- und Forderungssummenmehrheit) einen anderen Insolvenzverwalter wählen. Auf Antrag der Gläubigerversammlung kann das Insolvenzgericht den Insolvenzverwalter aus wichtigem Grund entlassen.

Die Gläubigerversammlung entscheidet über die Einsetzung und Beibehaltung eines Gläubigerausschusses und dessen Zusammensetzung. Besteht kein Gläubigerausschuss, hat der Insolvenzverwalter für besonders bedeutsame Rechtshandlungen und für bestimmte Betriebsveräußerungen die Zustimmung der Gläubigerversammlung einzuholen.

Praxishinweis:

Ein Verstoß gegen das Zustimmungserfordernis der Gläubigerversammlung berührt zur Sicherheit des Rechtsverkehrs die Wirksamkeit der Handlungen des Verwalters nicht.

Die grundlegende Gläubigerversammlung ist der Berichtstermin. Im Berichtstermin berichtet der Insolvenzverwalter über die wirtschaftliche Lage des Schuldners und über deren Ursachen. Die Gläubigerversammlung beschließt im Berichtstermin, ob das Schuldnerunternehmen stillgelegt oder vorläufig fortgeführt werden soll. Die Gläubigerversammlung kann den Insolvenzverwalter beauftragen, einen Insolvenzplan auszuarbeiten.

Beim Prüfungstermin werden die angemeldeten Forderungen ihrem Betrag und ihrem Rang nach geprüft.

Beim Schlusstermin entscheiden die Gläubiger über die Schlussverteilung. Das Insolvenzgericht muss vorher dem Entwurf eines Schlussverteilungsvorschlages zugestimmt haben.

Praxishinweis:

Das Initiativrecht für die Anberaumung einer Gläubigerversammlung steht grundsätzlich nur dem Insolvenzverwalter und dem Gläubigerausschuss – soweit einer besteht – neben dem Insolvenzgericht zu. Unter bestimmten Voraussetzungen können absonderungsberechtigte Gläubiger die Einberufung einer Gläubigerversammlung verlangen. Es ist somit umso wichtiger für Gläubiger, genau zu prüfen, ob nicht ihre Teilnahme an den gesetzlich vorgesehenen Gläubigerversammlungen (insbesondere 1. Gläubigerversammlung) sinnvoll ist.

8.13 Gläubigerausschuss

Der Gläubigerausschuss kann eingerichtet werden, muss es aber nicht. Er ist ein „fakultatives" Organ der Gläubiger. Sinn und Zweck des Gläubigerausschusses ist die Unterstützung und Kontrolle des Insolvenzverwalters.

Praxishinweis:

Die Einsetzung eines Gläubigerausschusses empfiehlt sich besonders in größeren Insolvenzverfahren. Das Gesetz trifft keine Aussage zur persönlichen Eignung von Gläubigerausschussmitgliedern. Üblicherweise werden im Gläubigerausschuss insbesondere die Interessen der Banken, der Arbeitnehmer, der Kreditversicherung und der gesicherten Gläubiger repräsentiert. Es sollen aber auch die Interessen der Kleingläubiger gewahrt werden.

Das Insolvenzgericht kann nach pflichtgemäßem Ermessensgebrauch einen vorläufigen Gläubigerausschuss einsetzen. Dies ist zweckmäßig, wenn Umfang und/oder Bedeutung des (vorläufigen) Verfahrens dafür sprechen, ein schnell handelndes und kompetentes Gremium zu schaffen.

Die Gläubigerversammlung entscheidet nach pflichtgemäßem Ermessen über die Einsetzung eines endgültigen Gläubigerausschusses oder darüber, ob der vorläufige Gläubigerausschuss als endgültiger beibehalten oder aufgelöst werden soll. Die Gläubigerversammlung ist nicht an die Entscheidung des Insolvenzgerichts über die Bildung eines Gläubigerausschusses gebunden. Die Gläubigerversammlung kann bestellte Mitglieder abwählen und andere oder zusätzliche Mitglieder zuwählen.

Die Kernfunktionen der Mitglieder des Gläubigerausschusses sind die Beratung und die Überwachung des Insolvenzverwalters. Der Gläubigerausschuss hat eine dem Aufsichtsrat in der Aktiengesellschaft vergleichbare Stellung. Er hat unmittelbar aus dem Gesetz folgende Rechte und Pflichten und steht nicht unter der Aufsicht des Insolvenzgerichts. Der Gläubigerausschuss ist nicht weisungsgebunden. Die Mitglieder des Gläubigerausschusses haben sich bei ihrer Amtsführung nur an den Interessen der Gemeinschaft aller Gläubiger und der übrigen Verfahrensbeteiligten zu orientieren. Einzel- und Sonderinteressen dürfen kein Handlungsmaßstab sein. Bei einer schuldhaften Verletzung der gesetzlich normierten Pflichten haftet das jeweilig verantwortliche Ausschussmitglied für den gesamten vom Schutzzweck der Norm erfassten Schaden, wobei das Verschulden von herangezogenen Hilfspersonen zugerechnet wird.

Praxishinweis:

Jeder Person, die Mitglied eines Gläubigerausschusses werden will, ist dringend zu raten, sich über die zu erfüllenden Pflichten genauestens zu informieren. Üblicherweise wird eine Vermögensschadenhaftpflichtversicherung abgeschlossen. Auf ausreichenden und zeitlich genügenden Versicherungsschutz ist zu achten. Die Kosten für die Versicherung können als Auslagen geltend gemacht werden.

Die Mitglieder des Gläubigerausschusses haben Anspruch auf Vergütung und Erstattung der angemessenen Auslagen. Dem Zeitaufwand und dem Umfang der Tätigkeit ist Rechnung zu tragen. Die Vergütung und die Auslagen werden vom Insolvenzgericht festgesetzt.

8.14 Insolvenzplanverfahren

Mit den Regelungen zum Insolvenzplanverfahren hat der deutsche Gesetzgeber „Neuland" betreten. Die Insolvenzplanregelungen wurden in das Gesetz aufgenommen, um einen Weg zu eröffnen, Schuldner zu reorganisieren und zu restrukturieren. Der Insolvenzplan ist die Alternative zur Vermögensverwertung und Vermögensverteilung. Das Insolvenzplanverfahren beginnt sich langsam in Deutschland zu etablieren. Es ist nicht für jedes Verfahren geeignet. Insbesondere größere Insolvenzverfahren, bei denen gute Überlebenschancen für das Schuldnerunternehmen bestehen, bieten sich für ein Insolvenzplanverfahren an.

Der Regelungsgegenstand der Vorschriften zum Insolvenzplanverfahren (§§ 217 ff. InsO) erschöpft sich in Verfahrensfragen. Die Vorschriften regeln, wer das Initiativrecht für das Insolvenzplanverfahren hat, wie ein Insolvenzplan auszusehen hat, wie er zustande kommt und wie er umgesetzt wird. Insoweit liegt aber auch eine Schwäche des Gesetzes vor, da die Formalien zu kompliziert und umfangreich geregelt sind. Weniger „Bürokratie" würde dem Insolvenzplanverfahren zu mehr Akzeptanz verhelfen.

Zum Inhalt des Insolvenzplanes äußert sich das Gesetz im Grunde genommen nicht. Der Gestaltungsfreiheit sind somit durch die InsO keine Grenzen gezogen. Die Beteiligten müssen die materiellen Regelungen des Insolvenzplanes schaffen.

Praxishinweis:

In einem Insolvenzplan können z. B. die Befriedigung der Gläubiger, die Verwertung und Verteilung der Insolvenzmasse – soweit es dazu kommt – sowie die Haftung des Schuldners nach Beendigung des Insolvenzverfahrens abweichend von der InsO geregelt werden.

8.14.1 Initiativrecht

Vorlageberechtigt für einen Insolvenzplan sind der Insolvenzverwalter und der Schuldner. Der Insolvenzplan ist dem Insolvenzgericht vorzulegen.

> **Praxishinweis:**
>
> Zum Teil werden mit dem Insolvenzeröffnungsantrag von Sanierungsberatern bereits vorbereitete Insolvenzpläne („prepackaged plan") eingereicht, verbunden mit dem Antrag auf Eigenverwaltung.

Das Gesetz sieht vor, dass der Insolvenzverwalter im Berichtstermin darzulegen hat, welche Möglichkeiten für einen Insolvenzplan bestehen. Die Gläubigerversammlung kann den Insolvenzverwalter mit der Ausarbeitung eines Insolvenzplanes unter Zielvorgabe beauftragen.

> **Praxishinweis:**
>
> Hier liegt eine der wenigen Einflussmöglichkeiten der Gläubigerversammlung – nicht einzelner Gläubiger – auf den Verwalter in Bezug auf den Insolvenzplan.

8.14.2 Darstellender und gestaltender Teil

Der Insolvenzplan besteht formal aus zwei Teilen, dem darstellenden und dem gestaltenden Teil. Der darstellende Teil enthält die Maßnahmen, die getroffen worden sind oder noch getroffen werden sollen, um die Grundlage für die geplante Gestaltung der Rechte der Beteiligten zu schaffen. Im gestaltenden Teil wird dargelegt, wie die Rechtsstellung der Beteiligten geändert werden soll.

Bei der Festlegung der Rechte der Beteiligten sind Gruppen zu bilden, sobald Gläubiger unterschiedlicher Rechtsstellung betroffen sind (z. B. absonderungsberechtigte Gläubiger, Arbeitnehmer). Innerhalb der Gruppen herrscht das Gleichbehandlungsgebot, außer die Betroffenen erklären sich mit einer andersartigen Behandlung einverstanden.

Sieht der Insolvenzplan nichts anderes vor, so wird der Schuldner mit der im gestaltenden Teil vorgesehenen Befriedigung der Insolvenzgläubiger von seinen restlichen Verbindlichkeiten gegenüber den Gläubigern befreit.

8.14.3 Abstimmungsprozess

Die Gläubiger müssen über den Insolvenzplan innerhalb der Gruppen abstimmen. Für die Annahme des Insolvenzplans durch die Gläubiger ist die Kopfmehrheit und die Mehrheit der Forderungssumme der abstimmenden Gläubiger notwendig (Kopf- und Summenmehrheit). Ferner können einzelne Gläubiger einen wirtschaftlich sinnvollen Plan nicht verhindern (Obstruktionsverbot). Die Zustimmung des Schuldners zum Insolvenzplan gilt als erteilt, wenn er nicht spätestens im Abstimmungstermin schriftlich oder zu Protokoll der Geschäftsstelle des Insolvenzgerichts widerspricht. Haben die Gläubiger und der Schuldner dem Insolvenzplan zugestimmt, muss er durch das Insolvenzgericht bestätigt werden.

8.14.4 Überwachung

Mit der Rechtskraft des den Insolvenzplan bestätigenden Beschlusses treten die im gestaltenden Teil des Insolvenzplans festgelegten Wirkungen ein. Die Erfüllung der im Insolvenzplan geregelten Ansprüche ist Sache des Schuldners. Es kann vorgesehen werden, dass die Erfüllung des Insolvenzplans auf Kosten des Schuldners durch den Insolvenzverwalter überwacht wird.

8.15 Restschuldbefreiung

Ein unbeschränktes Nachforderungsrecht der nicht befriedigten Gläubiger für ihre berechtigten und festgestellten, möglicherweise über die Insolvenztabelle rechtskräftig titulierten, Forderungen kann den „sozialen Tod" des Schuldners auf Lebensdauer zur Folge haben. Nach amerikanischem Vorbild hat der deutsche Gesetzgeber ein Restschuldbefreiungsverfahren eingeführt.

Das Restschuldbefreiungsverfahren steht nur natürlichen Personen als Schuldnern offen.

Der Schuldner muss einen Antrag auf Restschuldbefreiung stellen. Dieser Antrag soll üblicherweise mit dem Antrag auf Eröffnung des Insolvenzverfahrens verbunden werden.

Praxishinweis:

Keine Restschuldbefreiung ohne Insolvenzantrag. Kein Restschuldbefreiungsverfahren ohne Insolvenzverfahren.

Die Antragstellung kann binnen einer zwei Wochen Frist nach Erteilung eines Hinweises durch das Insolvenzgericht nachgeholt werden.

Dem Antrag auf Restschuldbefreiung ist die Abtretungserklärung des Schuldners darüber beizufügen, dass er die pfändbaren Forderungen auf Bezüge aus einem Dienstverhältnis oder an dessen Stelle tretende laufende Bezüge für eine Dauer von sechs Jahren nach der Eröffnung des Insolvenzverfahrens an einen vom Gericht zu bestimmenden Treuhänder, der aber vom Schuldner vorgeschlagen werden kann, abtritt.

Praxishinweis:

Die Wohlverhaltensperiode dauert nach derzeitiger gesetzlicher Regelung sechs Jahre. Sie läuft bereits ab dem Zeitpunkt der Eröffnung des Insolvenzverfahrens. Für Insolvenzverfahren, die vor dem 26. Oktober 2001 (Inkrafttreten des so genannten Insolvenzrechtsänderungsgesetzes) eröffnet worden sind, ist – ohne Ausnahme- oder Übergangsregelung – die alte Rechtslage anzuwenden, die besagt, dass die Wohlverhaltensperiode grundsätzlich sieben Jahre läuft, und zwar erst ab Aufhebung des Insolvenzverfahrens. Da es allein bis zu Aufhebung des Insolvenzverfahrens zum Teil rund ein Jahr dauern konnte, beträgt die effektive Wartezeit bis zur Restschuldbefreiung nicht selten in Altfällen acht Jahre. Auf Besonderheiten in Form der Verkürzung der Wohlverhaltensperiode auch in Altfällen auf fünf Jahre, wenn die Zahlungsunfähigkeit nachweislich vor dem 01. Januar 1997 bestand, wird hingewiesen.

Innerhalb der Wohlverhaltensperiode muss der Schuldner Obliegenheiten beachten und erfüllen:

- Eine angemessene Erwerbstätigkeit ausüben;
- bei Beschäftigungslosigkeit sich um eine angemessene Erwerbstätigkeit bemühen und keine zumutbaren Tätigkeiten ablehnen;
- bei Selbstständigen: Zahlungen an den Treuhänder zur Befriedigung der Insolvenzgläubiger erbringen, wie wenn ein angemessenes Dienstverhältnis eingegangen wäre;
- Zahlungen zur Gläubigerbefriedigung nur an den Treuhänder leisten;
- keinem Insolvenzgläubiger einen Sondervorteil verschaffen;
- Vermögen, welches von Todes wegen erworben wird oder mit Rücksicht auf ein künftiges Erbrecht erworben wird, zur Hälfte des Wertes an den Treuhänder herausgeben;
- keine Verheimlichung von Bezügen oder von Todes wegen bzw. vergleichbar erworbenem Vermögen;
- Anzeige von Wohnsitz- und Beschäftigungswechsel;
- Auskunft an das Gericht/Treuhänder über Erwerbstätigkeit/Bemühungen dahingehend.

Verstößt der Schuldner gegen diese Obliegenheiten, kann ein Gläubiger den Antrag beim Insolvenzgericht auf Versagung der Restschuldbefreiung stellen. Der Antrag muss binnen eines Jahres, nachdem der Gläubiger Kenntnis von dem Obliegenheitsverstoß erlangt hat, gestellt werden. Die Obliegenheitsverletzung und die zeitlichen Umstände müssen glaubhaft gemacht werden.

> **Praxishinweis:**
>
> Zur Glaubhaftmachung kann sich der Gläubiger der Beweismittel der Zivilprozessordnung bedienen. Insbesondere kann er eine Bescheinigung des Treuhänders vorlegen, aus der sich ergibt, dass der Schuldner trotz Aufforderung nicht die gesetzliche Auskunftspflicht erfüllt hat. Bei eigener Wahrnehmung eines Obliegenheitsverstoßes kann der Gläubiger eine eidesstattliche Versicherung abgeben.

Der Schuldner hat das mangelnde Verschulden für eine Obliegenheitsverletzung darzulegen und zu beweisen.

Die Restschuldbefreiung kann ferner vorzeitig versagt werden:

- Auf Antrag eines Insolvenzgläubigers bei Verurteilung des Schuldners wegen einer Insolvenzstraftat während der Laufzeit der Abtretungserklärung (Wohlverhaltensperiode) oder in dem Zeitraum nach dem Schlusstermin bis zur Aufhebung des Insolvenzverfahrens;
- auf Antrag des Treuhänders, wenn dessen Mindestvergütung auch nach Anforderung nicht gezahlt worden ist.

Im Schlusstermin des Insolvenzverfahrens entscheidet das Insolvenzgericht nach Anhörung der Insolvenzgläubiger und des Insolvenzverwalters über den Antrag auf Restschuldbefreiung. Die Restschuldbefreiung ist zu versagen, wenn ein Insolvenzgläubiger dies im Schlusstermin beantragt, ein gesetzlicher Versagungsgrund vorliegt und dieser vom Insolvenzgläubiger glaubhaft gemacht wird:

- Verurteilung des Schuldners wegen einer Insolvenzstraftat;
- vorsätzliche/grob fahrlässige unrichtige/unvollständige Angaben über wirtschaftliche Verhältnisse in den letzten drei Jahren vor dem Antrag auf Eröffnung des Insolvenzverfahrens;
- wiederholter Restschuldbefreiungsantrag in den letzten zehn Jahren vor Insolvenzantragstellung;
- verschwenderischer Lebensstil/Begründung unangemessener Verbindlichkeiten im letzten Jahr vor dem Insolvenzeröffnungsantrag;
- vorsätzliche/grob fahrlässige Verletzung von Auskunfts- oder Mitwirkungspflichten;
- vorsätzliche/grob fahrlässige Falschangabe zu Einkommen/Vermögen im vorzulegenden Vermögensverzeichnis.

Bei Erteilung der Restschuldbefreiung wirkt diese grundsätzlich umfassend gegen alle Insolvenzgläubiger, unabhängig davon, ob die Forderungen angemeldet worden sind oder nicht. Von der Restschuldbefreiung nicht berührt werden Rechte der Insolvenzgläubiger gegen Mitschuldner, Bürgen des Schuldners sowie Rechte aus einer Vormerkung oder aus einem Recht, welches im Insolvenzverfahren zur Absonderung berechtigen würde. Ferner werden von der Restschuldbefreiung nicht berührt neben Geldstrafen und gesetzlich gleichgestellten Verbindlichkeiten (§ 39 Abs. 1 Nr. 3 InsO) die Verbindlichkeiten aus einer vorsätzlich begangenen unerlaubten Handlung, sofern die Forderung unter Angabe dieses Rechtsgrundes angemeldet worden war, sowie Verbindlichkeiten aus zinslosen Darlehen, die dem Schuldner zur Kostenbegleichung gewährt wurden.

Die Restschuldbefreiung kann unter engen sachlichen und zeitlichen Grenzen widerrufen werden. Zeitlich ist der Widerruf nur binnen Jahresfrist nach Rechtskrafteintritt der Entscheidung über die Restschuldbefreiung zulässig. Der Widerruf bedarf eines Antrages eines Insolvenzgläubigers. Der Insolvenzgläubiger muss glaubhaft machen, dass der Insolvenzschuldner seine Obliegenheiten vorsätzlich verletzt und die Befriedigung der Gläubiger erheblich beeinträchtigt hat und der Antragsteller bis zur Rechtskraft der Entscheidung davon keine Kenntnis hatte.

8.16 Verbraucherinsolvenzverfahren

Immer mehr Menschen können nicht mit dem ihnen zur Verfügung stehenden Geld umgehen: Sie geben mehr aus, als sie haben – und dies auch noch bewusst oder in unbegreiflicher Verkennung der tatsächlichen, nämlich ihrer finanziellen Umstände. Das mag an einer Art Bildungsnotstand und fehlendem Bewusstsein zur Nachvollziehung einfachster Rechenprogramme liegen, möglicherweise auch an einem getrübten Realitätssinn für das in eigenen Sachen wirtschaftlich Machbare. „Lockangebote", Ratenzahlungsverträge und Verbraucherkredite erledigen das Übrige. Es bedarf eigentlich keiner Beratungsstellen für in finanzielle Not geratene Erwachsene (die auch nur wiederum Geld kosten), wenn in den Elternhäusern und Erziehungseinrichtungen das vermittelt würde, was vor sechzig, fünfzig und auch noch vor vierzig Jahren keiner großen Erwähnung bedurfte und immer schon ein eherner kaufmännischer Grundsatz war: „Du kannst nicht mehr ausgeben, als du hast!"

Das Verbraucherinsolvenzverfahren soll im Gegensatz zum Regelinsolvenzverfahren gesellschaftliche und volkswirtschaftliche Probleme lösen, die mit der fortschreitenden Überschuldung von Verbrauchern zusammenhängen. Gesellschaftliche Folgen der Überschuldung sind soziale und wirtschaftliche Ausgrenzung, Arbeitsplatzverlust, Familienprobleme und Krankheiten.

Das Verbraucherinsolvenzverfahren soll die Bedürfnisse von Verbrauchern und Kleingewerbetreibenden decken und die Gerichte von einer übermäßigen Belastung durch Kleinverfahren verschonen. Da bei Verbrauchern in der Regel wenig Vermögen zu verwerten sein wird, ist ein primäres Ziel des Gesetzes, dem Schuldner durch eine Schuldenbereinigung einen Neuanfang zu ermöglichen. Deshalb werden das außergerichtliche und das gerichtliche Schuldenbereinigungsverfahren in den Vordergrund gerückt. Nur subsidiär wird ein stark vereinfachtes Insolvenzverfahren durchgeführt.

In erster Linie aus fiskalischen Gründen gibt es derzeit Bestrebungen, neben den bisher gesetzlich geltenden Modellen noch ein „Entschuldungsverfahren“ für völlig mittellose Verbraucher einzuführen.

8.16.1 Anwendungsbereich

Das Verbraucherinsolvenzverfahren steht den Personen offen, die nicht aktiv eine selbstständige wirtschaftliche Tätigkeit ausüben oder – unter bestimmten weiteren Voraussetzungen – ausgeübt haben.

Praxishinweis:

Aktiv tätige Freiberufler, Handwerker und Kleingewerbetreibende unterfallen damit grundsätzlich dem Regelinsolvenzverfahren. Dies war vor Inkrafttreten des Insolvenzrechtsänderungsgesetzes vom 26. Oktober 2001 u. U. anders.

Bei ehemals eine wirtschaftlich selbstständige Tätigkeit Ausübenden wird von der Anwendbarkeit der Vorschriften des Regelinsolvenzverfahrens dann ausgegangen, wenn im Zeitpunkt der Antragstellung Forderungen aus Arbeitsverhältnissen einschließlich Ansprüchen von Sozialversicherungsträgern abzuwickeln sind oder die Zahl von 19 Gläubigern (Überschaubarkeit der Vermögensverhältnisse) überschritten wird.

8.16.2 Verfahrensablauf

Das Verbraucherinsolvenzverfahren ist dreistufig konzipiert. Auf der ersten Stufe wird gänzlich außerhalb und ohne Einschaltung des Gerichts der Versuch unternommen, auf der Grundlage eines außergerichtlichen Schuldenbereinigungsplans eine Einigung mit den Gläubigern herbeizuführen. Kommt der Schuldenbereinigungsplan nicht zustande, schließt sich auf der zweiten Stufe das gerichtliche Schuldenbereinigungsverfahren an, bei dem als Besonderheit die fehlende Zustimmung von Gläubigern angenommen bzw. das Einverständnis ersetzt werden kann, um den Schuldenbereinigungsplan zustande zu bringen. Kann auch in diesem Verfahrensstadium keine Einigung erzielt werden, wird das vereinfachte Insolvenzverfahren durchgeführt (§§ 311 ff. InsO). Kritisch zu bemerken ist, dass insbesondere das gerichtliche Schuldenbereinigungsverfahren (2. Stufe) bisher in der Breite kaum von Erfolg gekrönt sein dürfte. Es sollte abgeschafft werden.

Das Verbraucherinsolvenzverfahren setzt einen schriftlichen Antrag voraus. In der Regel wird gleichzeitig der Antrag auf Restschuldbefreiung gestellt, der aber grundsätzlich vom Insolvenzantrag zu unterscheiden ist. Mit dem Antrag auf Eröffnung des Verbraucherinsolvenzverfahrens muss der Schuldner u.a. die Bescheinigung einer geeigneten Person oder Stelle vorlegen, dass ein außergerichtlicher Schuldenbereinigungsplan (1. Stufe) innerhalb der letzten 6 Monate vor dem Eröffnungsantrag gescheitert ist.

Praxishinweis:

Von der im Gesetz enthaltenen Ermächtigung der Länder zur Festlegung, welche Personen oder Stellen als geeignet anzusehen sind, haben alle Bundesländer durch Erlass von Ausführungsgesetzen Gebrauch gemacht. Rechtsanwälte, Notare und Steuerberater sind von Berufs wegen geeignete Personen für die Schuldnerberatung. Gerichtsvollzieher, Sozialämter und Träger der Freien Wohlfahrtspflege dürften ebenfalls geeignete Stellen sein. Anerkannte zuverlässige Schuldnerberatungsstellen können auch als geeignet angesehen werden.

Das außergerichtliche Schuldenbereinigungsverfahren ist gesetzlich nicht geregelt. Es finden sich keine Vorschriften dazu, welchen Inhalt ein Schuldenbereinigungsplan zu haben hat (Privatautonomie) und nur ein einziger Anhaltspunkt im Gesetz (§ 305 Abs. 1 Nr. 4 InsO).

Praxishinweis:

Mögliche Inhalte sind: Auswirkungen des Plans auf Sicherheiten (ist für den gerichtlichen Plan vorgeschrieben), einmalige Ablösezahlungen mit Restschuldverzicht, feste oder flexible Raten, Zinsverzicht, Erlass, Teilerlass, Stundung, Anpassung an veränderte Umstände (Besserungsklauseln), gemischte Pläne mit verschiedenen Bedingungen, Verfallklauseln, Einbeziehung unbekannter Gläubiger, vorzeitige Planerfüllung, Vereinbarung von Erwerbsobliegenheiten, Auskunftspflichten, Einstellung der Zwangsvollstreckung, Wirkung der Planerfüllung, Behandlung streitiger Forderungen. Nach überwiegender Auffassung in Rechtsprechung und Literatur sind auch so genannte „Null"-Pläne, „Fast-Null"-Pläne und „Flexible-Null"-Pläne (Verteilung des zukünftigen pfändbaren Einkommens) zulässig, da in Deutschland keine Mindestquoten vorgeschrieben sind. Es kommt eben auf die Gläubiger an, ob sie so etwas mitmachen!

Der gerichtliche Schuldenbereinigungsplan (2. Stufe) wird den Gläubigern zur Stellungnahme zugeleitet. Häufig enthält der Plan nur geringfügige Modifikationen. Für die Gläubiger wird es jetzt aber brisant: Schweigt ein Gläubiger auf den Vorschlag des Schuldners, wird sein Schweigen als Zustimmung zum Plan gewertet. Stimmen nicht alle Gläubiger dem Plan zu, kann das Gericht auf Antrag des Schuldners oder eines Gläubigers unter Umständen die Zustimmung ersetzen. Voraussetzung ist dabei in jedem Fall, dass bereits die Hälfte der Gläubiger zugestimmt hat, wobei die Summenmehrheit und die Kopfmehrheit erforderlich sind. Die Zustimmungsersetzung scheitert, wenn der Gläubiger, dessen Zustimmung ersetzt werden soll, im Verhältnis zu den übrigen Gläubigern nicht angemessen beteiligt wird, dieser Gläubiger durch den Plan wirtschaftlich schlechter gestellt wird, als er bei Durchführung des Verfahrens stehen würde oder der Gläubiger glaubhaft bestreitet, dass eine vom Schuldner angegebene Forderung besteht oder sich auf einen höheren oder niedrigeren Betrag richtet als angegeben.

Scheitert der gerichtliche Schuldenbereinigungsplan, findet das Insolvenzverfahren als vereinfachtes Insolvenzverfahren statt (3. Stufe; §§ 311 ff. InsO). Als Besonderheiten sind hervorzuheben: Anfechtungsberechtigt sind nur die Gläubiger. Mit Pfandrechten oder Absonderungsrechten behaftete Gegenstände müssen durch die Gläubiger verwertet werden.

8.17 Akteneinsicht im Insolvenzverfahren

Gläubiger haben naturgemäß ein Interesse, zu erfahren, welchen Stand das Insolvenzverfahren hat. Anspruchsgrundlage für das Akteneinsichtsrecht des Gläubigers ist § 4 InsO i.V.m. § 299 ZPO.

Praxishinweis:

Gläubiger sollten rege davon Gebrauch machen, die Insolvenzakte einzusehen, statt routinemäßige „Sachstandsanfragen" abzuschicken. Es ergeben sich durchaus sehr interessante Informationen aus den Verwalterberichten mit den Anlagen. In bestimmten Ausnahmefällen können Teile der Akte „gesperrt" werden (Akteninhalt wird in Sonderverwahrung genommen), um Ermittlungsergebnisse nicht zu gefährden. Einsichtnahme heißt, dass man sich zur Geschäftsstelle des Insolvenzgerichts bemühen muss. Eine Versendung der Insolvenzakte kommt grundsätzlich nicht in Frage.

Das informelle Selbstbestimmungsrecht des Schuldners wird durch ein Akteneinsichtsrecht nicht verletzt. Diese Rechtsansicht ist nicht ganz unumstritten.

Praxishinweis:

Es gibt Gerichte, die restriktiv mit dem Akteneinsichtsrecht des Gläubigers umgehen. Im Übrigen wird zwischen den verschiedenen Verfahrensstadien (Eröffnungsverfahren, Einstellung mangels Masse, eröffnetes Verfahren, Verfahrensbeendigung) nach den Beteiligten bzw. Akteneinsichtbegehrenden und nach dem Umfang (Einsicht/Auskunft) differenziert. Hierzu gibt es die unterschiedlichsten Ansichten in Rechtsprechung und Literatur. Von Gericht zu Gericht muss mit einer etwas anderen Praxis gerechnet werden.

8.18 Rechtsmittel

Entscheidungen des Insolvenzgerichts sind grundsätzlich nur angreifbar, wenn die InsO dies ausdrücklich vorsieht. Das Rechtsmittel ist die „sofortige Beschwerde“. Die Beschwerdefrist beträgt (nur) zwei Wochen. Sie beginnt mit der Verkündung der Entscheidung oder, wenn diese nicht verkündet wird, mit der Zustellung.

9. Private Kreditversicherung

9.1 Begriff

Die private Kreditversicherung hat den Ersatz von Ausfällen fakturierter, rechtlich begründeter Forderungen aus Warenlieferungen und Dienstleistungen, die dem Lieferanten oder Dienstleister im regelmäßigen Geschäftsbetrieb in seinem Namen und auf seine Rechnung durch Zahlungsunfähigkeit seiner versicherten Kunden entstehen, zum Gegenstand. Versichert werden können sowohl Forderungen aus Warenlieferungen oder Dienstleistungen im inländischen Geschäftsverkehr als auch aus dem Exportgeschäft.

> **Praxishinweis:**
>
> Gegenstand der privaten Kreditversicherung ist der Schutz vor Forderungsausfällen infolge Zahlungsunfähigkeit, nicht der Schutz vor Forderungsausfällen infolge Zahlungsunwilligkeit. Unabhängig davon, welcher Versicherungsfall geltend gemacht wird, muss es sich daher immer um eine rechtlich begründete, mithin unbestrittene Forderung handeln.

Die Bedeutung der privaten Kreditversicherung hat insbesondere infolge des weltweit hohen Insolvenzniveaus und den daraus resultierenden erheblichen Ausfallrisiken in den letzten Jahren stetig zugenommen.

Die private Kreditversicherung basiert auf der Gewährung eines Zahlungsziels des Lieferanten oder Dienstleisters gegenüber seinem Abnehmer. Im Gegensatz zu einer Zahlungsverpflichtung Zug um Zug wird die dem Abnehmer der Ware oder Dienstleistung gestellte Rechnung erst nach Ablauf der vereinbarten Frist zur Zahlung fällig.

Die Vereinbarung eines derartigen Zahlungsziels bietet für den Abnehmer ein wichtiges Liquiditäts- und Finanzierungsinstrument.

Demgegenüber birgt die Gewährung eines Zahlungsziels für den Lieferanten oder Dienstleister im Falle der Zahlungsunfähigkeit des Abnehmers das Risiko eines teilweisen oder sogar kompletten Forderungsausfalls. Um diesem Risiko entgegenzuwirken, bietet sich der Abschluss einer privaten Kreditversicherung an.

Die private Kreditversicherung ist eine atypische Schadenversicherung, denn sie dient nicht nur der Kompensation entstandener Schäden, sondern vereint die Merkmale Schadenverhütung, Schadenminderung und Schadenvergütung.

Schadenverhütend und schadenmindernd wird der Kreditversicherer zum einen tätig, indem er die Bonität der versicherten Abnehmer seiner Versicherungsnehmer ständig überwacht und prüft, um bei negativen Bonitätsmerkmalen und -entwicklungen sofort adäquat reagieren zu können und so einen Forderungsausfall der diesem Abnehmer gegenüber Leistungen erbringenden Versicherungsnehmer zu verhindern oder zumindest zu mindern. Diese Risikoprüfungen führt der Kreditversicherer mit Hilfe von Wirtschaftsauskunfteien, Bankauskünften, Bilanzanalysen, Erfahrungsberichten anderer Versicherungsnehmer, Selbstauskünften des Schuldners, Marktanalysen, Branchenauswertungen und Länderanalysen durch.

Zum anderen vertritt der Kreditversicherer in der Regel die Interessen mehrerer Versicherungsnehmer und besitzt daher bei Verhandlungen mit dem Schuldner häufig eine stärkere Position als jeder einzelne Gläubiger, um insbesondere in Krisensituationen des Schuldners Vereinbarungen mit diesem zu treffen und gemeinsame Lösungen zur Krisenbewältigung zu erarbeiten, die einen drohenden Forderungsausfall der Lieferanten und Dienstleister verhindern oder zumindest mindern. Auch nach gegebenenfalls eingetretener Insolvenz bündelt der Kreditversicherer die Interessen der bei ihm versicherten Gläubiger häufig durch Initiierung eines Lieferantenpools und Mitgliedschaft sowohl in dem jeweiligen Poolbeirat als auch dem Gläubigerausschuss im Insolvenzverfahren.

Im Falle der eingetretenen Zahlungsunfähigkeit eines versicherten Abnehmers der Versicherungsnehmer des Kreditversicherers fungiert dieser letztlich als Schadenvergüter, indem er seine Versicherungsnehmer in Höhe der verbleibenden Forderungsausfälle bedingungsgemäß entschädigt. Neben der Schadenkompensation können durch eine schnelle Schadenabwicklung eventuell durch den Forderungsausfall entstehende Liquiditätsengpässe der Versicherungsnehmer vermieden werden.

Der Abschluss einer Kreditversicherung bietet für den Versicherungsnehmer gewichtige Vorteile:

- Die unkalkulierbaren Risiken von zahlungsunfähigkeitsbedingten Forderungsausfällen werden durch eine der Höhe nach kalkulierbare Versicherungsprämie ersetzt.
- Liquiditäts- und Bonitätsprobleme werden durch die Funktion des Kreditversicherers als Schadenverhüter, Schadenminderer und Schadenvergüter weitgehend vermieden.
- Die Möglichkeit, die Entschädigungsansprüche gegen den Kreditversicherer an eine Bank abzutreten, kann zu einer Erweiterung des Kreditrahmens und somit zu einem zusätzlichen Liquiditätseffekt führen.
- Die Bonitätsprüfung und das daraus resultierende Krediturteil des Kreditversicherers können bei dem Aufbau neuer Geschäftsbeziehungen entscheidend für die Auswahl der Geschäftspartner und die Vereinbarung angemessener Zahlungskonditionen sein.
- Der Aufwand für das Debitorenmanagement kann durch die Bonitätsüberwachung des Kreditversicherers erheblich reduziert werden.

Der deutsche Kreditversicherungsmarkt wird im Wesentlichen von drei Versicherern bestimmt: Größter Anbieter ist die zur Allianz-Gruppe gehörende Euler Hermes Kreditversicherungs-AG mit Sitz in Hamburg, gefolgt von der Atradius Kreditversicherung, einer Niederlassung der Atradius Credit Insurance N.V., mit Sitz in Köln und der Allgemeine Kreditversicherung Coface AG mit Sitz in Mainz. Auch weltweit sind die Holdinggesellschaften der genannten Kreditversicherer – Euler Hermes S.A. in Paris, Atradius Credit Insurance N.V. in Amsterdam und Coface S.A. in Paris – die größten Anbieter in dieser Versicherungssparte.

9.2 Rechtliche Grundlagen

Die private Kreditversicherung hat sowohl gesetzliche als auch vertragliche Grundlagen.

9.2.1 Gesetzliche Grundlagen

Die gesetzliche Grundlage der privaten Kreditversicherung bilden die für alle Versicherungssparten geltenden Gesetze, insbesondere das Versicherungsvertragsgesetz (VVG), das Versicherungsaufsichtsgesetz (VAG), das Bürgerliche Gesetzbuch (BGB) und das Handelsgesetzbuch (HGB).

Im Rahmen des VVG sind zunächst die allgemeinen, für alle Versicherungszweige geltenden Vorschriften der §§ 1 bis 48 VVG auch für die private Kreditversicherung einschlägig. Dies gilt ebenso für die allgemeinen Vorschriften zur Schadenversicherung der §§ 49 bis 80 VVG. Zu beachten ist allerdings, dass diejenigen der vorgenannten Normen, die eine Beschränkung der Vertragsfreiheit beinhalten, im Bereich der Kreditversicherung dispositiv sind, also durch vertragliche Vereinbarung abgeändert werden dürfen. Dies folgt aus § 187 VVG i. V. m. Art. 10 Abs. 1 Satz 2 Nr. 2 EGVVG i. V. m. Nr. 14 Teil A zum VAG. Diese Ausnahmeregelung hat ihre Ursache darin, dass es sich bei der Kreditversicherung um ein so genanntes Großrisiko handelt. Diesem ist nach der Auffassung des Gesetzgebers immanent, dass der Versicherungsnehmer einer Kreditversicherung, anders als im Rahmen der nicht als Großrisiko eingestuften Versicherungszweige, nicht als geschäftsunkundigerer und damit schwächerer und besonders schutzwürdiger Vertragspartner angesehen wird. Vielmehr geht das Gesetz davon aus, dass der Versicherungsnehmer einer Kreditversicherung typischerweise hinreichend geschäftskundig und daher in der Lage ist, für seine Interessen selbst Sorge zu tragen, mithin nicht derart schutzbedürftig ist wie der Versicherungsnehmer in solchen Versicherungssparten, die nicht als Großrisiko eingestuft werden.

Die vorgenannte Ausnahmeregelung findet allerdings dort ihre Grenze, wo Normen des VVG durch vertragliche Regelung abgeändert werden, die zur Nichtigkeit des Versicherungsvertrages führen. Solche Normen sind auch in der Kreditversicherung nicht dispositiv.

Ferner ist zu beachten, dass die erläuterte Ausnahmeregelung lediglich Vertragsfreiheit im Rahmen des VVG bedingt. Auf zwingende Bestimmungen anderer Gesetze hat dies indes keine Auswirkungen. Folglich unterliegen die Bestimmungen der Allgemeinen Versicherungsbedingungen der Kreditversicherung der uneingeschränkten Kontrolle Allgemeiner Geschäftsbedingungen gemäß den §§ 305 ff. BGB.

Der Anwendungsbereich der §§ 305 ff. BGB beschränkt sich grundsätzlich auf die Regelungen der Allgemeinen Versicherungsbedingungen, also z. B. der AVB-WKV und der AVB-AKV. Demgegenüber unterliegen die besonderen, in der jeweiligen Versicherungspolice geregelten Bedingungen keiner dahingehenden Kontrolle, da es sich insoweit nicht um Allgemeine Geschäftsbedingungen im Sinne des BGB handelt, sondern um individuelle Vertragsgestaltungen.

9.2.2 Vertragliche Grundlagen

Als vertragliche Grundlage dienen in der privaten Kreditversicherung zum einen die jeweils vereinbarten Allgemeinen Versicherungsbedingungen (AVB). Bei Abschluss einer Warenkreditversicherung, deren Gegenstand Forderungsausfälle von Abnehmern des Versicherungsnehmers mit Sitz im Inland ist, sind dies die Allgemeinen Bedingungen für die Warenkreditversicherung (AVB-WKV) in der jeweils gültigen Fassung, bei Abschluss einer Ausfuhrkreditversicherung, deren Gegenstand Forderungsausfälle von Abnehmern des Versicherungsnehmers mit Sitz im Ausland ist, die Allgemeinen Bedingungen für die Ausfuhrkreditversicherung (AVB-AKV) in der jeweils gültigen Fassung. Daneben bieten die Kreditversicherer vermehrt auf die steigende Internationalisierung angepasste Versicherungsverträge an, denen allgemeine Versicherungsbedingungen zugrunde liegen, die im Wesentlichen eine Kombination aus den AVB-WKV und den AVB-AKV darstellen.

In den Allgemeinen Versicherungsbedingungen sind die wesentlichen Bestimmungen zum Versicherungsvertrag normiert, insbesondere hinsichtlich Umfang des Versicherungsschutzes, Obliegenheiten und Vertragspflichten des Versicherungsnehmers, Rechtsfolgen von Obliegenheit- und Vertragspflichtverletzungen, Voraussetzungen für den Eintritt eines Versicherungsfalls sowie Entstehung, Höhe und Fälligkeit des Entschädigungsanspruchs.

Neben den Allgemeinen Versicherungsbedingungen enthalten zum anderen die jeweiligen Versicherungsverträge individuelle, den Erfordernissen des jeweiligen Versicherungsnehmers angepasste Bedingungen, die über die Allgemeinen Versicherungsbedingungen hinausgehen oder von diesen abweichen können.

Die jeweils gültigen Allgemeinen Versicherungsbedingungen bilden gemeinsam mit den in der Police geregelten Besonderen Bedingungen die vertragliche Grundlage des Rechtsverhältnisses zwischen Versicherungsnehmer und Kreditversicherer.

9.3 Beziehungen der Beteiligten

Der privaten Kreditversicherung liegt ein Dreiecksverhältnis zwischen Versicherer, Versicherungsnehmer und dessen Abnehmer/Kunde zugrunde.

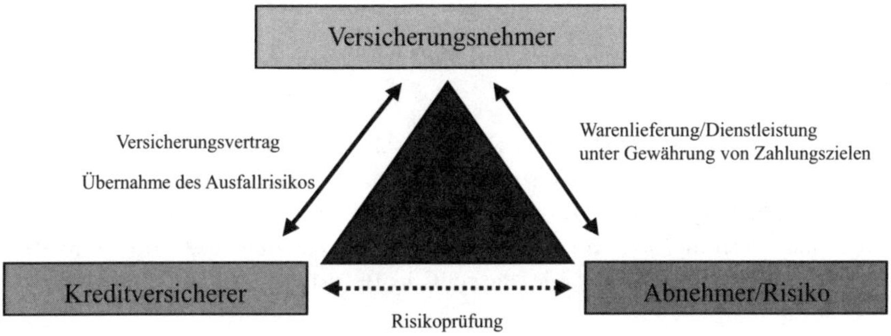

9.3.1 Versicherungsnehmer – Abnehmer

Basis der Rechtsbeziehung zwischen Kreditversicherer und Versicherungsnehmer sind die zwischen dem Versicherungsnehmer als Lieferant oder Dienstleister und seinen Abnehmern bestehenden Vertragsverhältnisse, bei denen dem jeweiligen Abnehmer ein Zahlungsziel eingeräumt wird.

9.3.2 Versicherungsnehmer – Kreditversicherer

Zur Absicherung der den Kunden des Lieferanten oder Dienstleisters infolge der Gewährung eines Zahlungsziels eingeräumten Kredite wird zwischen dem Lieferanten oder Dienstleister und dem Kreditversicherer ein Versicherungsvertrag abgeschlossen. Der Versicherungsvertrag regelt zusammen mit den jeweils gültigen Allgemeinen Versicherungsbedingungen die gegenseitigen Rechte und Pflichten von Versicherungsnehmer und Versicherer.

Bei der Vertragsanbahnung beantragt der Versicherungsnehmer nicht nur den Abschluss der Police als solche, sondern zugleich Versicherungsschutz in bestimmter Höhe für Lieferungen und Leistungen an seine im Einzelnen zu benennenden Kunden. In der Regel werden bei Abschluss des Versicherungsvertrages die Lieferungen und Leistungen des Versicherungsnehmers an alle zu diesem Zeitpunkt von ihm benannten Kunden in den Versicherungsschutz einbezogen. Allerdings erfolgt diese Eindeckung durch den Kreditversicherer nicht automatisch, sondern in der Regel erst nach erfolgter Bonitätsprüfung jedes einzelnen Abnehmers des Versicherungsnehmers. Die Bonitätsprüfung ist aus Sicht des Kreditversicherers erforderlich, da weder alle Forderungen des Versicherungsnehmers gegen jedweden Kunden, noch Forderungen in jeglicher Höhe pauschal abgedeckt werden können.

Nach erfolgter Kreditprüfung erhält der Versicherungsnehmer jeweils eine auf den einzelnen Abnehmer bezogene Kreditmitteilung des Versicherers über das Ergebnis der Prüfung. Dieses kann drei verschiedene Grund-Formen haben:

- Gewährung von Versicherungsschutz für Lieferungen und Leistungen an diesen Abnehmer in der beantragten Höhe *oder*
- Nichtgewährung von Versicherungsschutz für Lieferungen und Leistungen an diesen Abnehmer *oder*
- Gewährung von Versicherungsschutz für Lieferungen und Leistungen an diesen Abnehmer, aber nicht in der beantragten, sondern in reduzierter Höhe, oder unter Aufnahme zusätzlicher Bedingungen, wie z. B. eine Erhöhung der vertraglich vereinbarten Selbstbeteiligung, eine Änderung des vertraglich vereinbarten Kreditziels, das Erfordernis der Hereinnahme einer Kreditsicherheit oder die zeitliche Befristung des Kreditlimits.

Beispiel

> Die kreditversicherte X-AG beliefert regelmäßig die A-GmbH. Der monatliche Umsatz beläuft sich auf € 500.000,-. Sie beantragt daher bei ihrem Kreditversicherer Deckungsschutz in dieser Höhe. Dieser prüft die Bonität der A-GmbH und kommt nach Prüfung der letzten Bilanz, des Businessplans und des letzten Zwischenabschlusses zu dem Ergebnis, dass er zwar Deckungsschutz für Lieferungen und Leistungen an die A-GmbH einräumen kann, jedoch aufgrund der geringen Eigenkapitalquote der A-GmbH nicht in Höhe von € 500.000,-, sondern lediglich in Höhe von € 200.000,-. Somit schickt der Kreditversicherer der X-AG eine Kreditmitteilung, wonach er für Lieferungen und Leistungen an die A-GmbH ab einem bestimmten Datum Versicherungsschutz in Höhe von € 200.000,- gewährt.

Jede Kreditmitteilung hat konstitutive Wirkung, d. h. sie geht den Regelungen des Versicherungsvertrags und jenen der Allgemeinen Versicherungsbedingungen nach dem Grundsatz der Spezialität vor.

Auch der Beginn des Versicherungsschutzes für Lieferungen und Leistungen an den jeweiligen Abnehmer des Versicherungsnehmers wird in der Kreditmitteilung festgelegt.

Praxishinweis:

Versicherungsschutz besteht nicht pauschal ab Vertragsbeginn für sämtliche Lieferungen und Leistungen an alle Abnehmer des Versicherungsnehmers, sondern jeweils nur gemäß der jeweiligen Kreditmitteilung ab dem in dieser Mitteilung festgelegten Zeitpunkt und zu den dort genannten Bedingungen.

9.3.3 Kreditversicherer – Abnehmer/Risiko

In dem Dreiecksverhältnis zwischen Versicherungsnehmer, dessen Abnehmer und dem Versicherer besteht lediglich zwischen dem Versicherungsnehmer und seinem Abnehmer einerseits sowie zwischen dem Versicherungsnehmer und dem Versicherer andererseits ein Vertragsverhältnis. Demgegenüber besteht zwischen dem Kreditversicherer und dem Abnehmer des Versicherungsnehmers keine vertragliche Beziehung.

Mangels Vertragsverhältnisses zwischen Versicherer und Abnehmer des Versicherungsnehmers, der auch als das versicherungstechnische Risiko bezeichnet wird, bestehen in diesem Verhältnis grundsätzlich keine, jedenfalls keine vertraglichen gegenseitigen Ansprüche.

Zum einen hat der Kreditversicherer keinen Anspruch gegen den Abnehmer auf Übersendung von Jahresabschlüssen, Businessplänen und ähnlichen Unternehmenskennzahlen.

Zum anderen hat auch der Abnehmer in der Regel keine Ansprüche gegen den Kreditversicherer. Nicht-vertragliche Ansprüche auf Auskunftserteilung, Widerruf, Unterlassen und/oder Schadenersatz können allerdings in Betracht kommen, sofern der Kreditversicherer z. B. in einer Kreditmitteilung wissentlich unwahre kreditschädigende Äußerungen über den Abnehmer macht.

Beispiel

Der Kreditversicherer lehnt gegenüber seinem Versicherungsnehmer X-AG per Kreditmitteilung die Übernahme von Versicherungsschutz für Lieferungen und Leistungen an die A-GmbH ab und begründet dies damit, dass die A-GmbH mit anderen Lieferanten bereits Ratenzahlungsvereinbarungen getroffen habe.

Die A-GmbH erhält Kenntnis von dem – vertraulichen – Inhalt der Kreditmitteilung und behauptet, keine Ratenzahlungsvereinbarungen getroffen zu haben. Sie verlangt von der Kreditversicherung Auskunft darüber, wem gegenüber die Behauptung aufgestellt wurde, Widerruf der Behauptung gegenüber denjenigen, gegenüber denen sie aufgestellt wurde, künftiges Unterlassen der Behauptung sowie Schadenersatz, da die aufgestellte Behauptung Liquiditätsprobleme der A-GmbH unterstelle und daher kreditschädigend sei.

Der Kreditversicherer beruft sich darauf, die Information über getroffene Ratenzahlungsvereinbarungen von anderen bei ihm versicherten Lieferanten und einer Wirtschaftsauskunftei erhalten zu haben.

Die A-GmbH tritt dem entgegen und kann schließlich nachweisen, dass sie keine Ratenzahlungsvereinbarungen getroffen hat, sondern dass es sich um eine Fehlinformation handelte.

Da der Versicherer aber zum einen weder positiv wusste, noch fahrlässig verkannte, dass die A-GmbH tatsächlich keine Ratenzahlungsvereinbarungen mit anderen Zulieferern getroffen hatte, sind die Ansprüche der A-GmbH unbegründet. Dies gilt nicht nur für den Schadenersatzanspruch, sondern auch für die begehrte Auskunftserteilung, den begehrten Widerruf und das begehrte künftige Unterlassen, da der Kreditversicherer im vorliegenden Beispiel keine Kenntnis von der Unwahrheit seiner Tatsachenbehauptung hatte.

Zu beachten ist, dass dann, wenn der Kreditversicherer die Unwahrheit seiner kreditschädigenden Äußerung zwar nicht kannte, aber hätte kennen müssen (fahrlässige Unkenntnis), dennoch kein Anspruch auf Schadenersatz des Abnehmers gegeben ist, sofern der Kreditversicherer in Wahrnehmung seiner oder der berechtigten Interessen seines Versicherungsnehmers, demgegenüber die Behauptung aufgestellt wurde, und somit nicht rechtswidrig gehandelt hat. Allerdings kann in diesem Fall insbesondere der Anspruch auf Unterlassen begründet sein, da nach der Rechtsprechung des Bundesgerichtshofs niemand ein berechtigtes Interesse an der künftigen Verbreitung unwahrer Tatsachenbehauptungen haben kann; Entsprechendes kann auch für den Anspruch auf Auskunftserteilung über den Adressatenkreis und Widerruf diesem gegenüber gelten.

Praxishinweis:

Die Beweislast dafür, dass die Tatsachenbehauptungen zum einen unwahr sind und dass der Kreditversicherer zum anderen entweder Kenntnis oder fahrlässige Unkenntnis von der Unwahrheit seiner Behauptungen hatte, obliegt nach den allgemeinen zivilrechtlichen Grundsätzen dem Abnehmer des Versicherungsnehmers.
Demgegenüber obliegt die Beweislast für ein berechtigtes Interesse dem Versicherer.

9.4 Vertragsinhalt

9.4.1 Versicherbare Forderungen

Eine Forderung ist in der privaten Kreditversicherung versicherbar, wenn sie

- durch Ausführung einer Warenlieferung oder Dienstleistung im regelmäßigen Geschäftsbetrieb des Versicherungsnehmers entstanden ist,
- fakturiert wurde und
- rechtlich begründet ist.

Der Forderung muss zum einen eine Warenlieferung oder Dienstleistung zugrunde liegen, die im regelmäßigen Geschäftsbetrieb des Versicherungsnehmers ausgeführt wurde. Handelt es sich zwar um eine Forderung aus einer Warenlieferung oder Dienstleistung, jedoch nicht um eine solche aus dem regelmäßigen Geschäftsbetrieb des Versicherungsnehmers, ist sie nicht versicherbar. Dies soll verhindern, dass der Kreditversicherer für jegliche Forderungen des Versicherungsnehmers aus Warenlieferung oder Dienstleistung haftet, selbst wenn diese mit dessen Geschäftsbetrieb in keinem Zusammenhang stehen, sondern atypischer Natur sind und daher eine andere Risikobeurteilung durch den Kreditversicherer erfordern würden.

Zum anderen muss die Forderung durch den Versicherungsnehmer fakturiert worden sein, um in den Versicherungsschutz fallen zu können. Grundsätzlich sind Forderungen nicht bereits ab durchgeführter Lieferung oder Leistung versichert, sondern erst nach erfolgter Rechnungserstellung gegenüber dem Abnehmer. Allerdings wird insoweit häufig in den besonderen Vertragsbedingungen zwischen Versicherungsnehmer und Versicherer vereinbart, dass Versicherungsschutz entgegen der Grundsatzregel in den Allgemeinen Versicherungsbedingungen bereits ab Lieferung und Leistung besteht.

Schließlich muss die Forderung rechtlich begründet sein, um in den Versicherungsschutz einbezogen werden zu können. Erforderlich ist, dass die Warenlieferung oder Dienstleistung von dem Kunden des Versicherungsnehmers endgültig abgenommen wurde. Zwar entsteht der Anspruch des Lieferanten oder Dienstleisters auf die vereinbarte Vergütung bereits mit Abschluss des schuldrechtlichen Vertrages mit seinem Abnehmer, allerdings hat der Abnehmer im Falle der nicht vertragsgemäßen Leistungserbringung des Lieferanten oder Dienstleisters seinerseits das Recht, die ihm obliegende Gegenleistung zurückzuhalten.

Beispiel

> Dem Versicherungsnehmer X-AG wurde durch seinen Kreditversicherer Versicherungsschutz in Höhe von € 500.000,- für Forderungen aus Lieferungen an die A-GmbH eingeräumt. Die X-AG schließt mit der A-GmbH einen Kaufvertrag über die Lieferung von 300 hochwertigen Kaffeemaschinen zum Kaufpreis von € 150.000,- und führt die Lieferung aus. Die A-GmbH rügt, dass 50 der 300 Kaffeemaschinen mangelhaft seien, und verweigert daher die Zahlung des Kaufpreises. Daraufhin meldet die X-AG die ausbleibende Zahlung seinem Kreditversicherer und verlangt Entschädigung. Dieser verweigert zu Recht unter Berufung auf die Strittigkeit der Forderung Zahlung einer Entschädigungsleistung.

Gegenstand der privaten Kreditversicherung ist der Ersatz von Forderungsausfällen, die auf Zahlungsunfähigkeit des Abnehmers beruhen, nicht indes der Ersatz von Forderungsausfällen, denen Zahlungsunwilligkeit oder eine berechtigte Einrede des Abnehmers zugrunde liegt.

Praxishinweis:

Die Beweislast für die rechtliche Begründetheit einer Forderung obliegt nach den allgemeinen zivilrechtlichen Grundsätzen dem Versicherungsnehmer. Im Zweifel muss er einen zwischen ihm und seinem Abnehmer bestehenden Rechtsstreit einer gerichtlichen Klärung unterziehen, um gegenüber dem Kreditversicherer den Nachweis erbringen zu können, dass es sich um eine rechtlich begründete und daher in den Versicherungsschutz fallende Forderung handelt.

9.4.2 Nicht versicherbare Forderungen

Die Allgemeinen Versicherungsbedingungen enthalten neben der Definition der versicherten bzw. versicherbaren Forderungen auch einen Negativkatalog, mithin eine Aufzählung solcher Forderungen, die vom Versicherungsschutz ausgenommen sind.

9.4.2.1 Nebenforderungen

Nicht vom Versicherungsschutz umfasst sind regelmäßig Verzugszinsen, Vertragsstrafen, Schadenersatz, Kosten der Rechtsverfolgung und Kursverluste, mithin Nebenforderungen. Allerdings werden auch diesbezüglich mitunter von den Allgemeinen Versicherungsbedingungen abweichende Vereinbarungen in den Besonderen Vertragsbedingungen getroffen, wonach z. B. die Kosten der mit dem Forderungsinkasso zusammenhängenden Rechtsverfolgung zumindest teilweise in den Versicherungsschutz einbezogen werden.

9.4.2.2 Forderungen gegen nicht-gewerbliche Unternehmen

Ferner sind von vornherein Forderungen gegen nicht-gewerbliche Unternehmen vom Versicherungsschutz ausgeschlossen. Dies hat zur Konsequenz, dass weder Forderungen gegen Freiberufler, noch gegen Privatpersonen Gegenstand der privaten Kreditversicherung sein können.

9.4.2.3 Forderungen gegen staatliche, öffentlich-rechtlich organisierte Institutionen

Darüber hinaus sind auch Forderungen gegen staatliche öffentlich-rechtlich organisierte Institutionen nicht versicherbar, da diese Forderungen nicht insolvenzfähig sind. Derartige Forderungen können zwar nicht Gegenstand der privaten Kreditversicherung sein, sind aber im Rahmen der staatlichen Exportversicherung versicherbar.

9.4.2.4 Forderungen gegen beherrschte Unternehmen

Nicht versicherbar sind gemäß den einschlägigen Allgemeinen Versicherungsbedingungen zudem regelmäßig Forderungen gegen Unternehmen, an denen der Versicherungsnehmer mittelbar oder unmittelbar mehrheitlich beteiligt ist oder aus anderen Gründen die rechtliche und tatsächliche Möglichkeit der Einflussnahme hat. Dadurch soll verhindert werden, dass der Versicherungsnehmer seine gesellschaftsrechtliche oder aus sonstigen Gründen bestehende Beherrschungsposition sowie seinen daraus resultierenden Wissensvorsprung in missbräuchlicher Weise gegenüber dem Kreditversicherer ausnutzt.

Beispiel

Die kreditversicherte X-AG ist Mehrheitsgesellschafterin der X-GmbH. Diese befindet sich in einer wirtschaftlichen Krise. Die X-AG verkauft an die X-GmbH Ware im Wert von € 70.000,-, obwohl sie weiß, dass die Insolvenzantragstellung der X-GmbH unmittelbar bevorsteht. Nach Beantragung und Eröffnung des Insolvenzverfahrens begehrt die X-AG von ihrer Kreditversicherung Entschädigung für den Ausfall der Forderung. Der Versicherer lehnt die Entschädigungsleistung zu Recht unter Berufung darauf, dass Forderungen gegenüber beherrschten Unternehmen von vornherein nicht in den Versicherungsschutz fallen, ab.

Praxishinweis:

Im Zweifel muss der Versicherer beweisen, dass der Versicherungsnehmer die Möglichkeit hat, maßgeblichen Einfluss auf die Geschäftsführung seines Abnehmers zu nehmen.

9.4.2.5 Forderungsausfälle, die durch Krieg und ähnliche Ereignisse mitverursacht werden

Schließlich werden in den Allgemeinen Versicherungsbedingungen auch solche Forderungsausfälle vom Versicherungsschutz ausgeschlossen, die durch Krieg, kriegerische Ereignisse, innere Unruhe, Streik, Beschlagnahme, Behinderungen des Waren- und Dienstleistungsverkehrs von hoher Hand, Naturkatastrophen oder Kernenergie zumindest mitverursacht werden.

Diese Ereignisse und die damit verbundenen Risiken erheblicher Forderungsausfälle sind nicht kalkulierbar und grundsätzlich mit dem Sinn und Zweck der privatwirtschaftlichen Kreditversicherung nicht vereinbar.

> **Praxishinweis:**
>
> Die Beweislast dafür, dass der Forderungsausfall auf einem der genannten Ereignisse beruht, obliegt dem Versicherer.

Obwohl die Allgemeinen Versicherungsbedingungen politische Risiken vom Versicherungsschutz ausschließen, kann im Einzelfall in den Besonderen Versicherungsbedingungen vereinbart werden, diese politischen Risiken mit in den Versicherungsschutz einzubeziehen. Im Rahmen der Ausfuhrkreditversicherung wird bei Bedarf häufig individuell vereinbart, dass – entgegen den Allgemeinen Versicherungsbedingungen – Forderungsausfälle infolge von Transferbeschränkungen, Inkonvertibilität, Krieg, Bürgerkrieg, Vertragsaufhebung durch staatliche Stellen im Land des Importeurs, Exportbeschränkungen, Embargos im Land des Exporteurs und Importbeschränkungen im Land des Importeurs mitversichert sind.

9.4.3 Eintritt eines Versicherungsfalls

Versicherungsfall ist grundsätzlich das Ereignis, das die Entschädigungspflicht des Versicherers auslöst.

Die vertraglichen Versicherungsfälle sind in den jeweils gültigen Allgemeinen und Besonderen Vertragsbedingungen abschließend aufgezählt.

9.4.3.1 Versicherungsfälle in der Warenkreditversicherung

In der Warenkreditversicherung sind in den AVB-WKV regelmäßig folgende Versicherungsfälle definiert:

- Eröffnung des Insolvenzverfahrens über das Vermögen des versicherten Kunden;
- Ablehnung der Eröffnung des Insolvenzverfahrens über das Vermögen des versicherten Kunden mangels Masse;
- Feststellung der Annahme des Schuldenbereinigungsplanes durch das Insolvenzgericht, soweit der versicherte Kunde eine geringfügige selbstständige wirtschaftliche Tätigkeit ausübt;
- Zustandekommen eines außergerichtlichen Liquidations- oder Quotenvergleichs mit sämtlichen Gläubigern des versicherten Kunden;
- Fruchtlose Zwangsvollstreckung durch den Versicherungsnehmer in das Vermögen des versicherten Kunden.

Praxishinweis:

Der Versicherungsfall „fruchtlose Zwangsvollstreckung“ setzt voraus, dass der Versicherungsnehmer Zwangsvollstreckungsmaßnahmen durchgeführt hat, die nicht oder nicht vollständig zur Befriedigung geführt haben. Von besonderer Bedeutung sind in diesem Zusammenhang zwei Punkte:
Zum einen muss eine Zwangsvollstreckungsmaßnahme durchgeführt worden sein. Dies ist insbesondere nicht der Fall, wenn der Gerichtsvollzieher den Schuldner unter der angegebenen Adresse nicht aufgefunden hat. Denn die Zwangsvollstreckung durch den Gerichtsvollzieher beginnt mit der ersten gegen den Schuldner gerichteten Vollstreckungshandlung; wird der Schuldner jedoch gar nicht angetroffen, kann ihm gegenüber auch keine Vollstreckungshandlung durchgeführt werden. Zum Eintritt des Versicherungsfalls genügt daher nicht die Mitteilung des Gerichtsvollziehers, er habe den Schuldner nicht angetroffen; vielmehr bedarf es eines Pfändungsprotokolls, aus dem sich ergibt, dass die durchgeführte Zwangsvollstreckung fruchtlos war.
Zum anderen muss die Zwangsvollstreckungsmaßnahme von dem Versicherungsnehmer durchgeführt worden sein. Nicht ausreichend ist, wenn der Versicherungsnehmer Kenntnis davon hat, dass andere Gläubiger fruchtlos die Zwangsvollstreckung in das Vermögen des Schuldners betrieben haben. Erforderlich ist demgegenüber, dass sich z. B. aus dem Pfändungsprotokoll des Gerichtsvollziehers ergibt, dass der Zwangsvollstreckungsauftrag durch den Versicherungsnehmer erteilt wurde.

Als Zeitpunkt des Eintritts des Versicherungsfalls gilt:

- Bei Eröffnung des Insolvenzverfahrens, Ablehnung der Eröffnung des Insolvenzverfahrens mangels Masse und Feststellung der Annahme des Schuldenbereinigungsplans das Datum des Gerichtsbeschlusses;

- Bei Zustandekommen eines außergerichtlichen Liquidations- oder Quotenvergleichs mit allen Gläubigern der Tag, an dem sämtliche Gläubiger ihre Zustimmung zum Vergleich gegeben haben;

- Bei fruchtloser Zwangsvollstreckung der Tag, an dem die Fruchtlosigkeit der Zwangsvollstreckung attestiert wurde.

Natürlich steht es den Vertragsparteien frei, neben den in den AVB definierten Versicherungsfällen individualvertraglich weitere Versicherungsfälle zu vereinbaren.

In vielen Versicherungsverträgen wird zusätzlich der Versicherungsfall „Protracted Default“ vereinbart; teilweise ist dieser Versicherungsfall inzwischen auch in den AVB enthalten. Bei Vereinbarung von „Protracted Default“ tritt der Versicherungsfall nicht erst mit Zahlungsunfähigkeit, sondern bereits bei liquiditätsbedingter Nichtzahlung innerhalb einer bestimmten, versicherungsvertraglich definierten Frist ein. Basis der insofern relevanten Zahlungsfrist ist die zwischen dem Versicherungsnehmer und seinem Kunden vereinbarte Fälligkeit; wird nach Überschreiten dieser Fälligkeit die Forderung nicht binnen der versicherungsvertraglich vereinbarten Karenzfrist bezahlt, gilt der Versicherungsfall als eingetreten.

Beispiel

> Der Versicherungsnehmer X-AG hat am 14. Januar 2005 Ware an seinen Kunden, die A-GmbH, geliefert und am gleichen Tag fakturiert; vereinbart wurde ein Zahlungsziel von 30 Tagen ab Rechnungsdatum. Die A-GmbH ist aus Bonitätsgründen nicht in der Lage, die Forderung zu erfüllen. Zwischen Versicherer und Versicherungsnehmer wurde im Rahmen der Deckung aus „Protracted Default“ versicherungsvertraglich eine Karenzfrist von 6 Monaten ab ursprünglicher Fälligkeit vereinbart.
>
> Die Forderung der X-AG war am 15. Februar 2005 fällig. Die versicherungsvertragliche Karenzfrist lief 6 Monate nach Fälligkeit, mithin am 15. August 2005 ab. Der Versicherungsfall ist somit am 15. August 2005 eingetreten.

Die Aufzählung der Versicherungsfälle in den AVB-WKV ist grundsätzlich abschließend. Daneben lösen nur individualvertraglich vereinbarte Versicherungsfälle einen Entschädigungsanspruch des Versicherungsnehmers aus. Die Auslegung eines einem der in den AVB definierten oder individualvertraglich vereinbarten Versicherungsfälle ähnlichen Sachverhalts dahingehend, dass auch dieser nach dem Sinn und Zweck des Kreditversicherungsvertrags einen Versicherungsfall darstellt, ist nach ständiger Rechtsprechung des Bundesgerichtshofs und der Oberlandesgerichte nicht zulässig.

Praxishinweis:

Ein Sachverhalt, der zwar darauf schließen lässt, dass der Schuldner zahlungsunfähig ist, der jedoch nicht in den AVB oder individualvertraglich als Versicherungsfall definiert ist, löst keinen Entschädigungsanspruch des Versicherungsnehmers aus.
Nach der ständigen Rechtsprechung des Bundesgerichtshofs verbieten die klare Formulierung in den AVB, welches Vorkommnis für die Auslösung des Versicherungsfalls maßgebend ist, und die genaue Festlegung, wann es sich verwirklicht haben muss, eine Auslegung dahingehend, dass die Zahlungsunfähigkeit im Sinne der Bedingungen schon vor dem in den AVB genannten Zeitpunkt oder durch ein anderes als die dort definierten Ereignisse eintritt. Begründet wird diese Rechtsprechung damit, dass der Versicherer mit der Definition der Versicherungsfälle in den AVB bemüht gewesen sei, die ohnehin schwierige Feststellung der Zahlungsunfähigkeit an möglichst eindeutige Umstände wie gerichtliche Beschlüsse anzuknüpfen. Dies stelle keine unangemessene Benachteilung des Versicherungsnehmers dar und führe nicht zur Unwirksamkeit dieser Allgemeinen Geschäftsbedingung, da auch der Versicherungsnehmer ein Interesse daran habe, dass die von ihm zu beweisenden Voraussetzungen des Versicherungsfalls leicht feststellbar seien.

Beispiel

> Die kreditversicherte X-AG hat Forderungen aus Warenlieferungen an die A-GmbH. Über das Vermögen der A-GmbH wurde weder ein Insolvenzverfahren eröffnet oder die

Insolvenzverfahrenseröffnung mangels Masse abgelehnt, noch ist einer der sonstigen in den AVB-WKV definierten Versicherungsfälle eingetreten. Individualvertraglich wurde zwischen der X-AG und dem Kreditversicherer kein weiterer Versicherungsfall vereinbart.

Die A-GmbH wurde am 30. November 2005 gemäß § 141 a Abs. 1 Satz 1 FGG von Amts wegen infolge Vermögenslosigkeit aus dem Handelsregister gelöscht. Darauf beruft sich die X-AG und begehrt von ihrem Kreditversicherer Entschädigung für den Forderungsausfall.

Die Kreditversicherung verweigert zu Recht die Zahlung einer Entschädigungsleistung und begründet dies damit, dass keiner der in den AVB-WKV abschließend definierten Versicherungsfälle eingetreten ist.

9.4.3.2 Versicherungsfälle in der Ausfuhrkreditversicherung

Die Versicherungsfälle in der privaten Ausfuhrkreditversicherung sind in den AVB-AKV in der Regel wie folgt definiert:

- Eröffnung des Insolvenzverfahrens über das Vermögen des versicherten Kunden;
- Ablehnung der Eröffnung des Insolvenzverfahrens über das Vermögen des versicherten Kunden;
- Eröffnung des gerichtlichen Vergleichsverfahrens zur Abwendung der Insolvenz über das Vermögen des versicherten Kunden;
- Zustandekommen eines außergerichtlichen Liquidations- oder Quotenvergleichs mit allen Gläubigern des versicherten Kunden;
- Fruchtlose Zwangsvollstreckung durch den Versicherungsnehmer in das Vermögen des versicherten Kunden;
- Aussichtslosigkeit der Bezahlung der Forderungen durch den versicherten Kunden infolge nachgewiesener ungünstiger Umstände, weil eine Zwangsvollstreckung, ein Insolvenzantrag oder eine andere gegen den Kunden gerichtete Maßnahme des Versicherungsnehmers keinen Erfolg verspricht;
- Drohende Zahlungsunfähigkeit des versicherten Kunden infolge Bonitätsverschlechterung nach Lieferung oder Leistung, sofern die Ware sich noch in der Verfügungsgewalt des Versicherungsnehmers befindet oder von diesem zurückgenommen worden ist, im Einvernehmen mit dem Versicherer bestmöglich anderweitig verwertet wurde und dabei ein Mindererlös entstanden ist.

Die AVB-AKV definieren mit den beiden letztgenannten Versicherungsfällen zwei über die in den AVB-WKV normierten hinausgehende Versicherungsfälle, die den Besonderheiten von

Forderungen aus Warenlieferungen und Dienstleistungen aus dem Exportgeschäft und Risiken im Ausland Rechnung tragen.

Als Zeitpunkt für den Eintritt des jeweiligen Versicherungsfalls gilt:

- Im Falle der Eröffnung des Insolvenzverfahrens, Ablehnung der Eröffnung des Insolvenzverfahrens mangels Masse und Eröffnung des Vergleichsverfahrens der Tag des Gerichtsbeschlusses;
- Im Falle des Zustandekommens eines außergerichtlichen Liquidations- oder Quotenvergleichs der Tag, an dem sämtliche Gläubiger ihre Zustimmung zu dem Vergleich gegeben haben;
- Im Falle fruchtloser Zwangsvollstreckung der Tag, an dem die Fruchtlosigkeit der Zwangsvollstreckung attestiert wurde;
- Im Falle der Aussichtslosigkeit der Bezahlung der Tag, an dem aufgrund entsprechenden Beweismaterials die Aussichtslosigkeit von Maßnahmen gegen den Schuldner angenommen werden muss;
- Im Falle drohender Zahlungsunfähigkeit mit daraus resultierendem Mindererlös der Tag, an dem der Ausfall nach anderweitiger Verwertung der Ware feststeht.

9.4.4 Entschädigungsanspruch des Versicherungsnehmers

Der Versicherer ersetzt dem Versicherungsnehmer Ausfälle von versicherten Forderungen aus Warenlieferungen und Dienstleistungen, sofern der Forderungsausfall durch einen der in den dem Versicherungsvertrag zugrunde liegenden AVB definierten oder individualvertraglich vereinbarten, während der Laufzeit des Versicherungsvertrags eingetretenen Versicherungsfälle entsteht.

Der Entschädigungsanspruch hat somit folgende Voraussetzungen:

- Eintritt eines der abschließend definierten Versicherungsfälle;
- Eintritt des Versicherungsfalls während der Laufzeit des Versicherungsvertrags;
- Keine Leistungsfreiheit des Versicherers, i. e. Nichtvorliegen von Obliegenheitsverletzungen und Vertragspflichtverletzungen.

Praxishinweis:

Nach ständiger höchstrichterlicher Rechtsprechung ist weder die Definition der einen Versicherungsfall auslösenden Ereignisse noch die Festlegung des hierfür relevanten Zeitpunktes einer Auslegung zugänglich. Eine Vorverlegung des festgelegten Zeitpunktes für den Eintritt eines Versicherungsfalls kommt nicht in Betracht.

Beispiel

> Die X-AG hat überfällige Forderungen gegen die A-GmbH aus Warenlieferungen. Am 30. November 2005 wird Insolvenzantrag über das Vermögen der A-GmbH gestellt. Am 14. Januar 2006 wird das Insolvenzverfahren über das Vermögen der A-GmbH eröffnet.
>
> Den mit ihrer Kreditversicherung geschlossenen Versicherungsvertrag hat die X-AG fristgemäß zum 31. Dezember 2005 gekündigt.
>
> Die X-AG verlangt von ihrem Kreditversicherer Entschädigung für den Forderungsausfall gegenüber der A-GmbH und beruft sich auf den während der Vertragslaufzeit gestellten Insolvenzantrag.
>
> Der Versicherer lehnt die Entschädigungsleistung zu Recht mit der Begründung ab, dass die Beantragung der Eröffnung des Insolvenzverfahrens über das Vermögen des versicherten Kunden keinen der abschließend definierten Versicherungsfälle darstellt und dass der Versicherungsfall „Eröffnung des Insolvenzverfahrens" ausweislich des Gerichtsbeschlusses vom 14. Januar 2006 nach Vertragsende eingetreten ist.

Sofern einer der Versicherungsfälle während der Laufzeit des Versicherungsvertrages eingetreten ist und kein Leistungsbefreiungstatbestand zugunsten des Versicherers vorliegt, muss die Höhe des versicherten Forderungsausfalls festgestellt werden. Diese Berechnung folgt den Bestimmungen in den jeweiligen AVB. Regelmäßig vollzieht sie sich folgendermaßen:

Basis der Berechnung ist die bei Eintritt des Versicherungsfalls bestehende Forderung des Versicherungsnehmers.

Beispiel

> Die X-AG hat bei Eröffnung des Insolvenzverfahrens über das Vermögen der A-GmbH am 14. Januar 2006 Forderungen gegen diese in Höhe von € 200.000,-

Hiervon werden zunächst nicht versicherte Forderungen und Forderungsteile abgezogen.

Beispiel

> Das der X-AG durch den Kreditversicherer eingeräumte Versicherungslimit für Lieferungen an die A-GmbH betrug € 160.000,-. Mithin ist die Differenz zwischen Außenstand und Versicherungslimit in Höhe von € 40.000,- als unversichert abzuziehen.

Ferner werden die bei Eintritt des Versicherungsfalls bestehenden aufrechenbaren Forderungen in Abzug gebracht, nicht hingegen Forderungen, die bereits vor Eintritt des Versicherungsfalls aufgerechnet wurden.

Beispiel

Die A-GmbH hatte gegen die X-AG einen aufrechenbaren Anspruch in Höhe von € 20.000,-. Die Aufrechnung wurde bereits vor Eintritt des Versicherungsfalls erklärt. Daher erfolgt bei Berechnung des versicherten Forderungsausfalls der X-AG kein Abzug dieses Betrages von der Gesamtforderung.

Danach werden Rücklieferungen und Erlöse aus Eigentumsvorbehaltsrechten und aus sonstigen Sicherheiten und Rechten von dem bei Eintritt des Versicherungsfalls bestehenden Außenstand abgesetzt. Allerdings betrifft dies nur Erlöse, die sich auf versicherte Forderungen beziehen. In der Regel ist nicht feststellbar, welcher Erlös welcher Forderung zuzuordnen ist. Daher wird regelmäßig eine anteilige Anrechnung im Verhältnis der versicherten zu den unversicherten Forderungen vorgenommen.

Beispiel

Die X-AG konnte aus den ihr zustehenden Eigentumsvorbehaltsrechten Erlöse in Höhe von € 20.000,- erzielen. Da nicht feststellbar ist, inwieweit diese Erlöse im Einzelnen auf die versicherten Forderungen in Höhe von € 160.000,- entfallen, werden sie anteilig angerechnet; abgezogen wird mithin der anteilige Erlös in Höhe von € 16.000,-.

Nach Abzug der unversicherten Forderungen in Höhe von € 40.000,- von dem bei Eintritt des Versicherungsfalls bestehenden Außenstand in Höhe von € 200.000,- und nach der anteiligen Anrechnung der Erlöse aus Eigentumsvorbehaltsrechten in Höhe von € 16.000,- bestehen in diesem Beispiel versicherte Forderungen in Höhe von € 144.000,-.

Schließlich werden von den berechneten versicherten Forderungen alle Erlöse und Zahlungen ab Eintritt des Versicherungsfalls abgezogen, soweit sie die versicherten Forderungen betreffen. Auch diesbezüglich erfolgt eine anteilige Anrechnung, sofern – wie im Regelfall – nicht feststellbar ist, ob sich die Zahlungen und Erlöse auf versicherte oder unversicherte Forderungen beziehen.

Beispiel

> Die X-AG erhält in dem Insolvenzverfahren eine Insolvenzquote in Höhe von 10 %. Die Höhe der versicherten Forderungen beträgt € 144.000,-. Hiervon wird anteilig die 10-%-ige Insolvenzquote, mithin ein Betrag in Höhe von € 14.400,- abgezogen. Der versicherte Forderungsausfall beträgt somit € 129.600,-.

Abschließend wird von dem berechneten versicherten Forderungsausfall die vertragliche vereinbarte Selbstbeteiligung abgezogen. Hiernach steht die Höhe der Entschädigungssumme fest.

Beispiel

> In dem Versicherungsvertrag zwischen der X-AG und dem Kreditversicherer wurde für Lieferungen und Leistungen an Abnehmer im Inland eine Selbstbeteiligung von 15 % vereinbart; die Kreditmitteilung, mit der der Versicherer der X-AG das Versicherungslimit in Höhe von € 160.000,- eingeräumt hatte, enthält keine davon abweichende, speziellere Vereinbarung. Somit wird von dem zuvor berechneten versicherten Forderungsausfall in Höhe von € 129.600,- die 15-%-ige Selbstbeteiligung, mithin ein Betrag in Höhe von € 19.440,- abgezogen. Die Entschädigungssumme beträgt daher € 110.160,-.

9.4.5 Obliegenheiten und Vertragspflichten des Versicherungsnehmers

Der Versicherungsnehmer hat im Rahmen des Versicherungsvertrages verschiedene Obliegenheiten und Vertragspflichten zu erfüllen, um seinen Anspruch auf Entschädigungsleistung nicht zu gefährden.

9.4.5.1 Obliegenheiten

Obliegenheiten werden definiert als die von dem Versicherungsnehmer zu erfüllenden Voraussetzungen für die Erhaltung des Anspruchs aus dem Versicherungsvertrag. In zeitlicher Hinsicht lässt sich zwischen vor dem Eintritt eines Versicherungsfalls einerseits und nach dem Eintritt eines Versicherungsfalls andererseits zu erfüllenden Obliegenheiten unterscheiden.

Es gibt sowohl gesetzliche als auch vertragliche Obliegenheiten.

Zu den gesetzlichen Obliegenheiten im Rahmen der privaten Kreditversicherung zählen die vorvertraglichen Anzeigepflichten, die Anzeigepflichten bei subjektiver und objektiver Gefahrerhöhung, die Pflicht zur Anzeige des Versicherungsfalls, die Auskunftspflicht nach Eintritt des Versicherungsfalls, die Pflicht zur Anzeige einer Nebenversicherung und die Schadenabwendungs- und Schadenminderungspflicht.

In der Warenkreditversicherung finden – zulässigerweise – die gesetzlichen Obliegenheiten nur insoweit Anwendung, als die vertraglichen Vereinbarungen nicht eine speziellere Regelung vorsehen.

(1) Vertragliche Obliegenheiten

Die Allgemeinen Versicherungsbedingungen normieren in der Regel zum einen als vertragliche Obliegenheiten vor Eintritt des Versicherungsfalls vorvertragliche Anzeigepflichten, vertragliche Anzeigepflichten, sowie Anzeige- und Verhaltenspflichten bei Gefahrerhöhung, zum anderen als vertragliche Obliegenheiten nach Eintritt des Versicherungsfalls die Pflicht zur Anzeige eines eingetretenen Versicherungsfalls, die Pflicht zur Geltendmachung und bestmöglichen Verwertung von Kreditsicherungsrechten, die Pflicht zur Auskunftserteilung und zur Vorlage aller zur Feststellung des Versicherungsfalls nach Grund und Höhe für erforderlich erachteten Unterlagen sowie die Pflicht zur Meldung aller Zahlungen oder sonstigen Leistungen auch nach Erhalt einer Schadenabrechnung oder Entschädigungsleistung.

Von besonderer Bedeutung ist in der Praxis die vor Eintritt des Versicherungsfalls zu erfüllende vertragliche Obliegenheit der Meldung von Kreditzielüberschreitungen.

Im Versicherungsvertrag wird häufig ein so genanntes äußerstes Kreditziel festgesetzt, das für jeden versicherten Kunden des Versicherungsnehmers gilt, solange nicht eine Kreditmitteilung eine abweichende Bestimmung enthält. Das äußerste Kreditziel beginnt mit dem Tag der Fakturierung und endet nach Ablauf des im Versicherungsvertrag oder in der jeweiligen spezielleren Kreditmitteilung festgelegten Zeitraums. In Konsequenz kann zwischen dem Versicherungsnehmer und seinem Abnehmer keine längere Fälligkeit als das versicherungsvertragliche äußerste Kreditziel vereinbart werden.

Die Überschreitung des äußersten Kreditziels muss dem Versicherer unverzüglich angezeigt werden, unabhängig davon, ob die zugrunde liegende Forderung versichert ist oder nicht.

Praxishinweis:

Auch wenn Lieferungen und Leistungen eines Versicherungsnehmers an einen bestimmten Abnehmer grundsätzlich versichert sind, können einzelne Forderungen des Versicherungsnehmers gegen diesen Abnehmer dennoch unversichert sein, z. B. wenn sie das durch den Versicherer für Lieferungen und Leistungen an diesen Abnehmer eingeräumte Kreditlimit überschreiten. Dennoch hat der Kreditversicherer ein berechtigtes Interesse daran, auch die Kreditzielüberschreitung hinsichtlich unversicherter Forderungen gegen einen versicherten Abnehmer zu erfahren, um die Bonität dieses Abnehmers überprüfen und eventuell erforderliche Schadenverhütungsmaßnahmen einleiten zu können.

Die Kreditzielüberschreitungsmeldung ist insofern von besonderer Bedeutung für den Kreditversicherer, als sie einen wichtigen Indikator für die Kreditwürdigkeit des Abnehmers darstellt. Kommt der Versicherungsnehmer seiner Pflicht zur unverzüglichen Kreditzielüberschreitungsmeldung nicht nach, geht der Kreditversicherer insoweit zu Unrecht von unveränderter Bonität des Abnehmers aus. Da dem Versicherer somit die Möglichkeit genommen wird, die Bonität dieses Abnehmers anhand des „Warnsignals" Kreditzielüberschreitung zu überprüfen und gegebenenfalls Schadenverhütungsmaßnahmen einzuleiten, kann es sowohl in Bezug auf den betroffenen Versicherungsnehmer als auch hinsichtlich weiterer versicherter Lieferanten und Dienstleister dieses Abnehmers zu einer Schadenerhöhung kommen.

Beispiel

Der kreditversicherten X-AG wurde für Lieferungen an die A-GmbH ein Kreditziel von 3 Monaten eingeräumt. Die Lieferung vom 01. September 2005 wird am gleichen Tag fakturiert. Der Kaufpreis ist einen Monat nach Rechnungsdatum fällig. Das äußerste Kreditziel endet am 01. Dezember 2005. Bis zu diesem Zeitpunkt hat die A-GmbH die Rechnung nicht bezahlt. Die X-AG ist daher am 02. Dezember 2005 verpflichtet, ihrem Kreditversicherer die Kreditzielüberschreitung zu melden.

(2) Besondere Obliegenheiten bei Vereinbarung von „Protracted Default"

Voraussetzung für Versicherungsschutz aus „Protracted Default"[1] ist, dass der Versicherungsnehmer den Versicherer nach Ablauf einer bestimmten, vertraglich vereinbarten Frist über die Nichtzahlung der versicherten Forderung anhand einer so genannten Nichtzahlungsmeldung informiert.

Darüber hinaus ist der Versicherungsnehmer regelmäßig verpflichtet, in diesem Zeitpunkt, mithin bei Pflicht zur Abgabe der Nichtzahlungsmeldung, einer im Versicherungsvertrag genannten Inkassogesellschaft einen Inkassoauftrag zum Einzug dieser Forderung zu erteilen. Bis zu diesem Zeitpunkt obliegt der Forderungseinzug dem Versicherungsnehmer; die insoweit bis dahin getroffenen Maßnahmen muss er dem Versicherer nachweisen.

Schließlich obliegt dem Versicherungsnehmer in diesem Zeitpunkt ebenfalls die Pflicht, seine Kreditsicherungsrechte, insbesondere Eigentumsvorbehaltsrechte, Pfandrechte etc., geltend zu machen.

---

[1] Siehe Ziffer 9.4.3.1.

Beispiel

> Der Versicherungsnehmer X-AG hat am 14. Januar 2005 Ware an seinen Kunden, die A-GmbH, geliefert und am gleichen Tag fakturiert; vereinbart wurde ein Zahlungsziel von 30 Tagen ab Rechnungsdatum. Nach Überschreiten der Fälligkeit am 15. Februar 2005 erfolgte Mahnungen der X-AG blieben erfolglos, da die A-GmbH aus Bonitätsgründen nicht in der Lage ist, die Forderung zu erfüllen. Zwischen Versicherer und Versicherungsnehmer wurde im Rahmen der Deckung aus „Protracted Default“ versicherungsvertraglich eine Frist von 3 Monaten ab ursprünglicher Fälligkeit zur Abgabe der Nichtzahlungsmeldung und Beauftragung der Inkasso GmbH sowie eine Karenzfrist von 6 Monaten ab ursprünglicher Fälligkeit vereinbart.
>
> Die Forderung der X-AG war am 14. Februar 2005 fällig. 3 Monate nach Fälligkeit, mithin am 14. Mai 2005, musste die X-AG den Versicherer mittels Nichtzahlungsmeldung von der ausgebliebenen Zahlung informieren und im selben Zeitpunkt die Inkasso GmbH mit dem Einzug der Forderung beauftragen. Weitere 3 Monate danach, mithin insgesamt 6 Monate nach ursprünglicher Fälligkeit, trat infolge ordnungsgemäßer Nichtzahlungsmeldung und Beauftragung der Inkasso GmbH am 14. August 2005 der Versicherungsfall „Protracted Default“ ein.

Sofern der Versicherungsnehmer die ihm im Rahmen des Versicherungsfalls „Protracted Default“ obliegenden Pflichten verletzt, verliert er den Versicherungsschutz aus diesem Versicherungsfall. Für einen möglichen Entschädigungsanspruch aus einem der anderen Versicherungsfälle bleibt dies indes ohne Konsequenz.

Beispiel

> Die X-AG wäre am 14. Mai 2005 zur Abgabe einer Nichtzahlungsmeldung und Erteilung eines Inkassoauftrags verpflichtet gewesen. Diese Frist hat sie jedoch versäumt und den Versicherer erst nach Ablauf der Karenzfrist am 14. August 2005 von der Nichtzahlung unterrichtet. Daraufhin verweigert der Kreditversicherer zu Recht die Entschädigung aus Protracted Default.
>
> Am 17. August 2005 wird Antrag auf Eröffnung des Insolvenzverfahrens über das Vermögen der A-GmbH gestellt, woraufhin das Insolvenzgericht am 26. September 2005 den Insolvenzeröffnungsbeschluss erlässt.
>
> Daraufhin macht die X-AG gegenüber ihrem Kreditversicherer den Versicherungsfall „Eröffnung des Insolvenzverfahrens“ geltend. Dieser Versicherungsfall ist – ungeachtet der Obliegenheitsverletzungen der X-AG im Rahmen „Protracted Default“ – am 26. September 2005 eingetreten, so dass die X-AG unter der Voraussetzung, alle insoweit relevanten Obliegenheiten und Vertragspflichten erfüllt zu haben, hieraus einen Entschädigungsanspruch hat.

9.4.5.2 Vertragspflichten

Im Unterschied zu den gesetzlichen und vertraglichen Obliegenheiten handelt es sich bei Vertragspflichten um Hauptleistungspflichten des Versicherungsnehmers und somit um einklagbare echte Rechtspflichten. Sie stehen in einem Gegenseitigkeitsverhältnis zu der Gefahrtragungs- und Entschädigungspflicht des Versicherers. Im Gegensatz zu Obliegenheitsverletzungen führt die Verletzung von Vertragspflichten zur Leistungsfreiheit des Versicherers, ohne dass es auf Verschulden des Versicherungsnehmers ankommt und ohne dass dem Versicherungsnehmer der Gegenbeweis hinsichtlich der Kausalität der Vertragspflichtverletzung für die Leistungspflicht des Versicherers eröffnet ist.

Zu den wichtigsten Vertragspflichten des Versicherungsnehmers zählt die Pflicht zur Prämienzahlung. Diese ist sowohl gesetzlich in § 1 Abs. 2 Satz 1 VVG als auch in den jeweiligen AVB geregelt.

Weitere regelmäßig in den AVB normierte Vertragspflicht in der privaten Kreditversicherung ist die so genannte Anbietungspflicht. Diese besagt, dass der Versicherungsnehmer verpflichtet ist, dem Versicherer zum einen alle Forderungen gegen seine Kunden anzubieten und ausreichende Versicherungssummen zu beantragen, zum anderen unverzüglich einen Erhöhungsantrag zu stellen, sobald die Gesamtforderung an einen Kunden die eingeräumte Versicherungssumme übersteigt.

9.4.6 Rechtsfolgen von Obliegenheits- und Vertragspflichtverletzungen

9.4.6.1 Rechtsfolgen von Obliegenheitsverletzungen

Die AVB bestimmen regelmäßig zunächst den Grundsatz, dass die schuldhafte Verletzung einer gesetzlichen oder vertraglichen Obliegenheit die Leistungsfreiheit des Versicherers zur Folge hat, ohne dass es einer Kündigung des Vertragsverhältnisses bedarf.

Im zweiten Schritt wird zwischen den vor bzw. nach Eintritt des Versicherungsfalls zu erfüllenden Obliegenheiten unterschieden.

Im ersten Fall – Obliegenheitsverletzung vor Eintritt des Versicherungsfalls – wird der vorgenannte Grundsatz zu Gunsten des Versicherungsnehmers dahingehend eingeschränkt, dass sich der Versicherer nicht auf Leistungsfreiheit berufen kann, sofern die Obliegenheitsverletzung keinen Einfluss auf den Eintritt des Versicherungsfalls oder auf den Umfang der dem Versicherer obliegenden Leistungen gehabt hat. Diese Regelung eröffnet dem Versicherungsnehmer somit den Kausalitätsgegenbeweis.

Im zweiten Fall – Obliegenheitsverletzung nach Eintritt des Versicherungsfalls – wird die vorgenannte Einschränkung des Grundsatzes der Leistungsfreiheit bei schuldhafter Obliegenheitsverletzung insoweit weiter eingeschränkt, als sich der Versicherer bei leicht fahrlässiger Obliegenheitsverletzung nicht auf Leistungsfreiheit berufen kann, ohne dass es auf Kausalität für Eintritt oder Höhe des Versicherungsfalls oder die dahingehenden Feststellungen des Versicherers überhaupt ankommt. Sofern die nach Eintritt des Versicherungsfalls zu erfüllende Obliegenheit vorsätzlich oder grob fahrlässig verletzt wurde, ist dem Versicherungsnehmer der Gegenbeweis eröffnet, dass die Obliegenheitsverletzung keinen Einfluss auf die Feststellung des Versicherungsfalls oder der Höhe der dem Versicherer obliegenden Leistungen hatte.

9.4.6.2 Rechtsfolgen von Vertragspflichtverletzungen

Die Rechtsfolgen der Prämienzahlungspflicht sind häufig nicht in den AVB geregelt, so dass die gesetzlichen Regelungen der §§ 38, 39 VVG zur Anwendung kommen. Bei einer Verletzung der Pflicht des Versicherungsnehmers zur Zahlung der Erstprämie oder der Folgeprämien wird der Versicherer zum einen leistungsfrei – im Falle nicht rechtzeitiger Zahlung einer Folgeprämie nur nach Fristsetzung und qualifizierter Mahnung –, zum anderen räumt ihm das Gesetz Kündigungs- und Rücktrittsrechte ein.

Die Verletzung der vertraglich normierten Anbietungspflicht führt gemäß entsprechender Rechtsfolgenbestimmung in den AVB zur Leistungsfreiheit des Versicherers, es sei denn, die Vertragspflichtverletzung ist als unverschuldet anzusehen.

Praxishinweis:

Die Beweispflicht, dass die Anbietungspflicht unverschuldet verletzt wurde, obliegt dem Versicherungsnehmer.

9.5 Kündigung, Rücktritt und Anfechtung

Das Versicherungsvertragsverhältnis kann durch die Ausübung verschiedener Gestaltungsrechte beendet werden.

9.5.1 Kündigung des Versicherungsvertrages

9.5.1.1 Ordentliche Kündigung des Versicherungsvertrages

Der Versicherungsvertrag zwischen Kreditversicherer und Versicherungsnehmer endet zum einen durch ordentliche Kündigung, sofern diese fristgemäß vor einer Vertragsverlängerung über den im Versicherungsvertrag angegebenen Zeitpunkt hinaus durch eine der Vertragsparteien erklärt wird.

Beispiel

> Der Versicherungsvertrag wurde ab dem 01. Juli 2002 für ein Jahr geschlossen. Vereinbart wurde in der Police, dass sich der Vertrag nach Ablauf der Vertragslaufzeit stillschweigend verlängert, wenn er nicht von einem der beiden Vertragspartner zuvor mit einer Frist von 2 Monaten schriftlich gekündigt wird.
>
> Der Versicherungsnehmer teilt dem Kreditversicherer am 29. April 2005 schriftlich mit, dass er den Versicherungsvertrag zum 30. Juni 2005 kündigt.
>
> Infolge der fristgemäßen Kündigung des Versicherungsnehmers verlängert sich der Versicherungsvertrag nicht ab dem 01. Juli 2005 um ein weiteres Jahr, sondern wird mit Ablauf des 30. Juni 2005 beendet.

9.5.1.2 Außerordentliche Kündigung und Beendigung des Versicherungsvertrages

Zum anderen kann das Versicherungsvertragsverhältnis außerordentlich beendet werden.

(1) Insolvenz des Versicherers

Gesetzlich geregelt ist die außerordentliche Beendigung des Versicherungsvertrages infolge Insolvenz des Versicherers.

Demnach endet das Versicherungsverhältnis bei Insolvenz des Versicherers automatisch mit dem Ablauf eines Monats seit der Eröffnung des Insolvenzverfahrens, ohne dass es einer Kündigung durch den Versicherungsnehmer bedarf.

(2) Insolvenz des Versicherungsnehmers

Demgegenüber führt die Eröffnung des Insolvenzverfahrens über das Vermögen des Versicherungsnehmers nicht automatisch zur Beendigung des Versicherungsvertragsverhältnisses; vielmehr räumt das VVG dem Versicherer das Recht ein, ein dahingehendes Kündigungsrecht in seine Bedingungen aufzunehmen.

(3) Nicht rechtzeitige Zahlung einer Folgeprämie durch den Versicherungsnehmer

Zahlt der Versicherungsnehmer eine Folgeprämie nicht rechtzeitig, begründet dies gemäß § 39 Abs. 3 Satz 1 VVG ein außerordentliches Kündigungsrecht des Versicherers.

Dieses setzt gemäß § 39 Abs. 1 Sätze 1 und 2 VVG voraus, dass

- eine Folgeprämie nicht rechtzeitig gezahlt,
- dem Versicherungsnehmer danach eine mindestens zweiwöchige Zahlungsfrist gesetzt
- und er „qualifiziert“ gemahnt wurde.

Folgeprämie ist jede Prämie, die nicht Erstprämie im Sinne des § 38 Abs. 1 Satz 1 VVG ist, mithin jede nach der Erstprämie zu zahlende Prämie, insbesondere auch jene für einen gekündigten, dann aber fortgesetzten Versicherungsvertrag oder die bei bestehendem Versicherungsvertrag neu festgesetzte Prämie.

Dem Tatbestandsmerkmal der „nicht rechtzeitigen Zahlung“ genügt die objektive Tatsache der verspäteten Leistungshandlung des Versicherungsnehmers. Nicht erforderlich ist demgegenüber Verzug, welcher Vertretenmüssen, sprich Verschulden des Versicherungsnehmers voraussetzen würde.

Weitere Voraussetzung ist das Bestimmen einer Zahlungsfrist von mindestens zwei Wochen durch den Versicherer.

Praxishinweis:

Die dem Versicherungsnehmer durch den Versicherer zu setzende Frist ist nur dann zur Begründung des außerordentlichen Kündigungsrechts geeignet, wenn sie ihm nach Fälligkeit, mithin nach dem Zeitpunkt nicht rechtzeitiger Bezahlung gesetzt worden ist.

Besondere Bedeutung kommt in der Praxis dem Tatbestandsmerkmal der durch den Versicherer zu erfolgenden „qualifizierten“ Mahnung zu. Hierunter versteht man die umfassende Belehrung über die Rechtsfolgen der Fristversäumung. Nur bei ordnungsgemäßer Belehrung ist die Fristsetzung wirksam. Dies setzt voraus, dass der Versicherer den Versicherungsnehmer umfassend sowohl über die ihm drohenden Säumnisfolgen als auch über die ihm gemäß § 39 Abs. 3 VVG zustehenden rechtlichen Möglichkeiten zur Verhinderung des Kündigungsrechts des Versicherers belehrt. Sofern der Versicherungsfall noch nicht eingetreten ist, hat der Versicherungsnehmer die Möglichkeit, die Wirkung der Kündigung dadurch abzuwenden, dass er die Prämienzahlung binnen eines Monats nachholt. Die Monatsfrist beginnt entweder mit dem Zeitpunkt der Kündigung oder mit dem Ablauf der dem Versicherungsnehmer gesetzten Zahlungsfrist.

Praxishinweis:

Der Versicherungsnehmer darf nicht in den Glauben versetzt werden, dass eine Zahlung der rückständigen Prämie ihm nach Ablauf der Frist nichts mehr nützt.

Die umfassende, ordnungsgemäße Belehrung ist formelle Wirksamkeitsvoraussetzung der Mahnung des Versicherers im Sinne des § 39 VVG. Unerheblich ist daher, ob der Versicherungsnehmer durch eine unzureichende Belehrung von der rechtzeitigen Zahlung abgehalten wurde. Ebenso wenig kommt es auf Verschulden des Versicherers für die nicht ordnungsgemäße Belehrung an.

Wurde der Versicherungsvertrag gemäß § 39 VVG wirksam durch den Versicherer gekündigt, hat er bis zum Ablauf der laufenden Versicherungsperiode Anspruch auf die Versicherungsprämie.

(4) Vertragliche außerordentliche Kündigungsrechte des Versicherers

Der Versicherer hat die Möglichkeit, weitere außerordentliche Kündigungsrechte in seine Bedingungen aufzunehmen.

Denn bei den dahingehenden Kündigungsvorschriften des VVG handelt es sich um halbzwingende Vorschriften, von denen der Kreditversicherer infolge der Einstufung als Großrisiko[2] abweichen darf. Allerdings müssen derartige außerordentliche Kündigungsrechte des Versicherers, sofern sie in den Allgemeinen Versicherungsbedingungen normiert und nicht individuell in der Police vereinbart sind, mit den Bestimmungen über die Wirksamkeit Allgemeiner Geschäftsbedingungen in den §§ 305 ff. BGB vereinbar sein und dürfen den Versicherungsnehmer daher insbesondere nicht unangemessen benachteiligen.

---

[2] Siehe Ziffer 9.2.1.

9.5.2 Rücktritt vom Versicherungsvertrag

Unabhängig von den ordentlichen und außerordentlichen Kündigungsrechten beider Vertragsparteien gewährt das VVG dem Versicherer verschiedene Rücktrittsrechte.

9.5.2.1 Rücktritt des Versicherers infolge Anzeigepflichtverletzung

Der Versicherer ist zum einen gemäß § 16 Abs. 2 VVG bei einer schuldhaften Verletzung der Pflicht des Versicherungsnehmers zur Anzeige gefahrerheblicher Umstände, zum anderen gemäß § 17 Abs. 1 VVG bei schuldhaft unrichtiger Angabe gefahrerheblicher Umstände durch den Versicherungsnehmer zum Rücktritt vom Versicherungsvertrag berechtigt.

Beispiel

Der Versicherungsnehmer macht bei Vertragsabschluss schuldhaft unrichtige Angaben über das Zahlungsverhalten eines Abnehmers, indem er dem Kreditversicherer wahrheitswidrig mitteilt, dass seine Forderungen durch diesen Abnehmer fristgerecht bezahlt werden, so dass der Kreditversicherer daraufhin Versicherungsschutz für Lieferungen oder Leistungen an diesen Kunden gewährt.

Praxishinweis:

Der Versicherer muss das Rücktrittsrecht innerhalb eines Monats nach Kenntnis von der Anzeigepflichtverletzung des Versicherungsnehmers durch Erklärung diesem gegenüber ausüben.

9.5.2.2 Rücktritt des Versicherers wegen verspäteter Zahlung der ersten Prämie

Gemäß § 38 Abs. 1 Satz 1 VVG ist der Versicherer zum Vertragsrücktritt berechtigt, sofern die erste Prämie durch den Versicherungsnehmer nicht bezahlt wurde.

Zu unterscheiden ist zwischen der Erstprämie und Folgeprämien. Erstprämie ist grundsätzlich die für den endgültigen Vertrag erstmalig zu entrichtende Prämie, nicht hingegen die bei bestehendem Vertrag neu festgesetzte Prämie.[3]

---

[3] Siehe Ziffer 9.5.1.2 (3).

Diese Unterscheidung ist von Bedeutung, da nur die verspätete Zahlung der Erstprämie ein Rücktrittsrecht des Versicherers begründet, während der Verzug mit Folgeprämien nach Eintritt weiterer Voraussetzungen, insbesondere einer erfolgten qualifizierten Mahnung durch den Versicherer, gemäß § 39 Abs. 2 VVG zur Leistungsfreiheit des Versicherers führt und diesem gemäß § 39 Abs. 3 Satz 1 VVG ein Kündigungsrecht einräumt.

9.5.2.3 Rechtsfolgen

Der wirksame Vertragsrücktritt löst ein Rückgewährschuldverhältnis zwischen Versicherer und Versicherungsnehmer aus. Demzufolge sind beide Vertragsparteien grundsätzlich verpflichtet, einander die empfangenen Leistungen zurückzugewähren.

Eine Ausnahme von diesem Grundsatz sieht das VVG allerdings zu Gunsten des Versicherers vor:

Erfolgte der Vertragsrücktritt aufgrund der Verletzung einer gefahrerheblichen Anzeigepflicht des Versicherungsnehmers, gebührt dem Versicherer gemäß § 40 Abs. 1 Satz 1 VVG trotz Vertragsrücktritts die Prämie bis zum Schluss der Versicherungsperiode, in der er von der zum Rücktritt berechtigenden Verletzung der Anzeigepflicht Kenntnis erlangt hat.

Ist der Versicherer wirksam vom Vertrag zurückgetreten, weil der Versicherungsnehmer die erste Prämie nicht oder nicht rechtzeitig gezahlt hat, berechtigt ihn das VVG in § 40 Abs. 2 Satz 2 anstelle des Behaltendürfens von Prämienzahlungen dazu, eine angemessene Geschäftsgebühr von dem Versicherungsnehmer zu verlangen.

9.5.3 Anfechtung des Versicherungsvertrages

Gemäß § 22 VVG lassen die Kündigungs- und Rücktrittsrechte das Recht des Versicherers, den Versicherungsvertrag wegen arglistiger Täuschung anzufechten, unberührt.

Die Voraussetzungen der Anfechtungsberechtigung und der Anfechtungserklärung sowie die Rechtsfolgen einer wirksamen Anfechtung richten sich nach den Vorschriften des BGB.

Insofern hat § 22 VVG lediglich eine klarstellende Funktion.

9.5.3.1 Anfechtungsberechtigung

Voraussetzung einer wirksamen Arglistanfechtung durch den Kreditversicherer ist zunächst, dass er infolge arglistiger Täuschung durch den Versicherungsnehmer dazu bestimmt worden ist, den Antrag des Versicherers auf Abschluss des Versicherungsvertrages anzunehmen. Hierbei muss der Versicherungsnehmer mit dem Willen gehandelt haben, auf die Entschließung des Versicherers Einfluss zu nehmen, sowie in dem Bewusstsein, dass der Versicherer seinen Versicherungsantrag bei wahrheitsgemäßer Anzeige aller gefahrerheblichen Umstände möglicherweise nicht oder nur unter erschwerten Bedingungen annehmen werde. Nicht erforderlich ist demgegenüber, dass der Versicherungsnehmer eine Vermögensschädigung des Versicherers geplant hat.

Beispiel

> Der Versicherungsnehmer täuscht bei Vertragsanbahnung wider besseren Wissens vor, dass sein Abnehmer seinen Zahlungsverpflichtungen fristgerecht nachkommt. Mit dieser Täuschung verfolgt er die Absicht, die Entscheidung des Versicherers zum Abschluss des begehrten Versicherungsvertrags zu beeinflussen. Da die wahrheitsgemäße Mitteilung über die Einhaltung der dem jeweiligen Abnehmer eingeräumten Zahlungsziele durch den Versicherungsnehmer ein für die Risikobeurteilung des Kreditversicherers wesentliches Kriterium darstellt, kann die diesbezügliche Täuschung den Kreditversicherer zur Vertragsanfechtung berechtigten, sofern er den Versicherungsvertrag bei Kenntnis über das wahre Zahlungsverhalten des Abnehmers nicht abgeschlossen hätte.

9.5.3.2 Anfechtungserklärung

Der Versicherer muss die Anfechtung gegenüber seinem Vertragspartner, also gegenüber dem Versicherungsnehmer erklären.

> **Praxishinweis:**
>
> Unwirksam ist die Erklärung der Anfechtung gegenüber einem Dritten, an den der Versicherungsnehmer die Entschädigungsleistung(en) abgetreten hat (Zessionar).

Gegenüber dem Makler des Versicherungsnehmers kann die Anfechtung nur bei Vorliegen einer besonderen Vollmacht erklärt werden.

9.5.3.3 Anfechtungsfrist

Die Anfechtung wegen arglistiger Täuschung unterliegt der Jahresfrist. Demnach muss der Versicherer die Anfechtung innerhalb eines Jahres nach Kenntnis von den zur Anfechtung berechtigenden Tatsachen gegenüber dem Versicherungsnehmer erklären.

Ausgeschlossen ist die Anfechtung unabhängig von der Kenntnis des anfechtungsberechtigten Versicherers, sofern seit der Abgabe der Willenserklärung – also der Vertragsannahme durch den Kreditversicherer – zehn Jahre verstrichen sind.

9.5.3.4 Rechtsfolgen

Rechtsfolge einer wirksamen Anfechtung ist, dass der Versicherungsvertrag von Anfang an nichtig ist.

Infolgedessen sind die gegenseitig bereits erbrachten Leistungen grundsätzlich ohne Rechtsgrund erfolgt und können daher nach den im BGB geregelten Grundsätzen der ungerechtfertigten Bereicherung herausverlangt werden.

Auch insofern enthält allerdings das VVG eine Sonderregelung zugunsten des Versicherers: Dieser ist berechtigt, die an ihn gezahlte Prämie bis zum Schluss der Versicherungsperiode, in der er von dem Anfechtungsgrund Kenntnis erlangt hat, zu behalten.

10. Strafrecht

Strafrecht umfasst die Voraussetzungen der Strafbarkeit und die Rechtsfolgen strafbarer Handlungen. Die materiellen gesetzlichen Regelungen finden sich primär im Strafgesetzbuch (StGB); einzelne spezielle Strafnormen sind auch in zahlreichen anderen Gesetzen normiert.

Beispiele

§§ 399 bis 404 AktG/§§ 147 f., 150 f. GenG/§§ 82, 84 f. GmbHG/§§ 130 b, 331 bis 333, 340 m, 341 m HGB/§§ 16 bis 19 UWG

Im Rahmen des Forderungsmanagements können sowohl Verhaltensweisen des Gläubigers als auch des Schuldners strafrechtlich relevant sein.

10.1 Allgemeine Bedingungen der Strafbarkeit

Jede Strafbarkeit setzt voraus, dass

- der gesetzliche Tatbestand erfüllt ist *und*
- keine Rechtfertigungsgründe vorliegen *und*
- der Täter schuldhaft gehandelt hat.

Der Tatbestand enthält die gesetzlich festgelegten Merkmale und Voraussetzungen der Strafbarkeit. Man unterscheidet zwischen objektivem und subjektivem Tatbestand. Der objektive Tatbestand bestimmt die objektiven, mithin greifbaren, nach außen sichtbaren Merkmale einer Straftat, der subjektive Tatbestand die inneren, gedanklichen Merkmale des Täters, mithin das Wissen und Wollen des objektiven Tatbestands, wie z. B. Absicht.

Grundsätzlich indiziert die Erfüllung des gesetzlichen Tatbestandes die Rechtswidrigkeit der Tat, es sei denn, der Täter hat bei der Tathandlung einen gesetzlich normierten oder aus dem Gesetz entwickelten Rechtfertigungsgrund verwirklicht, z. B. indem er in Notwehr handelte.

Schließlich muss dem Täter die Tat individuell vorwerfbar sein; er muss schuldhaft gehandelt haben. Schuldunfähig ist z. B., wer bei Begehung der Tat noch nicht vierzehn Jahre alt ist oder wegen einer krankhaften seelischen Störung unfähig ist, das Unrecht der Tat einzusehen. Trotz gegebener Schuldfähigkeit kann eine Tat in Ausnahmefällen entschuldigt sein, sofern der Täter bei Begehung der Tat einen gesetzlich normierten Entschuldigungsgrund verwirklich hat.

10.2 Vollendung und Versuch einer Straftat

Das Gesetz stellt vielfach nicht nur die vollendete Tat, sondern auch den Versuch einer Straftat unter Strafe.

Vollendet ist eine Tat, sofern alle gesetzlichen Tatbestandsmerkmale erfüllt sind.

Demgegenüber liegt ein Versuch im strafrechtlichen Sinne vor, wenn der Täter nach seiner Vorstellung von der Tat bereits Handlungen unternommen hat, die nach seiner Auffassung geeignet sind, ohne wesentliche Zwischenschritte in eine objektive Rechtsgutverletzung zu münden.

Praxishinweis:

Sofern der Versuch nicht subjektiv fehlgeschlagen, also der erstrebte Taterfolg nach der Vorstellung des Täters nach wie vor erreichbar ist, kann der Täter von dem Tatversuch zurücktreten und somit straffrei bleiben. Je nachdem, welches Stadium der Versuch bereits erreicht hat, muss er dazu freiwillig die weitere Tatausführung aufgeben oder die Vollendung der Tat verhindern.

10.3 Täterschaft und Teilnahme

Nicht nur die Handlung des (Haupt-) Täters ist strafbewehrt, sondern auch jene eines mittelbaren Täters, Mittäters oder Teilnehmers, also eines Anstifters oder Gehilfen des Haupttäters.

(Haupt-) Täter ist, wer die Tat selbst begeht.

Bedient sich der Täter zur Tatausführung eines Tatmittlers, indem er diesen als menschliches „Werkzeug" einsetzt, handelt er als mittelbarer Täter. Dieser wird wie ein (Haupt-) Täter bestraft.

Begehen mehrere die Straftat gemeinsam, indem sie aufgrund eines gemeinsamen Tatplans bewusst und gewollt zusammenwirken, handeln sie als Mittäter. Jeder Mittäter wird als Täter bestraft.

Wer vorsätzlich einen anderen zu dessen vorsätzlich begangener rechtswidriger Tat bestimmt, indem er den Tatentschluss in ihm hervorruft, wird als Anstifter gleich einem Täter bestraft.

Leistet jemand schließlich einen fördernden Tatbeitrag zur Haupttat eines anderen, indem er ihm bei der Tatausführung hilft, macht er sich wegen Beihilfe strafbar. Die Strafandrohung des Gehilfen richtet sich nach jener für den Täter, ist jedoch nach den gesetzlichen Vorgaben zu mildern.

> **Praxishinweis:**
>
> Neben der (Haupt-) Täterschaft kann im Zusammenhang mit Forderungsmanagement insbesondere die Strafbarkeit wegen Anstiftung oder Beihilfe relevant sein.

10.4 Einzelne Delikte

10.4.1 Nötigung

Wer einen anderen vorsätzlich mit Gewalt oder durch Drohung mit einem empfindlichen Übel zu einer Handlung, Duldung oder Unterlassung nötigt, macht sich gemäß § 240 Abs. 1 StGB wegen Nötigung strafbar, sofern der Zweck, das Mittel oder die Zweck-Mittel-Relation gemäß § 240 Abs. 2 StGB als verwerflich anzusehen ist.

Gewalt wird definiert als physisch wirkender Zwang zur Überwindung eines tatsächlich geleisteten oder erwarteten Widerstandes.

Drohen bezeichnet das Inaussichtstellen eines empfindlichen Übels, auf dessen Eintritt der Drohende Einfluss zu haben behauptet.

> **Praxishinweis:**
>
> Keine Drohung, sondern eine tatbestandlich nicht relevante Warnung liegt vor, wenn jemand auf die Gefahren eines bestimmten Verhaltens oder auf ein damit verbundenes Übel hinweist, dessen Eintritt von seinem Willen oder Einfluss jedoch unabhängig ist.

Das Nötigen als solches ist die Einflussnahme auf den Willen des anderen, sei es auf die Freiheit der Willensbildung oder der Willensbetätigung.

> **Praxishinweis:**
>
> Auch die versuchte Nötigung ist strafbar (§ 240 Abs. 3 StGB).

Im Rahmen des Forderungsmanagements kann eine Strafbarkeit wegen Nötigung z. B. in Betracht kommen, sofern der Gläubiger den Schuldner in der vorgenannten strafrechtlich relevanten Art und Weise dazu „auffordert“, eine überfällige Forderung zu begleichen.

Beispiel

Der Gläubiger A hat gegen seinen Schuldner B eine Forderung in Höhe von € 5.000,00 aus einem Kaufvertrag. Die kaufvertragsgegenständliche Ware wurde von A an B mangelfrei geliefert. B hat die Kaufpreisforderung bei Fälligkeit nicht bezahlt und auf die schriftliche Zahlungsaufforderung des A nicht reagiert. Im Folgenden wendet sich A telefonisch an B und fordert ihn erneut zur Zahlung auf. Als B sich weigert, droht A ihm damit, seine „Freunde aus der Türsteherszene“ zu B zu schicken, sofern er nicht unverzüglich freiwillig die € 5.000,00 bezahle. Da B, wie von A geplant, Angst davor hat, man werde ihm körperliche Gewalt antun, bezahlt er unverzüglich den geschuldeten Kaufpreis.

10.4.2 Unterschlagung

Unterschlagung ist die Verletzung fremden Eigentums durch Eigentumsanmaßung. Der Tatbestand der Unterschlagung gemäß § 246 Abs. 1 StGB ist erfüllt, wenn der Täter sich oder einem Dritten vorsätzlich eine fremde bewegliche Sache zueignet, ohne einen Rechtsanspruch auf Übereignung dieser Sache zu haben.

Praxishinweis:

Fremd ist eine Sache, sofern sie nicht im Alleineigentum des Täters steht und nicht herrenlos ist. Täter einer Unterschlagung kann daher auch der Mit- oder Gesamthandseigentümer einer Sache sein.

Beispiele

- Eine unter einfachem Eigentumsvorbehalt gelieferte Sache ist für den Käufer so lange fremd, bis der Kaufpreis vollständig an den Verkäufer gezahlt wurde.
- Eine sicherungsübereignete Sache steht nicht mehr im Eigentum des Sicherungsgebers, sondern im alleinigen Eigentum des Sicherungsnehmers.

Tathandlung der Unterschlagung ist die Zueignung. Diese wird definiert als das von einem Zueignungswillen getragene objektive Anmaßen der Eigentümerposition.

Beispiele

- Verfügung des Täters über das in seinem Besitz befindliche fremde Eigentum durch Verkauf, Verpfändung (ohne den Willen und die Möglichkeit des Täters zur rechtzeitigen Einlösung der Sache) oder Sicherungsübereignung;
- Verheimlichen oder Ableugnen des Besitzes an einer fremden Sache gegenüber dem Eigentümer in der Absicht, sich die Sache selbst zuzueignen;
- Behauptung des Täters gegenüber dem Eigentümer, die Sache stehe in seinem (des Täters) Eigentum;
- Verschleierung des Standorts einer sicherungsübereigneten Sache, um die Verwertung durch den Sicherungsnehmer endgültig zu vereiteln;
- Mitnahme von Firmeninventar durch Mitarbeiter einer insolventen Gesellschaft, um sich aus diesen Gegenständen wegen eigener Entgeltforderungen zu befriedigen (vorausgesetzt, die Gegenstände befanden sich im Gewahrsam des Mitarbeiters; andernfalls kommt eine Strafbarkeit wegen Diebstahls in Betracht).

Praxishinweis:

(1) Das Gesetz sieht in § 246 Abs. 2 StGB in den Fällen, in denen dem Täter die unterschlagene Sache anvertraut wurde (so genannte Veruntreuung), eine Strafschärfung vor. Dies ist der Fall, sofern der Eigentümer dem Täter die Gewalt über die Sache im Vertrauen darauf zugestanden hat, er werde mit der Sache nur im Sinne des Eigentümers verfahren. Ein solches Vertrauensverhältnis liegt sowohl beim Kauf unter Eigentumsvorbehalt, bei dem der Verkäufer dem Käufer die Sache vor Bezahlung des Kaufpreises anvertraut, als auch bei der Sicherungsübereignung, bei der dem Sicherungsgeber der Besitz an der zur Sicherheit übereigneten Sache belassen wird, vor.

(2) Auch die versuchte Unterschlagung ist strafbar (§ 246 Abs. 3 StGB).

10.4.3 Betrug und Untreue

Im Gegensatz zur Unterschlagung handelt es sich bei Betrug und Untreue nicht um Eigentumsdelikte, welche die Verletzung des Eigentums an einer bestimmten Sache zum Gegenstand haben, sondern um Vermögensdelikte, welche das wirtschaftliche Vermögen des Opfers als Ganzes vor Schädigung schützen.

10.4.3.1 Betrug

Eine Strafbarkeit wegen Betrugs setzt gemäß § 263 Abs. 1 StGB tatbestandlich voraus, dass der Täter vorsätzlich und in der Absicht, sich oder einen Dritten rechtswidrig zu bereichern, eine Täuschungshandlung begeht, durch die in dem Opfer ein Irrtum erregt oder unterhalten wird, wodurch es eine Vermögensverfügung mit der Folge eines Vermögensschadens tätigt.

In objektiver Hinsicht muss der Täter somit auf das Vorstellungsbild eines anderen einwirken, um in diesem eine Fehlvorstellung über Tatsachen hervorzurufen oder zu unterhalten.

Praxishinweis:

Die Täuschungshandlung kann sowohl in einem aktiven Tun als auch in einem Unterlassen (bei bestehender Aufklärungspflicht des Täters sowie tatsächlich möglicher und zumutbarer Aufklärung durch den Täter) bestehen. Ferner kann eine Täuschungshandlung sowohl ausdrücklich als auch konkludent erfolgen.

Beispiele für konkludente Täuschungen

- Zusendung von Scheinrechnungen, bei denen es sich in Wahrheit um Vertragsangebote handelt (z. B. Anzeigenofferten). Selbst wenn sich der Angebots-Charakter bei genauer Durchsicht abgedruckter Allgemeiner Geschäftsbedingungen und sorgfältigem Lesen kleingedruckter Hinweise erkennen ließe, handelt es sich nach der Rechtsprechung des Bundesgerichtshofs um eine konkludente Täuschung, da derartige Scheinrechnungen planvoll unklar formuliert sind, um bei eiligen oder geschäftsunerfahrenen Empfängern den Irrtum einer bestehenden Zahlungspflicht zu erregen.
- Abschluss eines Kaufvertrages mit Vorleistungspflicht des Käufers, obwohl der Verkäufer von vornherein plant, die Ware entweder gar nicht oder in minderwertiger Qualität zu liefern. Die Täuschungshandlung liegt in der konkludenten Erklärung, die vertraglich versprochene Leistung ordnungsgemäß zu erbringen, mithin den Vertrag zu erfüllen.
- Verkauf von Ware, an denen der Verkäufer wissentlich kein Eigentum hat. Die Täuschungshandlung besteht in dem konkludenten Vortäuschen, in der Funktion als Verkäufer verfügungsberechtigt über die Kaufsache zu sein.
- Ausfertigung und Aushändigung eines Schecks in dem Wissen, dass bei Vorlage des Schecks kein entsprechender Deckungsbetrag vorhanden ist (so genannter Scheckbetrug).

Beispiel für Täuschung durch Unterlassen

Abschluss eines Werk- oder Kaufvertrages unter Vereinbarung eines Zahlungsziels, obwohl der Täter von vornherein wissentlich nicht in der Lage ist, seine künftige Zahlungspflicht zu erfüllen (so genannter Waren-/Leistungskreditbetrug). Die Täuschungshandlung besteht in der unterlassenen Aufklärung, bei Fälligkeit der Werklohn- oder Kaufpreisforderung nicht zahlungsfähig zu sein. Diese Aufklärungspflicht über die eigene Kreditfähigkeit besteht nur, sofern der Schuldner von vornherein weiß, dass er überschuldet ist und somit keine Aussicht auf Bezahlung der künftig fällig werdenden Forderung besteht; demgegenüber braucht er seinem Vertragspartner erst nachträglich, mithin nach Vertragsabschluss eintretende Vermögensverschlechterungen nicht zu offenbaren.

Durch die Täuschungshandlung des Täters muss in dem Opfer ein Irrtum, mithin eine Fehlvorstellung über Tatsachen hervorgerufen werden. Ferner muss das Opfer infolge dieses Irrtums eine Vermögensverfügung tätigen, also zu einem Tun, Dulden oder Unterlassen veranlasst werden, das sich unmittelbar vermögensmindernd auswirkt.

Praxishinweis:

Zwar müssen der Getäuschte und der Verfügende personenidentisch sein, nicht indes der Verfügende und der Geschädigte. Möglich ist daher auch ein so genannter Dreiecksbetrug, bei dem der Getäuschte über das Vermögen eines Dritten, zu dem er in einem die Disposition über das fremde Vermögen ermöglichenden faktischen oder rechtlichen Näheverhältnis steht, verfügt.

In subjektiver Hinsicht wird der Betrugstatbestand erfüllt, sofern der Täter vorsätzlich und zudem in der Absicht handelt, sich oder einem Dritten einen Vermögensvorteil zu verschaffen, auf den kein fälliger und einredefreier Anspruch besteht.

Praxishinweis:

Vorausgesetzt, es liegen keine Rechtfertigungs- oder Entschuldigungsgründe vor, ist eine Strafbarkeit wegen vollendeten Betrugs zu bejahen, sobald der Vermögensschaden bei dem Opfer eingetreten ist, unabhängig davon, ob der Täter auch tatsächlich den erstrebten Vermögensvorteil erlangt hat. Demgegenüber liegt ein strafbarer Versuch (§ 263 Abs. 2 StGB) vor, sobald der Täter mit einer auf eine irrtumsbedingte Vermögensverfügung gerichteten Täuschungshandlung begonnen hat.

10.4.3.2 Untreue

Wer die ihm durch Gesetz, behördlichen Auftrag oder Rechtsgeschäft eingeräumte Verfügungs- oder Verpflichtungsbefugnis über fremdes Vermögen oder die ihm entsprechend obliegende Vermögensbetreuungspflicht vorsätzlich verletzt und dadurch vorsätzlich dem Geschäftsherrn einen Vermögensnachteil zufügt, erfüllt den in § 266 Abs. 1 StGB normierten Tatbestand der Untreue.

Das Gesetz unterscheidet zwischen zwei Tatbestandsalternativen:

- Missbrauchstatbestand:
  Missbrauch der Verfügungsbefugnis über fremdes Vermögen.
- Treuebruchstatbestand:
  Verletzung der Vermögensfürsorgepflicht gegenüber dem Treugeber.

Beide Tatbestandsvarianten setzen voraus, dass dem Täter eine Vermögensbetreuungspflicht obliegt, er also zur Fürsorge für ein fremdes Vermögen verpflichtet ist und hierbei über einen eigenen Entscheidungsspielraum verfügt.

Beispiele

- Aufsichtsratsmitglieder einer AG gegenüber der Gesellschaft und den Gesellschaftern;
- Vorstandsmitglieder einer AG oder einer Genossenschaft gegenüber der Gesellschaft;
- Geschäftsführer einer GmbH gegenüber der Gesellschaft;
- Insolvenzverwalter gegenüber den Insolvenzgläubigern und dem Insolvenzschuldner;
- Lieferant gegenüber seinem Abnehmer bei Vereinnahmung von Vorauszahlungen zur Beschaffung der Ware.

Der wesentliche Unterschied zwischen den Tatbestandsalternativen besteht darin, dass der Missbrauchstatbestand nur durch eine – wirksame aber bestimmungswidrige – Verfügung über fremdes Vermögen oder dessen Verpflichtung begangen werden kann, während die Verwirklichung des Treuebruchstatbestands grundsätzlich auf jede Weise, somit auch durch ein rein tatsächliches, nicht-rechtsgeschäftliches Handeln möglich ist.

Beispiele für Missbrauchshandlungen

- Zahlung überhöhter Provisionen durch einen GmbH-Geschäftsführer an sich selbst;
- Grob unwirtschaftliche Masseverwertung durch einen Insolvenzverwalter zum Nutzen eines Unternehmens, an dem er wirtschaftlich beteiligt ist;
- Verfügungen des Vereinsvorsitzenden außerhalb des Satzungszwecks;
- Dispositionen des GmbH-Geschäftsführers, die das Stammkapital negativ beeinträchtigen oder die wirtschaftliche Existenz der GmbH anderweitig gefährden.

Beispiele für Treuebruchshandlungen

- Zueignung verwalteten fremden Geldes;
- Verschleierung begründeter Ansprüche durch Beiseiteschaffen von Belegen oder bewusst lückenhafte Buchführung;
- Pflichtwidrige Manipulation eines Ausschreibungsverfahrens durch Offenbarung von Informationen zum Zweck verbotener Absprachen;
- Bildung so genannter „schwarzer Kassen", d. h. pflichtwidrige Entziehung von Teilen des betreuten Vermögens aus dem Zugriff des Treugebers durch die Einrichtung von dem Treugeber unbekannten Konten, um über die Mittel entgegen dem Gesellschaftsvertrag und unter Umgehung der zuständigen Organe nach eigenem Gutdünken zu verfügen;
- Vereitelung eines dem zu betreuenden Vermögen vorteilhafteren Vertragsabschlusses.

Durch die Tathandlung muss dem Inhaber des betreuten Vermögens in beiden Tatbestandsalternativen ein Vermögensnachteil entstanden sein. Auch das Ausbleiben einer Vermögensmehrung kann einen Vermögensschaden darstellen, vorausgesetzt, der Treugeber hatte eine gesicherte Aussicht auf den ausgebliebenen Vermögensvorteil.

Im Gegensatz zum Betrug ist die Untreue kein Bereicherungsdelikt. Nicht erforderlich ist daher, dass der Täter für sich oder einen Dritten einen Vermögensvorteil erlangt und angestrebt hat.

Subjektive Strafbarkeitsvoraussetzung ist der Vorsatz des Täters hinsichtlich aller vorstehend dargestellten objektiven Tatbestandsmerkmale der einschlägigen Tatbestandsalternative.

Praxishinweis:

Nicht strafbar ist die versuchte Untreue, da der Gesetzgeber insoweit von erheblichen Beweisschwierigkeiten ausgeht.

10.4.4 Urkundenfälschung

Unter dem Oberbegriff „Urkundenfälschung" enthält das Strafgesetzbuch in den §§ 267 ff. verschiedene Delikte, die jeweils die Sicherheit und Zuverlässigkeit des Rechts- und Beweisverkehrs schützen sollen. Häufig treten Urkundendelikte im Zusammenhang mit der Verwirklichung von Vermögens- oder Eigentumsdelikten, wie z. B. Betrug oder Unterschlagung, auf.

Grunddelikt aller Urkundendelikte ist gemäß § 267 StGB die Urkundenfälschung im eigentlichen Sinn. Strafbar ist hiernach das vorsätzliche Herstellen einer unechten, das Verfälschen einer echten oder das Gebrauchen einer unechten oder verfälschten Urkunde zur Täuschung im Rechtsverkehr.

Wesentliches objektives Tatbestandsmerkmal ist die Urkunde. Diese wird definiert als verkörperte menschliche Gedankenerklärung, die zum Beweis im Rechtsverkehr geeignet und bestimmt ist und ihren Aussteller (= geistiger Urheber/„Erklärer“, nicht indes derjenige, der die Urkunde körperlich hergestellt hat) erkennen lässt.

Beispiele

- Rechtsgeschäftliche Erklärungen zur Begründung, Änderung oder Aufhebung von Rechtsverhältnissen (z. B.: Annahme eines Vertragsangebots, Vertragskündigung, Quittung, Testament);
- Berichte über rechtserhebliche Tatsachen (z. B.: Protokoll über eine Gesellschafterversammlung);
- Personalausweis;
- Gestempeltes KFZ-Kennzeichen;
- Fahrkarten, Theater-/Konzertkarten.

Praxishinweis:

(1) Eine Fotokopie stellt grundsätzlich keine Urkunde dar, da sie keine eigene Gedankenerklärung enthält, sondern lediglich jene des Originals wiedergibt. Ausnahmsweise gilt eine Fotokopie jedoch dennoch als Urkunde, wenn sie von ihrem Original nicht zu unterscheiden ist und auch nicht als Kopie, sondern (zur Täuschung) als Original gebraucht werden soll.

(2) Nicht unumstritten ist, ob ein Telefax als Urkunde zu qualifizieren ist. Bejahen lässt sich dies damit, dass auf dem beim Adressaten ankommenden Telefax eine Kurzbezeichnung des Absenders enthalten ist, worin dessen verkörperte Gedankenerklärung gesehen werden kann, dem Adressaten das Telefax als für diesen bestimmtes Original zu übermitteln.

Unecht ist eine Urkunde, wenn der wahre Aussteller von dem scheinbaren Aussteller abweicht, die Urkunde also nicht von demjenigen stammt, der in ihr scheinbar als Aussteller bezeichnet ist. Entscheidend ist, dass die Urkunde über denjenigen täuscht, dem sie geistig zuzurechnen ist.

Eine Urkunde verfälscht, wer unbefugt nachträglich die Beweisrichtung der Urkunde ändert, mit der Folge, dass die Urkunde nach dem Eingriff etwas anderes zu beweisen scheint als zuvor, so dass sich der ursprüngliche Aussteller die Urkunde nicht mehr zurechnen lassen würde.

Eine unechte oder verfälschte Urkunde gebraucht, wer die Urkunde einem Dritten zur sinnlichen Wahrnehmung zugänglich macht.

Praxishinweis:

Das vorsätzliche Vernichten, Beschädigen oder Unterdrücken einer echten Urkunde in der Absicht, dadurch einem anderen einen Nachteil zuzufügen, ist zwar nicht gemäß § 267 Abs. 1 StGB, allerdings gemäß § 274 Abs. 1 Nr. 1 StGB strafbar.

In subjektiver Hinsicht setzt die Strafbarkeit wegen einer der vorgenannten Tatbestandsalternativen des § 267 Abs. 1 StGB voraus, dass der Täter zum einen hinsichtlich aller einschlägigen objektiven Tatbestandsmerkmale vorsätzlich handelt und zum anderen mit der Absicht, mittels der Urkunde im Rechtsverkehr einen Irrtum über deren Echtheit zu erregen und den Getäuschten durch den gedanklichen Inhalt der unechten oder verfälschten Urkunde zu einem rechtserheblichen Verhalten zu bestimmen.

Praxishinweis:

Bei der erforderlichen Täuschungsabsicht braucht es sich nicht um Absicht im engeren Sinn zu handeln; ausreichend ist das sichere Wissen des Täters, dass die Urkunde im Rechtsverkehr gebraucht werden soll.

Beispiele für vollendete Urkundenfälschung

- Vorlage einer gefälschten Quittung zur Abwehr einer Klageforderung;
- Vorlage gefälschter Kontoauszüge zum Nachweis der Kreditwürdigkeit;
- So genannter Etikettenbetrug, i.e. Befestigen eines falschen Preisetiketts auf der Ware durch den Kunden.

Praxishinweis:

(1) Vollendet ist die Urkundenfälschung, sobald der Täter die Urkunde hergestellt, verfälscht oder gebraucht hat; demgegenüber ist nicht erforderlich, dass die bezweckte Täuschung tatsächlich eintritt.

(2) Strafbar ist gemäß § 267 Abs. 2 StGB auch die versuchte Urkundenfälschung.

10.4.5 Insolvenzstraftaten

Das Insolvenzstrafrecht umfasst sowohl im Strafgesetzbuch, als auch in weiteren Gesetzen normierte Delikte. Geschütztes Rechtsgut der Insolvenzdelikte ist zum einen der Schutz der eventuellen Insolvenzmasse vor unwirtschaftlicher Verringerung, Verheimlichung und ungerechter Verteilung zum Nachteil der Gesamtgläubigerschaft oder auch einzelner Gläubiger, zum anderen der Schutz der Arbeitnehmer des Täters und der Schutz des gesamtwirtschaftlichen Systems.

10.4.5.1 Insolvenzverschleppung

Insolvenzverschleppung bezeichnet die in einer Reihe von Vorschriften verschiedener Gesetze normierte Strafbarkeit der Unterlassung rechtzeitiger Stellung eines (Eigen-) Antrags auf Eröffnung des Insolvenzverfahrens durch Verantwortliche solcher Unternehmen, bei denen keine natürliche Person mit dem eigenen Vermögen unbeschränkt haftet.

Beispiele

- § 84 Abs. 1 Nr. 2 und Abs. 2 GmbHG;
- § 401 AktG;
- § 148 GenG;
- §§ 130 b und 177 a HGB für die GmbH & Co. OHG bzw. für die KG.

Bei diesen Gesellschaftsformen löst neben der bereits eingetretenen Zahlungsunfähigkeit auch die Überschuldung die Pflicht aus, die Eröffnung des Insolvenzverfahrens zu beantragen.

Hauptanwendungsfall in der Praxis ist die GmbH. Das GmbHG normiert in § 64 Abs. 1 die Pflicht der GmbH-Geschäftsführer, bei Zahlungsunfähigkeit oder Überschuldung der Gesellschaft ohne schuldhaftes Zögern, mithin unverzüglich, spätestens aber drei Wochen nach Eintritt der Zahlungsunfähigkeit oder der Überschuldung die Eröffnung des Insolvenzverfahrens zu beantragen. Sowohl eine vorsätzliche als auch eine fahrlässige Verletzung dieser Pflicht zur Insolvenzantragsstellung ist gemäß § 84 Abs. 1 Nr. 2 GmbHG (Vorsatzdelikt) bzw. § 84 Abs. 2 GmbHG (Fahrlässigkeitsdelikt) strafbar.

Praxishinweis:

Selbst für den Fall, dass ein Dritter bereits einen Insolvenzantrag gestellt hat, entbindet dies die GmbH-Geschäftsführer nicht von ihrer Pflicht zum Stellen eines eigenen Insolvenzantrags. Denn zum einen kann der Fremdantrag jederzeit, insb. nach erfolgter Befriedigung, wieder zurückgenommen werden, zum anderen steht erst mit Erlass des Gerichtsbeschlusses über die Eröffnung des Insolvenzverfahrens oder die Ablehnung der Eröffnung mangels Masse fest, ob der Fremdantrag zulässig war.

Die Insolvenzantragspflicht und die aus einer Pflichtverletzung resultierende Strafbarkeit trifft sämtliche Geschäftsführer einer GmbH, auch faktische Geschäftsführer und Liquidatoren. Scheidet ein Geschäftsführer aus, nachdem die 3-Wochen-Frist zur Insolvenzantragstellung abgelaufen oder die Antragstellung schuldhaft verzögert wurde, schließt dies seine Strafbarkeit nicht aus, denn das Delikt ist bereits mit Fristablauf vollendet.

Die Antragsfrist beginnt objektiv mit Eintritt der Zahlungsunfähigkeit oder Überschuldung.

Zahlungsunfähigkeit liegt gemäß § 17 Abs. 2 InsO vor, wenn der Schuldner nicht in der Lage ist, die fälligen Zahlungspflichten zu erfüllen; dies ist im Zweifel anzunehmen, wenn er seine Zahlungen eingestellt hat.

Überschuldung liegt gemäß § 19 Abs. 2 InsO vor, wenn das Vermögen des Schuldners die bestehenden Verbindlichkeiten nicht mehr deckt und keine positive Fortführungsprognose gegeben werden kann.

In subjektiver Hinsicht setzt der Fristbeginn nach der Rechtsprechung des Bundesgerichtshofs voraus, dass ein ordentlicher Geschäftsführer unter Anwendung der erforderlichen Sorgfalt die Zahlungsunfähigkeit bzw. Überschuldung erkannt hätte.

Praxishinweis:

Dem Geschäftsführer obliegt eine permanente Selbstprüfungspflicht, d. h. er muss die wirtschaftliche Lage des Unternehmens laufend beobachten und bei Anzeichen einer Krise (Umsatzeinbruch, Mahnungen, Aufzehren des Eigenkapitals etc.) eine Überschuldungsprüfung vornehmen. Notfalls muss der Geschäftsführer im Rahmen seiner Selbstprüfungspflicht fachkundigen Rat in Anspruch nehmen, darf sich jedoch auf das Ergebnis nicht ohne weiteres verlassen.

10.4.5.2 Bankrott

Zentrales Delikt im Rahmen des Insolvenzstrafrechts ist der Bankrott gemäß §§ 283, 283 a StGB.

Vorausgesetzt, der Täter hat seine Zahlungen eingestellt oder über sein Vermögen wurde das Insolvenzverfahren eröffnet oder die Eröffnung mangels Masse abgewiesen, macht sich der Schuldner wegen Bankrotts strafbar, der bei Überschuldung oder drohender oder eingetretener Zahlungsunfähigkeit

(1) vorsätzlich Bestandteile seines Vermögens, die im Falle der Eröffnung des Insolvenzverfahrens zur Insolvenzmasse gehören, beiseite schafft oder verheimlicht oder in einer den Anforderungen einer ordnungsgemäßen Wirtschaft widersprechenden Weise zerstört, beschädigt oder unbrauchbar macht;

Beispiele

- Veräußerung ohne entsprechenden Gegenwert;
- Ungerechtfertigte Sicherungsübereignung;
- Nichtangabe von Vermögenswerten, die in den Unterlagen zur Insolvenzeröffnung nicht enthalten waren, gegenüber dem Insolvenzverwalter.

(2) vorsätzlich oder fahrlässig in einer den Anforderungen einer ordnungsgemäßen Wirtschaft widersprechenden Weise Verlust- oder Spekulationsgeschäfte oder Differenzgeschäfte mit Waren oder Wertpapieren eingeht oder durch unwirtschaftliche Ausgaben, Spiel oder Wette übermäßige Beträge verbraucht oder schuldig wird;

(3) vorsätzlich Waren oder Wertpapiere auf Kredit beschafft und sie oder die aus diesen Waren hergestellten Sachen erheblich unter ihrem Wert in einer den Anforderungen einer ordnungsgemäßen Wirtschaft widersprechenden Weise veräußert oder sonst abgibt;

Beispiel

Einkauf von Ware unter Eigentumsvorbehalt/mit einem Zahlungsziel und Weiterverkauf vor ihrer Bezahlung erheblich unter ihrem Marktwert („Verschleudern“ – nicht erfasst ist der Verkauf zu Sonderpreisen im Rahmen von rechtmäßigen Sonderaktionen oder etwa im Rahmen einer Mischkalkulation).

(4) vorsätzlich Rechte anderer vortäuscht oder erdichtete Rechte anerkennt;

Beispiel

> Vortäuschen, dass die unverzinsliche Forderung eines Dritten verzinslich sei (Konsequenz: Fiktive Vermehrung der Passiva mit der Folge einer Verkürzung der Befriedigungsquote der Gläubiger).

(5) vorsätzlich oder fahrlässig Handelsbücher, zu deren Führung er gesetzlich verpflichtet ist, zu führen unterlässt oder so führt oder verändert, dass die Übersicht über seinen Vermögensstand erschwert wird;

(6) vorsätzlich Handelsbücher oder sonstige Unterlagen, zu deren Aufbewahrung ein Kaufmann nach Handelsrecht verpflichtet ist, vor Ablauf der für Buchführungspflichtige bestehenden Aufbewahrungsfristen beiseite schafft, verheimlicht, zerstört oder beschädigt und dadurch die Übersicht über seinen Vermögensstand erschwert;

(7) vorsätzlich oder fahrlässig entgegen dem Handelsrecht

   (a) Bilanzen so aufstellt, dass die Übersicht über seinen Vermögensstand erschwert wird, oder

   (b) es unterlässt, die Bilanz seines Vermögens oder das Inventar in der vorgeschriebenen Zeit aufzustellen, oder

(8) vorsätzlich in einer anderen, den Anforderungen einer ordnungsgemäßen Wirtschaft grob widersprechenden Weise seinen Vermögensstand verringert oder seine wirklichen geschäftlichen Verhältnisse verheimlicht oder verschleiert, oder durch solche Handlungen Überschuldung oder Zahlungsunfähigkeit herbeiführt.

Beispiel

> Warenkredite an unbekannte Käufer ohne vorherige Bonitätsprüfung oder Weiterbelieferung säumiger Kunden auf Zahlungsziel ohne jegliche Besicherung.

Ebenso strafbar ist das Herbeiführen oder leichtfertige Verursachen der Überschuldung oder Zahlungsunfähigkeit durch eine der vorstehenden Handlungen.

Sofern der Täter aus Gewinnsucht handelt oder wissentlich viele Personen in die Gefahr des Verlustes ihrer ihm anvertrauten Vermögenswerte oder in wirtschaftliche Not bringt, handelt es sich um einen besonders schweren Fall des Bankrotts, für den das Gesetz in § 283 a StGB eine Strafschärfung vorsieht.

Praxishinweis:

Auch der Tatversuch ist gemäß §§ 283 Abs. 3, 283 a StGB strafbar.

10.4.5.3 Verletzung der Buchführungspflicht

Gemäß § 283 b StGB sind die in § 283 Abs. 1 Nrn. 5 bis 7 StGB[1] enumerierten Tathandlungen auch außerhalb der Unternehmenskrise strafbar, vorausgesetzt, der Schuldner hat seine Zahlungen eingestellt oder über sein Vermögen wurde das Insolvenzverfahren eröffnet oder die Eröffnung mangels Masse abgewiesen.

Verletzt der Schuldner somit die dargestellten Buchführungspflichten zeitlich vor eingetretener Zahlungsunfähigkeit, drohender Zahlungsunfähigkeit oder Überschuldung, scheidet zwar eine Strafbarkeit wegen Bankrotts aus, nicht jedoch wegen Verletzung der Buchführungspflicht.

10.4.5.4 Gläubiger- und Schuldnerbegünstigung

Wer als Schuldner in Kenntnis der eigenen Zahlungsunfähigkeit einem Gläubiger eine überobligatorische Sicherheit oder Befriedigung gewährt und diesen dadurch im Verhältnis zu den übrigen Gläubigern absichtlich oder wissentlich begünstigt, macht sich wegen Gläubigerbegünstigung gemäß § 283 c Abs. 1 StGB strafbar, vorausgesetzt, der Schuldner hat seine Zahlungen eingestellt oder über sein Vermögen wurde das Insolvenzverfahren eröffnet oder die Eröffnung mangels Masse abgewiesen.

Demgegenüber macht sich jeder, außer dem Schuldner selbst, gemäß § 283 d Abs. 1 StGB wegen Schuldnerbegünstigung strafbar, der

- in Kenntnis der einem Dritten drohenden Zahlungsunfähigkeit oder
- nach Zahlungseinstellung, in einem Insolvenz- oder Insolvenzeröffnungsverfahren eines Dritten

vorsätzlich Vermögensbestandteile des Dritten, die im Falle der Insolvenzeröffnung zur Insolvenzmasse gehören, mit Einwilligung oder zu Gunsten des Dritten

- beiseite schafft oder
- verheimlicht oder
- in einer den Anforderungen einer ordnungsgemäßen Wirtschaft widersprechenden Weise zerstört, beschädigt oder unbrauchbar macht.

Auch insoweit ist Strafbarkeitsvoraussetzung, dass der Dritte seine Zahlungen eingestellt hat oder über sein Vermögen das Insolvenzverfahren eröffnet oder die Eröffnung mangels Masse abgewiesen worden ist.

---

[1] Siehe Ziffer 10.4.5.2.

> **Praxishinweis:**
>
> Ebenfalls strafbar ist der Versuch einer Gläubiger- oder Schuldnerbegünstigung.

10.4.6 Vereitelung der Zwangsvollstreckung

Sofern ein Schuldner bei einer ihm drohenden Zwangsvollstreckung in der Absicht, die Befriedigung des Gläubigers zu vereiteln, vorsätzlich Bestandteile seines Vermögens veräußert oder beiseite schafft, macht er sich gemäß § 288 Abs. 1 StGB wegen Vereitelung der Zwangsvollstreckung strafbar.

> **Praxishinweis:**
>
> Dieses Delikt wird nur auf Antrag verfolgt, mithin nur, sofern der Gläubiger, gegen dessen Zwangsvollstreckung sich die Tat richtete, einen Strafantrag gegen den Schuldner stellt.

Der objektive Tatbestand setzt voraus, dass dem Täter die Zwangsvollstreckung droht. Erforderlich ist daher zum einen, dass der Gläubiger einen begründeten Anspruch gegen den Schuldner hat. Zum anderen muss objektiv anzunehmen sein, dass der Gläubiger demnächst die Zwangsvollstreckung gegen den Schuldner einleiten wird. In diesem Zusammenhang ist die bloße Fälligkeit der Forderung nicht ausreichend.

Veräußert der Schuldner in dieser Situation vorsätzlich Bestandteile seines Vermögens oder schafft solche beiseite und handelt er zudem in der Absicht, dadurch die Befriedigung des Gläubigers zu vereiteln, ist der Tatbestand des § 288 Abs. 1 StGB erfüllt.

Beispiele

- Erlass von Forderungen Dritter;
- Bestellung einer Hypothek;
- Verstecken oder Zerstören von Vermögensgegenständen;
- Scheinveräußerung;
- In Täuschungsabsicht rückdatierte nachträgliche Sicherungsübereignung.

11. Internationales Verfahrensrecht in der Europäischen Union

Zahlreiche Rechtsquellen führen zu einer gewissen Unübersichtlichkeit des die Regeln für Sachverhalte mit grenzüberschreitendem Bezug bestimmenden Rechts.

11.1 Rechtsquellen

Der Rat der Europäischen Union hat u.a. folgende EG-Verordnungen (EG-VO) für das Zivilrecht erlassen, die in Deutschland unmittelbar und im Verhältnis zu den Mitglied- und Vertragsstaaten vorrangig gelten:

- EG-VO Nr. 44/2001 vom 22. Dezember 2000 über die gerichtliche Zuständigkeit und die Anerkennung und Vollstreckung von Entscheidungen in Zivil- und Handelssachen (EuGVVO; auch „Brüssel I" genannt);
- EG-VO Nr. 1348/2000 vom 29. Mai 2000 über die Zustellung gerichtlicher und außergerichtlicher Schriftstücke in Zivil- oder Handelssachen in den Mitgliedstaaten (EuZustellVO);
- EG-VO Nr. 1206/2001 vom 28. Mai 2001 über die Zusammenarbeit zwischen den Gerichten der Mitgliedstaaten auf dem Gebiet der Beweisaufnahme in Zivil- oder Handelssachen (EuBVO);
- EG-VO Nr. 805/2004 vom 21. April 2004 des Europäischen Parlaments und des Rates zur Einführung eines europäischen Vollstreckungstitels für unbestrittene Forderungen (EuVollstrT-VO).

Ausführungs- und Durchführungsvorschriften zu den EG-VO finden sich u.a. in folgenden nationalen Gesetzen:

- §§ 1067-1086 ZPO zur EuZustellVO, zur EuBVO und zur EuVollstrT-VO;
- Anerkennungs- und Vollstreckungsausführungsgesetz (AVAG) vom 19. Februar 2001

Praxishinweis:

(1) Das AVAG regelt in erster Linie im Rahmen seines Anwendungsbereichs die Zulassung ausländischer Titel zur Vollstreckung in Deutschland.

(2) Die Anerkennung und Vollstreckung deutscher Titel als Vorstufe zur eigentlichen Zwangsvollstreckung in den Mitgliedstaaten der EU regeln die EuGVVO und die EuVollstrT-VO für unbestrittene Forderungen.

(3) Nicht erfasst werden durch diese Rechtsquellen

- die Erwirkung eines Titels im Ausland und
- die Zwangsvollstreckung im Ausland, sei es auf Basis eines deutschen im Ausland anerkannten und für vollstreckbar erklärten Titels oder eines ausländischen Titels; dies regelt sich nach ausländischem Recht.

Die Zusammenarbeit in der Europäischen Union soll ferner nach der Entscheidung des Rates vom 28. Mai 2001 durch ein so genanntes Justizielles Netz für Zivil- und Handelssachen erleichtert werden.
Informationswebsite: www.eu.int/comm/justice_home/ejn/index_de.htm

Neben den EG-VO und den deutschen nationalen Vorschriften sind zahlreiche bilaterale und multilaterale Abkommen und Staatsverträge zu beachten, die nicht annähernd aufgezählt werden können.

Beispiel

Luganer-Übereinkommen aus dem Jahr 1988 mit den – verbliebenen – EFTA-Staaten Island, Norwegen und Schweiz als so genanntes Parallelübereinkommen zum so genannten Brüsseler Übereinkommen über die gerichtliche Zuständigkeit und die Vollstreckung gerichtlicher Entscheidungen in Zivil- und Handelssachen (EuGVÜ) – dem „Vorgängerregelungswerk" zur EuGVVO.

In Planung sind EG-VO zur Einführung eines Europäischen Mahnverfahrens und zur Einführung eines Europäischen Bagatellverfahrens für geringfügige Forderungen.

11.2 Zustellung

Die seit dem 31. Mai 2001 geltende EuZustellVO hat im Verhältnis der EU-Staaten zueinander Vorrang vor anderen Zustellungsregelungen, soweit keine weiter reichenden zwischenstaatlichen Vereinfachungsvorschriften bestehen.

Praxishinweis:

Die EuZustellVO gilt nicht im Verhältnis zu Dänemark.

Die EuZustellVO ist in Zivil- oder Handelssachen anzuwenden, in denen ein gerichtliches oder außergerichtliches Schriftstück von einem in einen anderen Mitgliedstaat zum Zwecke der Zustellung zu übermitteln ist, vorausgesetzt, die Anschrift des Empfängers des Schriftstücks ist bekannt (Art. 1 EuZustellVO).

Zu differenzieren ist zwischen verschiedenen Formen der Zustellung und zwischen gerichtlichen (Art. 4 Abs. 1 EuZustellVO) und außergerichtlichen Schriftstücken (Art. 16 EuZustellVO).

Gerichtliche und außergerichtliche Schriftstücke sind grundsätzlich im Wege der Rechtshilfe über Übermittlungs- und Empfangsstellen (Art. 2 EuZustellVO) unmittelbar und so schnell wie möglich zu übermitteln. In Deutschland sind für die Auslandszustellung für gerichtliche Schriftstücke das die Zustellung betreibende Gericht (§ 1069 Abs. 1 Nr. 1 ZPO) und für außergerichtliche Schriftstücke das Amtsgericht des Wohnsitzes/Sitzes des Antragstellers bzw. des Amtssitzes des beurkundenden Notars (§ 1069 Abs. 1 Nr. 2 ZPO) zuständig.

Die Übermittlung kann auf jedem geeigneten Übermittlungsweg erfolgen, sofern das empfangene Dokument mit dem versandten Dokument inhaltlich genau übereinstimmt und alle darin enthaltenen Angaben mühelos lesbar sind (Art. 4 Abs. 2 EuZustellVO). Die Schriftstücke werden mit einem Formblatt-Antrag übermittelt (Art. 4 Abs. 3 EuZustellVO). Die zu übermittelnden Schriftstücke bedürfen weder der Beglaubigung noch einer anderen gleichwertigen Formalität (Art. 4 Abs. 4 EuZustellVO).

Ein zwingendes Erfordernis für eine Übersetzung der zu übermittelnden Schriftstücke enthält die EuZustellVO nicht. Allerdings wird der Verfahrensbeteiligte von der Übermittlungsstelle darüber in Kenntnis gesetzt, dass der Empfänger die Annahme des Schriftstücks verweigern darf, wenn es nicht in der Amtssprache des Empfangsmitgliedstaates oder in einer Sprache des Übermittlungsmitgliedstaates abgefasst ist, die der Empfänger versteht, worüber auch die Empfangsstelle den Empfänger in Kenntnis zu setzen hat (Art. 5 Abs. 1, Art. 8 Abs. 1 EuZustellVO). Für Zustellungen aus Deutschland im Ausland gilt eine Frist von 2 Wochen zur Erklärung der Annahmeverweigerung, auf welche der Adressat hinzuweisen ist (§ 1070 ZPO).

Praxishinweis:

(1) Die 2-Wochen-Frist nach § 1070 ZPO gilt nicht für aus dem Ausland veranlasste Zustellungen in Deutschland.

(2) Über die Berechtigung der Annahmeverweigerung entscheidet jedes mit der Wirksamkeit der Zustellung befasste Gericht.

(3) Unklar ist, auf wessen Sprachkenntnisse es bei juristischen Personen und Gesellschaften ankommt und welches Niveau die Sprachkenntnis zu haben hat.

Die Zustellung des Schriftstücks wird von der Empfangsstelle bewirkt oder veranlasst, und zwar entweder nach dem Recht des Empfangsmitgliedstaats oder in einer von der Übermittlungsstelle gewünschten besonderen Form, sofern dieses Verfahren mit dem Recht des Empfangsmitgliedstaats vereinbar ist (Art. 7 Abs. 1 EuZustellVO). Für die Zustellung in Deutschland ist als deutsche Empfangsstelle dasjenige Amtsgericht zuständig, in dessen Bezirk zugestellt werden soll (§ 1069 Abs. 2 ZPO). Eine formlose Zustellung findet nicht statt.

Über die Erledigung der Zustellung wird eine Bescheinigung gemäß Formblatt ausgestellt, die der Übermittlungsstelle übersandt wird (Art. 10 Abs. 1 EuZustellVO).

Der Verfahrensbeteiligte trägt etwaige vor der Übermittlung des Schriftstücks anfallende Übersetzungskosten (Art. 5 Abs. 2 EuZustellVO) und Auslagen dafür, dass bei der Zustellung eine Amtsperson oder eine andere zuständige Person mitwirkt bzw. eine besondere Form der Zustellung eingehalten wird (Art. 11 Abs. 2 EuZustellVO).

Praxishinweis:

Die EuZustellVO hat zu einer Kostenerhöhung geführt. Insbesondere im Zustellungsbetrieb mit Frankreich, den Niederlanden, Belgien und Luxemburg fallen durch die dort übliche/vorgeschriebene Gerichtsvollzieherzustellung und die eingeforderten Vorschüsse inkl. Überweisungsgebühren Kosten von rund € 70 -150 an.

Andere Formen der Zustellung neben dem Rechtshilfeersuchen sind:

- Direktzustellung durch die Post, wobei in keinem Mitgliedstaat die Postzustellung ausgeschlossen werden darf, jedoch Bedingungen bekannt gegeben werden können, unter denen eine Zustellung von Schriftstücken durch die Post zugelassen wird (Art. 14 Abs. 1 und 2, 23 Abs. 1 EuZustellVO);

Praxishinweis:

(1) Die Zustellung in Deutschland ist nur in der Versandform des Einschreibens mit Rückschein möglich (§ 1068 Abs. 2 S. 1 ZPO). Das zuzustellende Schriftstück muss in einer der folgenden Sprachen abgefasst sein oder es muss ihm eine Übersetzung in eine dieser Sprachen beigefügt sein: Deutsch oder die Amtssprache des Übermittlungsmitgliedstaates, sofern der Empfänger Staatsangehöriger dieses Mitgliedstaates ist (§ 1068 Abs. 2 S. 2 ZPO).

(2) Die Zustellung in anderen Mitgliedstaaten ist unbeschadet weiterer Bedingungen des Empfangsmitgliedstaates nur in der Versandform des Einschreibens mit Rückschein zulässig (§ 1068 Abs. 1 ZPO). Zusammenfassungen der Erklärungen der Mitgliedstaaten zu Modalitäten der Direktzustellung finden sich in den Amtsblättern der EU und unter www.europa.eu.

- Direktzustellung durch diplomatische oder konsularische Vertretungen sind in Deutschland nur zulässig, soweit der Adressat des Schriftstücks Staatsangehöriger des Übermittlungsstaates ist (Art. 13 Abs. 1 und 2 EuZustellVO, § 1067 ZPO).

Praxishinweis:

Für die Befugnis der Zustellung durch deutsche Auslandsvertretungen muss auf die Erklärungen der Mitgliedstaaten zu den Bedingungen verwiesen werden, die in den Amtsblättern der EU und unter www.europa.eu zu finden sind.

- Bei der so genannten unmittelbaren Zustellung ist zwischen gerichtlichen und außergerichtlichen Schriftstücken zu differenzieren. Die Zustellung von gerichtlichen Schriftstücken im Parteiauftrag durch Amtspersonen, Beamte o. Ä. (Art. 15 Abs. 1 EuZustellVO) ist in Deutschland nicht möglich (§ 1071 ZPO). Anders ist dies mit außergerichtlichen Schriftstücken (Art. 16 EuZustellVO).

11.3 Beweisaufnahme

Die seit dem 01. Januar 2004 geltende EuBVO will die Zusammenarbeit zwischen den Gerichten der Mitgliedstaaten bei der grenzüberschreitenden Beweisaufnahme verbessern, vereinfachen und beschleunigen.

Praxishinweis:

Im Verhältnis zu Dänemark gilt nicht die EuBVO, sondern das Haager Beweisübereinkommen vom 18. März 1970.

Die EuBVO ist anzuwenden, wenn in Zivil- oder Handelssachen das Gericht eines Mitgliedstaates nach seinen innerstaatlichen Rechtsvorschriften das zuständige Gericht eines anderen Mitgliedstaates um Beweisaufnahme oder darum ersucht – und dies ist neu –, in einem anderen Mitgliedstaat unmittelbar Beweis erheben zu dürfen (Art. 1 Abs. 1 EuBVO). Neben dem klassischen Rechtshilfeersuchen und der Durchführung der Beweisaufnahme durch das ersuchte Gericht kann somit eine unmittelbare Beweisaufnahme durch Mitglieder des Prozessgerichts auf fremdem Territorium und auf Antrag durchgeführt werden (Art. 17 Abs. 1 und Abs. 3 EuBVO; § 1073 Abs. 2 ZPO). Allerdings kann die unmittelbare Beweisaufnahme nur auf freiwilliger Grundlage und ohne Zwangsmaßnahmen stattfinden. Einer zu vernehmenden Person ist mitzuteilen, dass sie sich nur freiwillig zu vernehmen lassen braucht (Art. 17 Abs. 2 EuBVO). Wird dem Ersuchen auf unmittelbare Beweisaufnahme entsprochen, wird die Beweisaufnahme nach dem Prozessrecht des ersuchenden Gerichts durchgeführt (Art. 17 Abs. 6 EuBVO).

Im Rahmen der Beweisaufnahme nach einem Rechtshilfeersuchen haben die Parteien und ihre Vertreter ein Anwesenheitsrecht, wenn dies mit dem Recht des Mitgliedstaates des ersuchten Gerichts vereinbar ist (Art. 11 Abs. 1 EuBVO). Der Teilnahmeantrag wird dem ersuchten Gericht mitgeteilt (Art. 11 Abs. 2 EuBVO), so dass dieses die Parteien und ihre Vertreter über Ort, Zeitpunkt und Teilnahmebedingungen informieren kann (Art. 11 Abs. 3 EuBVO).

11.4 Ausländisches Recht im Prozess

Haben Sachverhalte eine Verbindung zum Recht eines ausländischen Staates, bestimmen die Vorschriften des so genannten Internationalen Privatrechts (IPR), welche Rechtsordnung anzuwenden ist (Art. 3 Abs. 1 S. 1 EGBGB). Der Richter muss in jeder Lage des Verfahrens prüfen, ob das IPR die Anwendung deutschen oder ausländischen Rechts vorschreibt.

Praxishinweis:

Die Rechtsprechung des Bundesgerichtshofs und der deutschen Oberlandesgerichte tendiert dorthin, im Zweifel die Wahl deutschen Rechts durch die Parteien anzunehmen, wenn in der ersten Instanz der Rechtsstreit nach deutschem Recht erörtert wird; Rechtswahl im Rechtsstreit durch schlüssiges Verhalten. Durch ausdrückliche Erklärung aller Parteien kann zulässigerweise deutsches Recht gewählt werden.

Der deutsche Richter hat die Pflicht, den Inhalt des anzuwendenden ausländischen Rechts zu ermitteln, und zwar so wie es der Richter des betreffenden Landes auslegt und anwendet, ohne ihm „deutschen Geist einzuhauchen". Wie der Richter den Inhalt des fremden Rechts ermittelt, steht in seinem pflichtgemäßen Ermessen. Dem Richter kann das fremde Recht bekannt sein. Ansonsten sind das in einem fremden Staat geltende Recht, die Gewohnheitsrechte und Statuten dem Beweis zugänglich, wobei bei der Ermittlung der Rechtsnormen das Gericht nicht auf die von den Parteien beigebrachten Nachweise (Privatgutachten) beschränkt ist, sondern befugt ist, andere Erkenntnisquellen zu nutzen und zum Zweck einer solchen Benutzung das Erforderliche anzuordnen (§ 293 ZPO).

Praxishinweis:

(1) Die Parteien dürfen dem Gericht eigene Gutachten vorlegen, die das Gericht nicht ignorieren darf.

(2) Das Gericht kann die Parteien zur Mitwirkung auffordern.

(3) Das Gericht kann Auskünfte aus dem betreffenden Land einholen; vgl. Londoner Europäisches Übereinkommen betreffend Auskünfte über ausländisches Recht vom 07. Juni 1968.

(4) Das Gericht kann Rechtsgutachten wissenschaftlicher Institute anfordern.

11.5 Internationale Zuständigkeit/Anerkennung und Vollstreckung von Entscheidungen

Die seit dem 01. März 2002 in der Europäischen Union geltende EuGVVO („Brüssel I"-VO), die das EuGVÜ abgelöst hat, hat zwei Regelungsbereiche: die internationale Gerichtszuständigkeit und die Anerkennung und Vollstreckung von Entscheidungen in Zivil- und Handelssachen.

Praxishinweis:

(1) Die EuGVVO gilt nicht im Verhältnis zu Dänemark.

(2) Die EuGVVO regelt nicht, wie im Einzelnen in den jeweiligen Mitgliedstaaten die Zwangsvollstreckung durchgeführt wird. Dies richtet sich nach nationalem Recht.

Die EuGVVO gilt nicht für Steuer- und Zollsachen sowie für verwaltungsrechtliche Angelegenheiten. Sie ist ferner nicht anzuwenden auf Familien- und Erbrechtsangelegenheiten, Insolvenzverfahren, Angelegenheiten der sozialen Sicherheit und auf die Schiedsgerichtsbarkeit (Art. 1 Abs. 1 und Abs. 2 EuGVVO).

Im Kapitel II der EuGVVO (Art. 2-31) sind die „internationalen" Zuständigkeiten von Gerichten geregelt. Die EuGVVO ist nach den allgemeinen Vorschriften anzuwenden, wenn die Person, die verklagt werden soll, ihren Wohnsitz in einem Mitgliedstaat der EuGVVO hat (Art. 2 EuGVVO).

Beispiel

Ein Deutscher, der in den Niederlanden seinen Wohnsitz hat, kann ohne Rücksicht auf seine Staatsangehörigkeit vor niederländischen Gerichten nach niederländischen Zuständigkeitsvorschriften verklagt werden. Wendet der Deutsche ein, er habe keinen Wohnsitz in den Niederlanden, beurteilt das niederländische Gericht diese Frage nach niederländischem Recht.

In Versicherungs-, Verbraucher- und Arbeitssachen genügt statt des Wohnsitzes eine Zweigniederlassung. Gesellschaften und juristische Personen haben ihren Wohnsitz gleichermaßen an dem Ort, an dem sich ihr satzungsmäßiger Sitz, ihre Hauptverwaltung oder ihre Hauptniederlassung befindet, sollten diese in unterschiedlichen Staaten gelegen sein.

Die EuGVVO unterscheidet zwischen ausschließlicher Zuständigkeit, der Zuständigkeit in Versicherungs-, Verbraucher- und Arbeitssachen, Gerichtsstandsvereinbarungen und Besonderen Zuständigkeiten.

Beispiele

(1) Die ausschließliche Zuständigkeit, d. h. die ohne Rücksichtnahme auf den Wohnsitz gegebene Zuständigkeit, wird insbesondere in Immobiliarrechts- und Miet- bzw. Pachtrechtsstreitigkeiten, in gesellschaftsrechtlichen Statusklagen und im gewerblichen Rechtsschutz relevant.

(2) Der Verbraucher kann gegen den Vertragspartner in dem Mitgliedstaat klagen, in dem der Verbraucher seinen Wohnsitz hat oder in dem Mitgliedstaat, in dem der Vertragspartner seinen Wohnsitz hat.

(3) In Arbeitssachen kann der Arbeitgeber am Arbeitsort und hilfsweise am Ort der Einstellungsniederlassung verklagt werden. Umgekehrt kann der Arbeitnehmer nur in dem Mitgliedstaat verklagt werden, in welchem er seinen Wohnsitz hat.

(4) In Versicherungs-, Verbraucher- und Arbeitssachen können nur unter engen Voraussetzungen abweichende Gerichtsstandsvereinbarungen getroffen werden.

Die Kapitel III (Art. 32-56) und IV (Art. 57-58) der EuGVVO regeln, wie Entscheidungen von Gerichten, vollstreckbare öffentliche Urkunden und Prozessvergleiche anerkannt und für vollstreckbar erklärt werden.

Eine Entscheidung i. S. d. EuGVVO ist jede von einem Gericht eines Mitgliedstaates erlassene Entscheidung, unabhängig von ihrer Bezeichnung (Art. 32 EuGVVO).

Praxishinweis:

Darunter fallen auch für vorläufig vollstreckbar erklärte Entscheidungen sowie Kostenentscheidungen und Mahnbescheide.

Die in einem Mitgliedstaat erlassenen Entscheidungen werden in den anderen Mitgliedstaaten grundsätzlich und automatisch anerkannt, ohne dass ein besonderes Verfahren durchlaufen werden muss (Art. 33 Abs. 1 EuGVVO).

Praxishinweis:

Die Anerkennung hat noch nichts mit der Vollstreckbarerklärung zu tun.

Die in einem Mitgliedstaat ergangenen und dort vollstreckbaren Entscheidungen werden in einem anderen Mitgliedstaat vollstreckt, wenn sie dort auf Antrag eines Berechtigten für vollstreckbar erklärt worden sind (Art. 38 Abs. 1 EuGVVO). Der Antrag ist an das Gericht oder die sonst befugte Stelle zu richten, die vom jeweiligen Mitgliedstaat angegeben worden ist (Art. 39 Abs. 1 EuGVVO).

Praxishinweis:

(1) Die Zulassung der Zwangsvollstreckung aus ausländischen Titeln in Deutschland ist in §§ 3 ff. AVAG geregelt. Ausschließlich zuständig ist das Landgericht – dort der Vorsitzende einer Zivilkammer –, in dessen Bezirk der Verpflichtete seinen Wohnsitz/Sitz hat. Der fremdländische Titel wird dadurch zur Zwangsvollstreckung zugelassen, dass er auf Antrag mit der Vollstreckungsklausel versehen wird.

(2) Die andere Mitgliedstaaten betreffenden Zuständigkeiten können über die Website der Europäischen Union (www.europa.eu) abgerufen werden.

Dem Antrag sind folgende Unterlagen beizufügen:

- Eine Ausfertigung der für vollstreckbar zu erklärenden Entscheidung (Art. 53 Abs. 1 EuGVVO),
- eine Bescheinigung (Art. 54 EuGVVO), mit der auf einem Formblatt das Datum der Zustellung des verfahrenseinleitenden Schriftstücks, wenn sich der Beklagte nicht eingelassen hat, der Wortlaut der Entscheidung, die Vollstreckbarkeit im Ursprungsland und ggf., ob Prozesskostenhilfe gewährt wurde,
- eine Übersetzung der Urkunden auf Verlangen des Gerichts (Art. 55 Abs. 2 EuGVVO).

Praxishinweis:

Die Bescheinigung zu deutschen Titeln wird von dem Gericht, der Behörde oder der mit öffentlichem Glauben versehenen Person ausgestellt, der die Erteilung einer vollstreckbaren Ausfertigung des Titels obliegt (§ 56 S. 1 AVAG). Wird die Bescheinigung nicht vorgelegt, kann das Gericht eine Frist hierfür setzen, sich mit einer gleichwertigen Urkunde begnügen oder von der Vorlage der Bescheinigung befreien, wenn eine weitere Klärung nicht für erforderlich gehalten wird (Art. 55 Abs. 1 EuGVVO).

Sobald die vorgesehenen Förmlichkeiten (Art. 53 EuGVVO) erfüllt sind, wird die Entscheidung unverzüglich für vollstreckbar erklärt, ohne dass geprüft wird, ob ein Anerkennungshindernis (Art. 34, 35 EuGVVO) vorliegt (Art. 41 EuGVVO).

Praxishinweis:

Der Schuldner wird zunächst nicht informiert. Er erhält aber die Vollstreckbarerklärung und, soweit noch nicht geschehen, die Entscheidung zugestellt und kann dann einen Rechtsbehelf gegen die Entscheidung der Vollstreckbarerklärung einlegen. Das befasste Gericht prüft nur, ob ein Anerkennungshindernis nach Art. 34, 35 EuGVVO vorliegt. Die ausländische Entscheidung darf nicht in der Sache selbst untersucht werden.

Der Antragsteller ist berechtigt, einstweilige Maßnahmen, einschließlich solcher auf Sicherung gerichteter, nach dem Recht des Vollstreckungsmitgliedstaates in Anspruch zu nehmen (Art. 47 EuGVVO).

Zur Erleichterung der Anerkennung deutscher Entscheidungen im Ausland dienen §§ 30, 31 AVAG. Wenn ein ohne Begründung abgefasstes deutsches Versäumnis- oder Anerkenntnisurteil (Entsprechendes gilt für Arrestbefehle, einstweilige Anordnungen und einstweilige Verfügungen) in einem anderen Mitgliedstaat geltend gemacht werden soll, so ist das Urteil auf Antrag vom zuständigen Gericht nachträglich mit Tatbestand und Entscheidungsgründen zu vervollständigen und zu unterschreiben (§ 31 AVAG). Vollstreckungsbescheide, Arrestbefehle und einstweilige Verfügungen, aus denen die Zwangsvollstreckung in einem anderen Mitgliedstaat betrieben werden soll, sind mit der Vollstreckungsklausel zu versehen, auch wenn sie für eine Zwangsvollstreckung im Inland nicht erforderlich wäre (§ 31 AVAG).

Die Statthaftigkeit des Mahnverfahrens wird durch § 32 AVAG (vgl. § 688 Abs. 3 ZPO) erweitert. Das Mahnverfahren findet auch statt, wenn die Zustellung des Mahnbescheids in einem anderen Vertrags- oder Mitgliedstaat erfolgen muss. In diesem Fall kann der Anspruch auch die Zahlung einer bestimmten Geldsumme in ausländischer Währung zum Gegenstand haben. Gerichtsstandsvereinbarungen sind durch entsprechende Schriftstücke nachzuweisen. Die Widerspruchsfrist beträgt einen Monat (und nicht zwei Wochen).

Öffentliche Urkunden, die in einem Mitgliedstaat aufgenommen und dort vollstreckbar sind, werden in einem anderen Mitgliedstaat ebenfalls auf Antrag in dem Verfahren nach Art. 38 ff.

EuGVVO für vollstreckbar erklärt. Die befugte Stelle des Mitgliedstaates, in dem die öffentliche Urkunde aufgenommen worden ist, stellt die Bescheinigung auf einem entsprechenden Formblatt aus (Art. 57 Abs. 1 und Abs. 4 EuGVVO).

Prozessvergleiche, die vor einem Gericht geschlossen und in dem Mitgliedstaat, in dem sie errichtet wurden, vollstreckbar sind, werden unter den gleichen Voraussetzungen wie öffentliche Urkunden vollstreckt, wobei das Gericht oder die sonst befugte Stelle des Mitgliedstaats, in dem der Prozessvergleich geschlossen wurde, auf Antrag die notwendige Bescheinigung auf einem Formblatt ausstellt (Art. 58 EuGVVO).

11.6 Europäischer Vollstreckungstitel

Seit dem 21. Oktober 2005 gilt die EG-VO Nr. 805/2004 des Europäischen Parlaments und des Rates vom 21. April 2004 zur Einführung eines europäischen Vollstreckungstitels für unbestrittene Forderungen (EuVollstrT-VO). Ergänzt wird die EUVollstrT-VO durch die §§ 1079-1086 ZPO.

> **Praxishinweis:**
>
> Die EuVollstrT-VO gilt nicht im Verhältnis zu Dänemark.

Der Sinn der EuVollstrT-VO ist die Beschleunigung und Erleichterung der Vollstreckung einer Entscheidung aus einem Mitgliedstaat in einem anderen Mitgliedstaat, insbesondere durch Abschaffung des so genannten Vollstreckbarerklärungsverfahrens: Eine Entscheidung, die im Ursprungsmitgliedstaat als Europäischer Vollstreckungstitel bestätigt worden ist, wird in den anderen Mitgliedstaaten anerkannt und vollstreckt, ohne dass es einer Vollstreckbarerklärung bedarf und ohne dass die Anerkennung angefochten werden kann (Art. 1 und Art. 5 EuVollstrT-VO).

> **Praxishinweis:**
>
> Der Europäische Vollstreckungstitel ist kein originärer, neuer Titel, wie man nach dem Wortlaut meinen könnte.

Beispiel

Verfahren nach der EuGVVO: Will ein Gläubiger das Urteil eines deutschen Gerichts gegen einen niederländischen Schuldner in den Niederlanden vollstrecken lassen, so muss er sich grundsätzlich vom deutschen Gericht im Rahmen des so genannten Exequaturverfahrens eine Bescheinigung ausstellen lassen. Die Bescheinigung muss dann zusammen mit dem Urteil dem zuständigen niederländischen Gericht vorgelegt werden. Das niederländische Gericht prüft, ob die Entscheidung des deutschen Gerichts in den Niederlanden für vollstreckbar erklärt werden kann. Erst nach der Vollstreckbarerklärung kann die Zwangsvollstreckung in den Niederlanden eingeleitet werden.

Verfahren nach der EuVollstrT-VO: Der Gläubiger lässt das Urteil des deutschen Gerichts in Deutschland formularmäßig als Europäischen Vollstreckungstitel bestätigen. Im Anschluss kann er sich direkt an das zuständige niederländische Vollstreckungsorgan zur Durchführung der Zwangsvollstreckung wenden. Das Vollstreckbarerklärungsverfahren in den Niederlanden entfällt.

Die EuVollstrT-VO ist in Zivil- und Handelssachen anzuwenden. Steuer- und Zollsachen, Personenstands-, Familienrechts- und Erbrechtsangelegenheiten sowie Insolvenzverfahren, Angelegenheiten der sozialen Sicherheit, Schiedsgerichtssachen und verwaltungsrechtliche Angelegenheiten sowie schließlich Staatshaftungsfragen werden nicht erfasst (Art. 2 Abs. 1 und Abs. 2 EuVollstrT-VO).

Seit dem 21. Oktober 2005 können als Europäischer Vollstreckungstitel bestätigt werden

- jede von einem Gericht eines Mitgliedstaates erlassene Entscheidung ohne Rücksicht auf ihre Bezeichnung (Art. 3 Abs. 1, Art. 4 Nr. 1 EuVollstrT-VO),
- gerichtliche Vergleiche (Art. 3 Abs. 1 EuVollstrT-VO) und
- öffentliche Urkunden (Art. 3 Abs. 1, Art. 4 Nr. 3 EuVollstrT-VO),

die seit dem 21. Januar 2005 (!) erlassen oder aufgenommen worden sind (Art. 26 und Art. 33 EuVollstrT-VO).

Der Europäische Vollstreckungstitel kann aber nur für unbestrittene Forderungen erteilt werden (Art. 1 und Art. 3 Abs. 1 EuVollstrT-VO). Die Forderung muss auf Zahlung einer bestimmten Geldsumme gerichtet sein, die fällig ist oder deren Fälligkeitsdatum in der Entscheidung, dem gerichtlichen Vergleich oder der öffentlichen Urkunde angegeben ist (Art. 4 Nr. 2 EuVollstrT-VO).

Die Forderung muss unbestritten sein. Als unbestritten gilt eine Forderung, die der Schuldner ausdrücklich anerkannt hat, der er im Rahmen eines Vergleichs zugestimmt hat oder der er im Laufe des Verfahrens nicht widersprochen hat (Art. 3 Abs. 1 EuVollstrT-VO).

Die EUVollstrT-VO gilt auch für Entscheidungen, die nach Anfechtung von als Europäischer Vollstreckungstitel bestätigten Entscheidungen, gerichtlichen Vergleichen oder öffentlichen Urkunden ergangen sind (Art. 3 Abs. 2 EuVollstrT-VO).

Praxishinweis:

Wird eine Entscheidung als Europäischer Vollstreckungstitel bestätigt und danach angefochten, bleibt die Bestätigung wirksam. Durch die bloße Einlegung eines Rechtsbehelfs soll nicht der Anwendungsbereich der VO eingeschränkt werden können.

Der Antrag auf Bestätigung als Europäischer Vollstreckungstitel ist an das Ursprungsgericht (Art. 4 Nr. 6 EuVollstrT-VO) zu richten und kann jederzeit gestellt werden (Art. 6 Abs. 1 EuVollstrT-VO).

Praxishinweis:

Der Antrag kann somit schon in der Klageschrift gestellt werden.

In Deutschland sind für die Ausstellung der Bestätigung als Europäischer Vollstreckungstitel die Gerichte, Behörden oder Notare zuständig, denen die Erteilung einer vollstreckbaren Ausfertigung obliegt (§ 1079 ZPO). Die Ausstellung der Bestätigung erfolgt ohne Anhörung des Schuldners (§ 1080 Abs. 1 S. 1 ZPO). Dem Schuldner wird allerdings eine Ausfertigung der Bestätigung von Amts wegen zugestellt (§ 1080 Abs. 1 S. 2 ZPO).

Die Bestätigung selbst wird auf einem Formblatt und in der Sprache ausgestellt, in der die Entscheidung abgefasst wird (Art. 9 Abs. 1 und Abs. 2 EuVollstrT-VO). Gegen die Ausstellung einer Bestätigung als Europäischer Vollstreckungstitel selbst ist kein Rechtsbehelf möglich (Art. 10 Abs. 4 EuVollstrT-VO).

Auf Formblättern kann eine Berichtigung (bei materiellen Fehlern) oder ein Widerruf (bei eindeutig zu Unrecht erteilter Bestätigung) beim Ursprungsgericht beantragt werden (Art. 10 Abs. 1 und Abs. 3 EuVollstrT-VO). In Deutschland ist der Antrag bei dem Gericht zu stellen, welches die Bestätigung ausgestellt hat; entsprechendes gilt für Behörden und Notare (§ 1081 Abs. 1 ZPO). Der Antrag auf Widerruf durch den Schuldner ist nur binnen einer Frist von einem Monat, bei Zustellung der Bestätigung im Ausland binnen zwei Monaten, zulässig (§ 1081 Abs. 2 S. 1 und S. 2 ZPO). Die Frist beginnt mit Zustellung der Bestätigung, frühestens mit der Zustellung des Titels, auf den sich die Bestätigung bezieht (§ 1081 Abs. 2 S. 3 ZPO). Die Gründe, warum die Bestätigung eindeutig zu Unrecht ergangen sein soll, sind in dem Antrag darzulegen (§ 1081 Abs. 2 S. 4 ZPO).

Die Voraussetzungen für die Erteilung der Bestätigung sehen im Wesentlichen zunächst vor, dass die Entscheidung im Ursprungsmitgliedstaat – vorläufig – vollstreckbar ist und bestimmte Zuständigkeitsregelungen der EuGVVO (dort Art. 8 ff., Art. 22) nicht zuwiderlaufen (Art. 6 Abs. 1 lit. a) und b) EuVollstrT-VO).

Ist die Forderung wegen Säumnis des Schuldners unbestritten geblieben, sind zusätzliche Voraussetzungen erforderlich. Eine Entscheidung gegen einen Verbraucher als Schuldner wegen einer unbestrittenen Forderung einen Vertrag betreffend, der nicht beruflichen oder gewerblichen Tätigkeiten dieser Person zugerechnet werden kann, darf nur dann als Europäischer Vollstreckungstitel bestätigt werden, wenn die Entscheidung in dem Staat ergangen ist, in dem der Verbraucher seinen Wohnsitz i.S.v. Art. 59 EuGVVO hat (Art. 6 Abs. 1 lit. d) EuVollstrT-VO).

Ferner sind bei Säumnis des Schuldners im Erkenntnisverfahren des Ursprungsmitgliedstaates gewisse Mindeststandards einzuhalten (Art. 6 Abs. 1 lit. c) i.V.m. Art. 12 ff. EuVollstrT-VO). Hierzu gehören Zustellungen in bestimmter Form (Art. 13 ff. EuVollstrT-VO) und eine ordnungsgemäße Unterrichtung des Schuldners über die Forderung und die Verfahrensschritte zum Bestreiten der Forderung (Art. 16 f. EuVollstrT-VO). Die Nichteinhaltung der Mindeststandards kann geheilt werden (Art. 18 EuVollstrT-VO).

Das Vollstreckungsverfahren selbst läuft nach dem Recht des Vollstreckungsmitgliedstaates ab (Art. 20 Abs. 1 EuVollstrT-VO). Der Gläubiger ist verpflichtet, dem zuständigen Vollstreckungsorgan des Vollstreckungsmitgliedstaates Ausfertigungen der Entscheidung und der Bestätigung als Europäischer Vollstreckungstitel zu übermitteln sowie gegebenenfalls Übersetzungen der Bestätigung als Europäischer Vollstreckungstitel in die Amtssprache des Vollstreckungsmitgliedstaates. Die Übersetzung ist von einer hierzu in einem der Mitgliedstaaten befugten Person zu beglaubigen (Art. 20 Abs. 2 EuVollstrT-VO).

11.7 Insolvenzrecht

Das Internationale Insolvenzrecht enthält die Regelungen, die in Insolvenzfällen mit Auslandsbezug eingreifen.

Art. 102 Einführungsgesetz zur Insolvenzordnung (EGInsO) enthält die maßgebliche nationale Rechtsvorschrift. Die verschiedenen Absätze der Norm haben unterschiedliche Aussagegehalte. Grundsätzlich erfasst ein ausländisches Insolvenzverfahren auch das im Inland befindliche Vermögen des Schuldners, außer es durfte mangels Zuständigkeit des Gerichts nicht zur Verfahrenseröffnung kommen oder die Anerkennung des ausländischen Verfahrens würde zu einem Ergebnis führen, welches mit wesentlichen Grundsätzen des deutschen Rechts offensichtlich unvereinbar ist (Art. 102 Abs. 1 EGInsO). Die Anerkennung eines ausländischen Verfahrens schließt nicht aus, dass im Inland ein gesondertes Insolvenzverfahren eröffnet wird, welches nur das im Inland befindliche Vermögen des Schuldners erfasst (Art. 102 Abs. 3 S. 1 EGInsO). Bei Eröffnung eines Insolvenzverfahrens im Ausland bedarf es zur Eröffnung eines inländischen Verfahrens nicht des Nachweises der Zahlungsunfähigkeit oder der Überschuldung (Art. 102 Abs. 3 S. 2 EGInsO). Ein ausländischer Insolvenzverwalter kann eine Rechtshandlung anfechten, wenn sie nach inländischem Recht angefochten werden kann oder aus sonstigen Gründen keinen Bestand hat (Art. 102 Abs. 2 EGInsO).

Am 31. Mai 2002 ist die EG-VO Nr. 1346/000 vom 29. Mai 2000 über Insolvenzverfahren (EuInsVO) in Kraft getreten, die grundsätzlich im Verhältnis zu den europäischen Mitgliedstaaten (mit Ausnahme Dänemark) gilt, sofern nicht Vorbehalte bestehen (für das Vereinigte Königreich Großbritannien und Nordirland, soweit Commonwealth-Vereinbarungen bestehen, die mit der EuInsVO unvereinbar sind). Im Verhältnis zu anderen Staaten gilt weiterhin Art. 102 EGInsO.

Die allgemeinen Vorschriften der EuInsVO (Art. 1-15) enthalten Regelungen u.a. zum Anwendungsbereich, Definitionen, Internationale Zuständigkeit, Anwendbares Recht, Aufrechnung und Eigentumsvorbehalt. Die Anerkennung eines ausländischen Insolvenzverfahrens behandeln Art. 16-26 EuInsVO. Daran schließen sich Vorschriften zum so genannten Sekundärinsolvenzverfahren an (Art. 27-38 EuInsVO). Schließlich wird die Forderungsanmeldung ausländischer Gläubiger und die Unterrichtung der Gläubiger im Ausland geregelt (Art. 39-55 EuInsVO).

Zu einigen Einzelheiten:

Die EuInsVO gilt nicht für Insolvenzverfahren über das Vermögen von Versicherungsunternehmen, Kreditinstituten und von Wertpapierfirmen, die Dienstleistungen erbringen, welche die Haltung von Geldern oder Wertpapieren Dritter umfassen (Art. 1 Abs. 2 EuInsVO).

Für die Eröffnung des Insolvenzverfahrens sind die Gerichte des Mitgliedstaats zuständig, in dessen Gebiet der Schuldner den Mittelpunkt seiner hauptsächlichen Interessen hat. Bei Gesellschaften und juristischen Personen wird bis zum Beweis des Gegenteils vermutet, dass der Mittelpunkt ihrer hauptsächlichen Interessen der Ort des satzungsmäßigen Sitzes ist (Art. 3 Abs. 1 EuInsVO). Soweit in der EuInsVO nichts anderes bestimmt ist, gilt für das Insolvenzverfahren und seine Wirkungen das Insolvenzrecht des Mitgliedstaats, in dem das Verfahren eröffnet wird (Art. 4 Abs. 1 EuInsVO).

Die EuInsVO sieht die Möglichkeit vor, so genannte Sekundärinsolvenzverfahren zu eröffnen. Sekundärinsolvenzverfahren beziehen sich territorial begrenzt auf das in dem Staat ihrer Eröffnung befindliche Vermögen. Ein Sekundärinsolvenzverfahren kann insbesondere nur dann eröffnet werden, wenn der Schuldner eine Niederlassung im Gebiet des entsprechenden Mitgliedstaates hat (Art. 3 Abs. 2 EuInsVO). Eine Niederlassung ist ein Tätigkeitsort, an dem der Schuldner einer wirtschaftlichen Aktivität von nicht vorübergehender Art nachgeht, die den Einsatz von Personal und Vermögenswerten voraussetzt (Art. 2 lit. h) EuInsVO).

Beispiel

Hat der Schuldner den Mittelpunkt seines hauptsächlichen Interesses bzw. seinen Sitz in Italien und wird dort ein Insolvenzverfahren eröffnet, so ist es nicht ausgeschlossen, dass in Deutschland ein Sekundärinsolvenzverfahren eröffnet wird, wenn der Schuldner in Deutschland eine Niederlassung unterhält.

Stichwortverzeichnis

Die Autoren

Dr. Andreas Müller-Wiedenhorn
ist Partner von Heuking Kühn Lüer Wojtek, Partnerschaft von Rechtsanwälten, Steuerberatern und Attorney-at-Law, im Kölner Büro und dort seit 1996 tätig.

Er hat an der Universität zu Köln studiert, 1990 das erste und 1995 das zweite juristische Staatsexamen abgelegt. In den Jahren 1991 und 1992 arbeitete er am Institut für Versicherungsrecht der Universität zu Köln und wurde mit einer Arbeit über Versicherungsvereine auf Gegenseitigkeit von der juristischen Fakultät der Universität zu Köln zum Dr. jur. promoviert.

Herr Dr. Müller-Wiedenhorn ist beratend und forensisch tätig. Seine Tätigkeitsschwerpunkte liegen im Handels- und Gesellschaftsrecht und insbesondere im Versicherungsvertrags-, Versicherungsvertriebs- und Versicherungsunternehmensrecht, im Forderungsmanagement sowie im Insolvenzrecht (Banken- und Gläubigerberatung, Sanierung). Er referiert regelmäßig zu insolvenzrechtlichen Themen. Er ist seit 2000 Lehrbeauftragter für Zivilrecht, Handels- und Gesellschaftsrecht, derzeit an der Europa Fachhochschule Fresenius in Köln.

Dr. Andrea Hoß
ist Rechtsanwältin in der Kanzlei Heuking Kühn Lüer Wojtek in Köln. Ihre Tätigkeitsschwerpunkte sind das Versicherungsrecht, das Insolvenzrecht und das Kreditsicherungsrecht.

Nach dem Studium der Rechtwissenschaften an der Rheinischen-Friedrich-Wilhelms-Universität in Bonn, wo sie neben dem am OLG Koblenz absolvierten Referendariat im Bereich des Medizin-/Patienten-/Betreuungsrechts promovierte, war Frau Dr. Hoß bis 2005 als Special Risk Managerin bei der Gerling Speziale Kreditversicherungs-AG/Atradius Kreditversicherung AG in Köln tätig.

In ihrer jetzigen Tätigkeit als Rechtsanwältin bei Heuking Kühn Lüer Wojtek berät und vertritt sie unter anderem Versicherungsgesellschaften in Deckungsprozessen sowie diese und weitere Unternehmen im Bereich der Vertragsgestaltung, der Forderungssicherung und der Forderungseintreibung.